电子商务基础与实务

隋东旭 编著

清华大学出版社
北京

内 容 简 介

本书以培养适应电子商务和网络经济发展需要的应用型、高层次专业人才为目标，根据电子商务工作主要内容及能力要求设计教学内容，主要介绍电子商务认知、电子商务模式、网络营销与推广、电子商务物流、电子支付、电子商务客户关系管理、电子商务安全管理、新兴电子商务模式等知识。

本书主要供电子商务类、工商管理类等相关专业的学生学习"电子商务基础与实务"课程使用，也可作为企事业单位电子商务的培训教材，以及从事电子商务相关工作的企业管理人员和业务人员的参考书。

本书封面贴有清华大学出版社防伪标签，无标签者不得销售。
版权所有，侵权必究。举报：010-62782989，beiqinquan@tup.tsinghua.edu.cn。

图书在版编目（CIP）数据

电子商务基础与实务 / 隋东旭编著. – 北京：清华大学出版社，2022.10
ISBN 978-7-302-61871-3

Ⅰ. ①电… Ⅱ. ①隋… Ⅲ. ①电子商务 – 高等学校 – 教材 Ⅳ. ① F713.36

中国版本图书馆 CIP 数据核字（2022）第 173375 号

责任编辑：吴梦佳
封面设计：常雪影
责任校对：李　梅
责任印制：朱雨萌

出版发行：清华大学出版社
网　　址：http://www.tup.com.cn，http://www.wqbook.com
地　　址：北京清华大学学研大厦 A 座　　邮　编：100084
社 总 机：010-83470000　　邮　购：010-62786544
投稿与读者服务：010-62776969，c-service@tup.tsinghua.edu.cn
质量反馈：010-62772015，zhiliang@tup.tsinghua.edu.cn
印 装 者：三河市龙大印装有限公司
经　　销：全国新华书店
开　　本：185mm×260mm　　印　张：14.75　　字　数：340 千字
版　　次：2022 年 11 月第 1 版　　印　次：2022 年 11 月第 1 次印刷
定　　价：49.00 元

产品编号：095958-01

前　言

随着信息技术的不断发展，以电子商务为代表的网络应用得到了快速发展。现在，电子商务已经深入人们生活的各个方面，从有形产品到无形产品，从国内交易到跨境交易，从城市范围到农村范围，交易的内容和规模都在不断丰富和扩大。

近年来，国家政策层面不断对电子商务行业给予支持，使我国的电子商务产业不断壮大，越来越多的传统企业从面对电子商务的冲击，逐渐转型为电子商务企业，电子商务已经成为现阶段我国经济发展的主要支撑力量。

电子商务基础是我国职业院校电子商务类、经济贸易类、工商管理类等专业开设的一门专业基础课程，旨在让学生掌握必备的电子商务基础知识，为学习后续课程奠定基础。本书全面阐述了电子商务基础的相关知识，旨在培养合格的电子商务应用型人才，为我国的经济发展做出贡献。

本书注重专业实践教学环节，强化实践技能训练，与国家职业资格考试和职业技能等级认定等国家职业准入制度的内容连接与融通，是学生、相关领域设计师掌握职业技能、步入工作岗位的实用入门必读手册。

本书共分 8 章，主要内容如下。

第 1 章，电子商务认知。本章从概念层面介绍了电子商务的基础知识，包括电子商务概述、电子商务系统的组成和一般框架、电子商务的前沿技术和应用、电子商务法律法规与职业道德。通过本章内容的学习，学生应该掌握电子商务的基本知识，熟知电子商务法律法规，遵守电子商务职业道德。

第 2 章，电子商务模式。本章详细讲解了 B2B、B2C、C2C、O2O 等几种常见的电子商务模式，使读者可以更加清晰明了地区分不同的电子商务模式。通过本章内容的学习，学生应该掌握各种电子商务模式的基本概念及特点，并能够将之与实际生活中的企业运营相对应。

第 3 章，网络营销与推广。本章分别从营销概述、市场调研、营销策略、营销方法等方面介绍了网络营销与推广的相关知识。通过本章内容的学习，学生应该掌握网络营销与推广的方法，熟知网络营销与推广的流程，进一步为将来走上职业岗位奠定基础。

第 4 章，电子商务物流。本章全面阐述了电子商务物流的相关知识，包括电子商务物流概述、电子商务物流仓储与配送、电子商务物流运输管理、电子商务供应链管理。通过本章内容的学习，学生应该掌握电子商务物流的相关知识，熟悉电子商务物流仓储与配送的相关流程，并了解电子商务供应链管理的相关知识。

第 5 章，电子支付。本章从知识层面和技术层面讲解了电子支付的相关知识，内容包括电子支付概述、网上银行、第三方支付。通过本章内容的学习，学生应该掌握电子支付的相关知识，能够区分网上银行、第三方支付的优势和劣势，并能够完成网上支付操作。

第6章，电子商务客户关系管理。本章全面讲解了电子商务客户关系管理的相关知识。通过本章内容的学习，学生应该掌握电子商务客户关系管理的相关知识，并能够利用客户关系管理技能维护好客户关系。

第7章，电子商务安全管理。本章分别从基础知识、技术层面、管理规范三个方面介绍了电子商务安全的相关知识。通过本章内容的学习，学生应该掌握电子商务安全管理的相关知识，并能够利用相关工具和技能维护电子商务安全。

第8章，新兴电子商务模式。本章介绍了当前阶段比较热门的新型电子商务模式，包括跨境电子商务、移动电子商务、直播电子商务、农村电子商务。通过本章内容的学习，学生应该掌握几种新兴电子商务模式，并能够讲出这些新兴模式的优势和劣势。

本书在编写过程中注意体现以下特色。

1. 内容全面，讲解透彻

本书几乎涵盖了电子商务基础课程的全部内容，通过这些内容的讲解帮助学生全方位了解电子商务的基础知识，为后续课程的学习奠定基础。

2. 思政融入，紧跟发展

本书融入课程思政元素，将思政带入课堂，符合现阶段国家倡导的"思政进课堂"，可以帮助学生树立正确的人生观、世界观和价值观，并能够培养学生的家国情怀和民族精神，以及让学生养成遵纪守法的良好习惯。

3. 板块丰富，可读性强

本书设置了多个板块内容，能够增强学生的学习兴趣，提升学生的阅读感受。同时，也能够拓展学生的知识面，使学生学习到更多的知识。

4. 实训辅助，应用性强

本书每章后面都设置了拓展实训，让学生通过思考和动手实现知识的升级与应用，从而进一步巩固所学知识并掌握相应技能。

5. 课堂活动，活跃氛围

本书在每章都设置了课堂活动环节，可以起到活跃课堂气氛、提高学生学习兴趣的目的，并能够进一步引起学生对本门课程的热爱。

6. 配套资源，丰富多样

本书配有丰富的教学资源，包括微课视频、教学课件、教学大纲、电子教案、期末试卷及答案等，可有效辅助教学。

本书由隋东旭编著，由刘建统稿。

由于编者水平有限，书中难免存在疏漏和不足之处，敬请广大读者批评指正，以便在重印或再版时进行修改。同时，编者在编写本书时，参考了一些文献资料和相关书籍，在此对相关作者表示诚挚的感谢！

编 者

目 录

第1章 电子商务认知

1.1 电子商务概述 / 3
1.1.1 电子商务的概念 / 3
1.1.2 电子商务的功能 / 5
1.1.3 电子商务的组成要素 / 7
1.1.4 电子商务的产生与发展 / 8

1.2 电子商务系统的组成和一般框架 / 11
1.2.1 电子商务系统的组成 / 11
1.2.2 电子商务的一般框架 / 13

1.3 电子商务的前沿技术和应用 / 15
1.3.1 电子商务的前沿技术 / 15
1.3.2 电子商务的应用 / 24

1.4 电子商务法律、法规与职业道德 / 29
1.4.1 电子商务法律、法规 / 29
1.4.2 电子商务职业道德 / 32

第2章 电子商务模式

2.1 B2B 电子商务 / 38
2.1.1 B2B 电子商务的概念和特点 / 38
2.1.2 B2B 电子商务的商业模式 / 39

2.1.3　B2B 电子商务的交易流程　/　42

2.1.4　B2B 电子商务平台的盈利模式　/　43

2.2　B2C 电子商务　/　46

2.2.1　B2C 电子商务的概念和特点　/　46

2.2.2　B2C 电子商务的商业模式　/　47

2.2.3　B2C 电子商务的交易流程　/　48

2.2.4　B2C 电子商务网站的盈利模式　/　48

2.3　C2C 电子商务　/　50

2.3.1　C2C 电子商务的概念和特点　/　50

2.3.2　C2C 电子商务的商业模式　/　51

2.3.3　C2C 电子商务的交易流程　/　53

2.3.4　C2C 电子商务网站的盈利模式　/　53

2.4　O2O 电子商务　/　56

2.4.1　O2O 电子商务的概念和特点　/　56

2.4.2　O2O 电子商务的商业模式　/　57

2.4.3　O2O 电子商务的交易流程　/　59

2.4.4　O2O 电子商务企业的盈利模式　/　60

第 3 章　网络营销与推广

3.1　网络营销概述　/　65

3.1.1　网络营销的概念　/　65

3.1.2　网络营销的特点　/　66

3.1.3　网络营销的职能　/　66

3.2　网络市场调研　/　69

3.2.1　网络市场调研的概念与优势　/　69

3.2.2　网络市场调研的方法与步骤　/　70

3.3　网络营销策略　/　72

3.3.1　产品策略　/　72

3.3.2 价格策略 / 75
3.3.3 渠道策略 / 77
3.3.4 促销策略 / 81

3.4 网络广告营销 / 84

3.4.1 网络广告基础知识 / 84
3.4.2 网络广告的策划 / 85
3.4.3 网络广告的投放 / 87

3.5 网络营销的主要方法 / 91

3.5.1 微博营销 / 91
3.5.2 微信营销 / 93
3.5.3 直播营销 / 97
3.5.4 搜索引擎营销 / 98
3.5.5 短视频营销 / 99

第4章 电子商务物流

4.1 电子商务物流概述 / 106

4.1.1 电子商务物流的概念与特征 / 106
4.1.2 电子商务与物流的关系 / 108
4.1.3 电子商务物流信息技术 / 110

4.2 电子商务物流仓储与配送 / 112

4.2.1 电子商务物流仓储 / 112
4.2.2 电子商务物流配送 / 116

4.3 电子商务物流运输管理 / 120

4.3.1 运输的概念与功能 / 120
4.3.2 运输设施与设备 / 121
4.3.3 电子商务环境下的合理运输 / 125

4.4 电子商务供应链管理 / 126

4.4.1 供应链管理认知 / 127

4.4.2 供应链的结构和设计 / 128

4.4.3 电子商务在供应链管理中的实施 / 130

第5章 电子支付

5.1 电子支付概述 / 135

5.1.1 电子支付的含义 / 135

5.1.2 电子支付的特征 / 135

5.1.3 电子支付的方式 / 136

5.1.4 电子支付的优缺点 / 137

5.1.5 我国电子支付的发展阶段 / 137

5.2 网上银行 / 139

5.2.1 网上银行的概念 / 139

5.2.2 网上银行的特点 / 140

5.2.3 网上银行的功能 / 141

5.2.4 网上银行的分类 / 142

5.2.5 网上银行的支付流程 / 143

5.3 第三方支付 / 144

5.3.1 第三方支付的概念与特点 / 145

5.3.2 第三方支付的优缺点 / 146

5.3.3 第三方支付的盈利模式 / 147

5.3.4 典型的第三方支付平台 / 147

5.3.5 第三方支付的流程 / 149

第6章 电子商务客户关系管理

6.1 客户关系管理概述 / 153

6.1.1 客户关系管理的认知 / 154

6.1.2 客户关系管理解决的主要问题 / 155

6.2 电子商务客户关系管理概述 / 157

6.2.1 电子商务客户信息管理 / 158

6.2.2 电子商务客户满意度与忠诚度管理 / 158
6.2.3 电子商务客户服务管理 / 159

6.3 电子商务客户关系管理系统 / 164

6.3.1 客户关系管理系统的分类 / 164
6.3.2 客户数据的类型 / 165
6.3.3 客户关系管理系统的应用 / 166

第7章 电子商务安全管理

7.1 电子商务安全概述 / 171

7.1.1 电子商务安全的概念 / 171
7.1.2 电子商务面临的安全威胁 / 172
7.1.3 电子商务安全体系结构 / 174

7.2 电子商务安全技术 / 176

7.2.1 数据加密技术 / 176
7.2.2 数字认证技术 / 178
7.2.3 用户识别与安全认证 / 179
7.2.4 安全协议 / 181
7.2.5 防火墙技术 / 181

7.3 电子商务安全管理规范 / 184

7.3.1 风险制度规范 / 184
7.3.2 法律制度规范 / 186
7.3.3 日常安全防范规范 / 187

第8章 新兴电子商务模式

8.1 跨境电子商务 / 192

8.1.1 跨境电子商务的含义 / 192
8.1.2 跨境电子商务的特点 / 194
8.1.3 跨境电子商务的分类 / 196

8.1.4　跨境电子商务主流平台　/　200

8.2　移动电子商务　/　203

8.2.1　移动电子商务的概念　/　203
8.2.2　移动电子商务的特点　/　203
8.2.3　移动电子商务的模式　/　206
8.2.4　移动电子商务常见平台　/　207
8.2.5　移动电子商务的应用　/　208

8.3　直播电子商务　/　212

8.3.1　直播电子商务的概念　/　212
8.3.2　直播电子商务的特点　/　213
8.3.3　直播电子商务的模式　/　213
8.3.4　直播电子商务主流平台　/　216

8.4　农村电子商务　/　219

8.4.1　农村电子商务的概念　/　219
8.4.2　农村电子商务的特点　/　219
8.4.3　农村电子商务的分类　/　221
8.4.4　农村电子商务主流平台　/　223

参考文献　/　226

第1章
电子商务认知

 学习目标

- ☑ 了解电子商务的概念
- ☑ 掌握电子商务的功能
- ☑ 熟悉电子商务的组成要素
- ☑ 掌握电子商务系统的组成和一般框架
- ☑ 熟悉电子商务前沿技术及应用
- ☑ 熟悉电子商务相关的法律法规和职业道德

 导入案例

当今社会电子商务的重要性

电子商务已成为当今社会主要的交易方式之一,不仅节省了客户与企业的时间,更是在推动商贸流通企业线上线下业务结合的基础上,实现了经营和交易方式的转变。

在现在这个发展迅速的社会,人们更重视生活的质量。随着社会的进步和科技的发展,互联网得到了长足发展,与人们的生活紧密相关。随着互联网的发展,衍生出来的电子商务这个行业,从1990年以来一直以较高的速度发展。在传统行业数字化转型的背景下,电子商务作为我国数字经济中的重要组成部分,在促进居民消费方面发挥了重要作用。

现在有特别多著名的电商平台,比如阿里巴巴、网易严选、京东、天猫、亚马逊等,不同的平台具有不同的特色,但都是电子商务的一部分。

足不出户就可以购买到喜欢的商品,这是之前很多人认为不能发生的事情,但是现在却发生了。现在越来越多的人从线下走到线上,在网上浏览商品,然后等待它被送至自己的身旁,无比地快捷、方便。现在越来越多的企业都在加入电子商务行列,谋求在网上的一席之地。

举个例子,淘宝的"双十一"成交额达到千亿元之多,一天就能产生如此大的金额流动,足以看出现在电子商务的地位。

网络技术的发展、电子商务活动的开展,从根本上说,就是缩小中间路径——缩小生产和消费之间的时间路径、空间路径和人际路径。网络可以瞬间传递企业所需要的信息,使被资本拉开距离的生产者和消费者重新紧密地联系起来。

利润作为社会财富,它的分布,从来都是从属于社会生产力的。以网络为代表的生产力对于利润的创造和增进作用在于它为从根本上克服生产的盲目性提供了技术可能。信息社会的利润来源不仅仅依靠资本,还需要依靠信息,信息的快速传递将带来巨额的利润。

我国"十四五"规划提出,要不断推进建立强大的国内市场,加快构建新发展格局,重视消费对经济发展的引领作用,寻求拉动消费增长的新热点。加强监督力度,促进电子商务健康发展,加大宣传培训力度,提高居民,尤其是农村居民电子商务的应用能力,将有助于我国经济和电子商务的进一步发展。

思考

(1)你觉得电子商务对传统商务带来了怎样的冲击?

(2)想一想,电子商务迅速崛起的原因是什么?

1.1 电子商务概述

当前,电子商务已经成为国际上各个国家制定经济政策的主要依据之一,以网络和电子商务为主要特征的新经济已经成为推动全球经济一体化的重要手段和前提条件。

> **课程思政**
>
> 在新冠肺炎疫情肆虐全球的大环境下,各个国家的经济均受到了不同程度的影响。我国在这种大环境下,依然能够保持经济增长,离不开电子商务的发展。随着经济的不断发展,我国电商人才需求量会越来越大,作为新时代的大学生,应该为国家经济和事业发展贡献力量。

疫情冲击下的中国经济形势

1.1.1 电子商务的概念

电子商务这一概念自产生起,还没有一个较为全面、具有权威性的、能够为大多数人接受的定义,国内外不同的书籍、机构等对电子商务的定义都有差异,各国政府、学者、企业界人士都根据自己所处的地位和对电子商务的参与程度,从各自的角度提出了自己对电子商务的认识。简单来讲,电子商务是通过电子信息网络从事交易的活动,它有广义和狭义之分。

1. 广义的电子商务

广义的电子商务是指交易当事人或参与人利用计算机和网络技术等现代信息技术所进行的各类商务活动,主要包括货物贸易、服务贸易和知识产权贸易之间(主要是企业与企业之间 B2B、企业与消费者之间 B2C)利用现代信息技术和计算机网络按照一定的标准所进行的各种商务活动。

对上述广义的电子商务的定义可以从以下几个方面来分析和理解。

(1)电子商务是一种利用先进信息技术进行的商务活动。交易各方将自己的各类供求意愿按照一定的格式输入电子商务网络,电子商务网络便会根据用户的要求寻找相关的信息,并提供给用户多种交易选择。一旦用户确定了交易对象,电子商务网络就会协助完成合同的签订、分类、传递和款项收付结转等全套业务,为交易双方提供一种"双赢"的选择。

(2)电子商务的本质是商务。电子商务的目标是通过先进的信息技术来进行商务活动,所以它要服务于商务,满足商务活动的要求,商务活动是电子商务永恒的主题。从另一个角度来看,商务也是在不断发展的,电子商务的广泛应用将给商务本身带来巨大的影响，从根本上改变传统的商务方式，给商务活动注入全新的理念。

（3）对电子商务的全面理解应从"现代信息技术"和"商务"两个方面思考。一方面，电子商务中的"现代信息技术"应涵盖各种以电子技术为基础的现代通信方式；另一方面，对"商务"一词应作广义的理解，是指契约性和非契约性的一切商务性质的关系所引起的种种事项。用集合论的观点来分析，电子商务是现代信息技术与商务两个子集的交集，如图1-1所示。

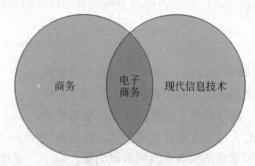

图1-1 电子商务与现代信息技术、商务之间的关系

知识链接 ➡ 关于现代信息技术、商务与电子商务之间的关系的解读

电子商务的理解应该从现代信息技术和商务两个方面考虑。电子商务概念所包括的现代信息技术涵盖各种使用电子技术为基础的通信方式，商务一词包括一切商务性质的关系所引起的各种事项。电子商务是现代信息技术和商务两个子集形成的交集。

现代信息技术是电子商务的保证。现代信息技术解决了个人网上账户的安全和交易的安全问题。而电子商务又促进了现代信息技术的发展。电子商务是传统商务的延伸，是21世纪商务的必然趋势。它颠覆了传统商务的运行机制，使市场更加合理，让消费者能够买到更加廉价、优质的商品。

2. 狭义的电子商务

狭义的电子商务是指通过互联网进行的商务活动。从发展的角度来看，利用各类电子信息网络进行的广告、设计、开发、推销、采购和结算等全部商务活动都纳入电子商务范畴比较符合实际。

知识链接 ➡ 广义电子商务与狭义电子商务的区别与联系

1. 区别

（1）广义电子商务与狭义电子商务性质不同。

① 狭义电子商务是指人们利用电子化的手段进行高效率、低成本的以商品交换为中心的活动。

② 广义电子商务是指一种现代商业方法。包括狭义的电子商务、电子政务、电子军务、电子教务、电子公务、电子医务等。

（2）广义电子商务与狭义电子商务目标不同。
① 狭义电子商务的目标是进行商品交换。
② 广义电子商务的目标是通过改善产品和服务质量、提高服务传递速度，满足政府、组织、厂商和消费者降低成本的要求。
（3）广义电子商务与狭义电子商务范围不同。
① 狭义电子商务的范围主要利用 Internet 从事商务或活动。
② 广义电子商务的范围涉及各个行业，包括政府机构和企业、事业单位各种业务的电子化、网络化。

2. 联系

广义电子商务和狭义电子商务的联系在于都是通过互联网进行的。

1.1.2 电子商务的功能

由于电子商务可提供网上交易和管理等全过程的服务，因此它具有广告宣传、咨询洽谈、网上订购、网上支付、电子账户、服务传递、意见征询、交易管理等功能，如图 1-2 所示。

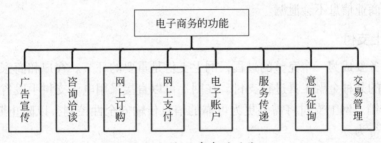

图 1-2 电子商务的功能

1. 广告宣传

电子商务可凭借企业的 Web 服务器和客户的浏览，在 Internet 上发布各类商业信息。客户可借助网上的检索工具（search）迅速地找到所需商品信息，而商家可利用网上主页（home page）和电子邮件（E-mail）在全球范围内做广告宣传。与以往的各类广告相比，网上广告的成本最为低廉，而给顾客的信息量却最为丰富。电子商务企业在网易首页做的广告宣传如图 1-3 所示。

2. 咨询洽谈

电子商务可借助非实时的电子邮件（E-mail），新闻组（news group）和实时的讨论组（chat）来了解市场和商品信息、洽谈交易事务，如有进一步的需求，还可用网上的白板会议（whiteboard conference）来交流即时的图形信息。网上的咨询和洽谈能超越人们面对面洽谈的限制，提供多种方便的异地交谈形式。

3. 网上订购

电子商务可借助 Web 中的邮件交互传送实现网上订购。网上订购通常都是在产品

图 1-3　电子商务企业在网易首页做的广告宣传

介绍的页面上提供十分友好的订购提示信息和订购交互格式框。当客户填完订购单后，通常系统会回复确认信息单来保证订购信息的收悉。订购信息也可采用加密的方式使客户和商家的商业信息不会泄漏。

4. 网上支付

电子商务要成为一个完整的过程，网上支付是重要的环节。客户和商家之间可采用银行所支持的某种金融工具进行支付。在网上可以直接采用电子支付手段省略交易中很多人员的开销。网上支付将需要更为可靠的信息传输安全性控制，以防止欺骗、窃听、冒用等非法行为。

5. 电子账户

网上的支付必须要有电子金融来支持，即银行或信用卡公司及保险公司等金融单位要为金融服务提供网上操作的服务。而电子账户管理是其基本的组成部分。

信用卡号或银行账号都是电子账户的一种标志。而其可信度需配以必要的技术措施来保证，如数字证书、数字签名、加密等手段的应用保证了电子账户操作的安全性。

> **小链接**
>
> **数字证书**
>
> 数字证书是指在互联网通信中标志通信各方身份信息的一个数字认证，人们可以在网上用它来识别对方的身份。因此，数字证书又称数字标识。数字证书以加密或解密的形式保证了网络用户在计算机网络交流中的信息和数据等的完整性与安全性。

6. 服务传递

对已付款的客户，应将其订购的货物尽快地传递到他们的手中。而有些货物在本地，有些货物在异地，电子邮件能在网络中进行物流的调配。而最适合在网上直接传递的货物是信息产品，如软件、电子读物、信息服务等。企业能直接从电子仓库中将货物发到用户端。

7. 意见征询

电子商务能十分方便地采用网页上的"选择""填空"等格式文件来收集用户对销售服务的反馈意见，这样使企业的市场运营能形成一个封闭的回路。客户的反馈意见不仅能提高售后服务的水平，而且可以使企业获得改进产品、发现市场的商业机会。

8. 交易管理

整个交易的管理将涉及人、财、物多个方面，企业和企业、企业和客户及企业内部等各方面的协调与管理。因此，交易管理是涉及商务活动全过程的管理。

电子商务的发展需要提供良好的交易管理的网络环境及多种多样的应用服务系统，而这些又能保障和促进电子商务获得更广泛的应用。

1.1.3 电子商务的组成要素

电子商务的组成要素如图 1-4 所示。

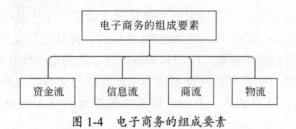

图 1-4 电子商务的组成要素

（1）资金流是指在实体经济中由商流和物流所引起的资金运动的全过程，包括资金的支付、预付、借贷、偿还、结算等。资金流是企业生存和发展的基础，在"现金为王"的时代，资金流比利润更重要，因为一旦企业资金流出现问题，那么企业就会濒临破产的危险。

（2）信息流是指在实体经济中由商流、物流和资金流引起的相关信息的交互运动，包括信息发布、信息筛选、信息搜寻、信息反馈等。信息流是企业流通体系的神经，它是企业流通体系存在和运动的内在机制，在商品流通过程中具有十分重要的作用。

（3）商流是指在实体经济中由商品所有权转移引起的所有商务、交易活动，包括商务接触、咨询、洽谈、签约、结算等。商流考虑如何从终端向上拉动，引导经销商如何操作产品、协助经销商建立分销渠道、作为厂商的桥梁便于两者间的沟通顺畅、控制经销商操作行为等。

（4）物流是指在实体经济中由商品实体完成空间转移所引起的所有经济活动，包括商品的仓储、运输、装卸、包装、流通加工、配送等。物流是企业生产和销售的重要环节，是保证企业高效经营的重要方面。只有物流顺畅，才能保证企业的正常运行。

以上 4 个组成要素具有如下的关系：商流是物流、资金流和信息流的起点，即是"三流"的前提。一般情况下，没有商流，不可能发生物流、资金流和信息流；反过来，没有物流、资金流和信息流的匹配和支撑，商流也不可能达到目的，因此，"四流"之间是互为因果关系的。

商流是动机和目的，资金流是条件，信息流是手段，物流是终结和归宿。也就是说，只有存在需要或产生购买欲望，才能决定购买，购买的原因和理由就是商流的动机和目的；因为想要购买或决定购买某种商品，才考虑购买资金的来源或筹措资金问题。未付款的商品所有权不归属顾客，这就是条件；又因为决定购买，也有了资金，然后才付诸行动，这就是买方向卖方传递的一个信息，或去商店向售货员传递购买信息，或电话购物、网上购物，这些都是传递信息的过程，但这种过程只是一种手段。但是商流、资金流和信息流产生后，必须有一个物流的过程，否则商流、资金流和信息流都没有意义。

1.1.4 电子商务的产生与发展

1. 电子商务的产生

20世纪60年代后，计算机和网络技术飞速发展，从而构建了电子商务赖以生存的基础，并预示了未来商务活动的一种发展方向，人们提出了电子商务这个概念。电子商务产生和发展的条件有如下两个。

（1）信息技术的发展。信息技术的发展是电子商务产生的基础，主要体现在以下两个方面：①计算机的广泛应用。20世纪90年代后，计算机的处理速度越来越快，处理能力越来越强，价格越来越低，应用越来越广泛，这为电子商务的发展奠定了基础。②网络的普及和成熟。随着互联网逐渐成为全球通信与交易的媒介，全球上网用户数量呈几何级数增长，网络快捷、安全、低成本的特点为电子商务的发展提供了有利条件。

（2）社会经济的发展。随着社会经济的发展，大多数商品出现了供应远远大于需求的现象。这时急需一种新的商务模式来提高企业的竞争力，电子商务应运而生。电子商务是人类社会经济发展的必然趋势。

2. 电子商务的发展

（1）第一阶段：基于 EDI 的电子商务。EDI（electronic data interchange）是将业务文件按一个公认的标准从一台计算机传输到另一台计算机上的电子传输方法。由于 EDI 大大减少了纸张票据，因此，人们也形象地称为"无纸贸易"或"无纸交易"。

EDI 在20世纪60年代末期产生于美国。当时的贸易商们在使用计算机处理各类商务文件时发现，由人工输入一台计算机中的数据的 70% 来源于另一台计算机输出的文件，由于过多的人为因素影响了数据的准确性和工作效率的提高，人们开始尝试在贸易伙伴之间的计算机上使数据能够自动交换，EDI 应运而生。

20世纪90年代之前的大多数 EDI 都不是通过 Internet（国际互联网）实现的，而是通过租用的计算机线在专用网络上实现，这类专用的网络被称为 VAN（增值网），这样做的目的主要是考虑到安全问题。但随着 Internet 安全性的日益提高，作为一个费用更低、覆盖面更广、服务更好的系统，Internet 已表现出替代 VAN 而成为 EDI 的硬件载体的趋势，因此有人把通过 Internet 实现的 EDI 直接叫作 Internet EDI。

（2）第二阶段：基于互联网的电子商务。EDI 的运用使单证和文件处理的劳动强度、出错率和费用都大为降低,效率大大提高,极大地推动了国际贸易的发展,显示出巨大的优势和生命力。但由于 EDI 系统的建立需要较大的投资,使用 VAN 的费用很高,仅大型企业才会使用,因此,限制了基于 EDI 的电子商务应用范围的扩大。而且 EDI 对于信息共享的考虑也较少,比较适合具有大量的单证和文件传输的大型跨国公司。附着大型跨国公司对信息共享的需要和中小企业对 EDI 的渴望,迫切需要建立一种新的成本低、效率高、能够实现信息共享的电子信息交换系统。20 世纪 90 年代中期后,Internet 逐步从大学、科研机构走向企业和百姓家庭,其功能也已从信息共享演变为一种大众化的信息传播工具。1991 年,美国宣布 Internet 对社会公众开放,允许在网上开发商业应用。至此,一直排斥在互联网之外的商业贸易活动正式进入这个工国,电子商务逐渐成为互联网应用的最大热点。1993 年,WWW(world wide web,万维网)在 Internet 上出现,使 Internet 具备了支持多媒体应用的功能。1994 年,美国网景公司(Netscape)推出 SSL(安全套接层)协议,以保障 Internet 上 B2B 交易的安全。1996 年,VISA 和 MASETR CARD 两大信用卡国际组织共同推出 SET(安全电子交易)协议,以保障 Internet 上 B2C 交易的安全。所有这些技术为企业通过网络进行商务活动提供了有力的保障。

(3)第三阶段:快速发展阶段。21 世纪初开始,电子商务不再是一个试验品和简单工具,已经成为企业商务的核心。传统企业需要一种技术来帮助它们在整个企业范围内整合公司端到端的流程,以及与关键合作伙伴、供应商和客户之间的流程。电子商务的主体需要一种技术来帮助它们对客户需求的变化、市场机遇及外来威胁做出快速灵活的反应。

3. 电子商务的发展趋势

随着市场经济体制进一步完善,推进经济增长方式转变和结构调整的力度继续加大,发展电子商务的需求将会更加强劲。电子商务将被广泛应用于生产、流通、消费等各领域和社会生活的各个层面。这将促使全社会电子商务的应用意识不断增强,有关电子商务的政策、法律、法规将不断出台,电子商务发展的政策法律环境将不断完善。同时,也促使物流、信用、电子支付等电子商务支撑体系建设更全面地展开,从而使电子商务发展的内在动力持续增强。

中国电商年度发展趋势

企业供应链电子商务、国际电子商务的发展,将带动电子商务服务业的发展,围绕电子商务服务形成的从低端技术环节到中端支撑环节再到高端应用环节的电子商务服务链在我国结点饱满,一个全新视角的电子商务服务业群正在形成,将成为未来国民经济新的增长点。随着时代的进步及发展,中国的电子商务必然要与世界接轨,而互联网最大的优势就是不受时

> **思考题**
>
> 在现如今新冠疫情肆虐全球的情况下,我国的电子商务应该朝什么方向发展?

间和空间的限制,对每个国家和地区的对外经济及技术、资金交流等都具有重要的推动作用,尤其是可以刺激对外贸易。因此,我国电子商务企业将随着国际电子商务环境的规范和完善逐步走向世界。我国企业可以同发达国家企业真正站在一个起跑线上,我国在市场经济轨道上的后发劣势将变为后发优势。电子商务可以有效地促进我国的中小企业开拓国际市场。

电子商务发展十大新趋势

课堂活动

活动题目	浏览淘宝和京东网站,分析两个网站的异同
活动步骤	对学生进行教学分组,每3~5人为一个小组,以小组为单位进行讨论
	组员分别浏览淘宝和京东网站,分别分析其基本情况,并将体验报告填入表1-1中
	讨论、对比两个网站的优势和劣势,并将结果填入表1-2中
	每个小组将小组讨论结果形成PPT,派一名代表进行演示
	教师给予评价

表1-1 网站浏览体验报告

基本情况参数	网站名称	
	淘宝	京东
网站界面好感度		
网站模块数量		
网站分类		
总体描述		

表1-2 淘宝和京东的优势和劣势对比

网站	优势	劣势
淘宝		
京东		

注:分别写出每个网站的5条优势和5条劣势。

1.2 电子商务系统的组成和一般框架

电子商务系统是保证整个电子商务活动有效、有序、安全、顺畅进行的有力工具，通过电子商务系统，交易双方可以顺畅且安全地实现目的。

> **课程思政**
>
> 中国有句俗语：麻雀虽小，五脏俱全。电子商务系统由多个部分组成，这些部分有机地组合成了一个整体，在整个电子商务系统中运行着，任何一个部分出现问题，都有可能导致整个电子商务系统的崩溃。这就像是我们个人虽然在整个国家面前显得微不足道，但是作为中华民族的一分子，我们每个人都能贡献自己的聪明才智，那么我们国家的发展将会呈现出不可估量的规模。

1.2.1 电子商务系统的组成

电子商务系统是保证以电子商务为基础的网上交易实现的体系。市场交易是由参与交易双方在平等、自由、互利的基础上进行的基于价值的交换。网上交易同样遵循上述原则。交易中有两个有机组成部分，一是交易双方信息沟通，二是双方进行等价交换。在网上交易，其信息沟通是通过数字化的信息沟通渠道实现的，首要条件是交易双方必须拥有相应信息技术工具，才有可能利用基于信息技术的沟通渠道进行沟通。同时要保证能通过 Internet 进行交易，必须要求企业、组织和消费者连接到 Internet，否则无法利用 Internet 进行交易。在网上进行交易，交易双方在空间上是分离的，为保证交易双方进行等价交换，必须提供相应货物配送手段和支付结算手段。货物配送仍然依赖传统物流渠道，而支付结算既可以利用传统手段，也可以利用先进的网上支付手段。此外，为保证企业、组织和消费者能够利用数字化沟通渠道，保证交易顺利进行的配送和支付，需要由专门提供这方面服务的中间商参与，即电子商务服务商。

图 1-5 显示的是一个完整的基础电子商务系统。一个完整的基础电子商务系统是以 Internet 信息系统为核心基础，将企业、组织、消费者，支付结算，实物配送和电子商务服务商综合在一起形成一个系统，而这整个系统会受到外围的经济环境、技术环境、法律环境和政策环境的影响。

1. Internet 信息系统

电子商务系统的基础是 Internet 信息系统，它是进行交易的平台，交易中所涉及的信息流、物流和资金流都与信息系统紧密相关。Internet 信息系统是指企业、组织和电子商务服务商，在 Internet 网络的基础上开发设计的信息系统，它可以成为企业、组织和个人消费者之间进行信息交换的平台，在信息系统的安全和控制措施保证下，通过基

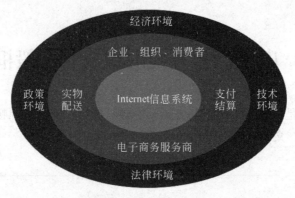

图 1-5　电子商务系统

于 Internet 的支付系统进行网上支付，通过基于 Internet 物流信息系统控制物流的顺利进行，最终保证企业、组织和个人消费者之间网上交易的实现。因此，Internet 信息系统的主要作用是提供开放的、安全的和可控制的信息交换平台，它是电子商务系统的核心和基石。

2．电子商务服务商

Internet 作为一个蕴藏巨大商机的平台，需要有一大批专业化分工者相互协作，为企业、组织与消费者在 Internet 上进行交易提供支持。电子商务服务商便是起着这种作用。根据服务层次和内容的不同，可以将电子商务服务商分为两大类：一类是为电子商务系统提供系统支持服务的，它主要为企业、组织和消费者在网上交易提供技术和物质基础；另一类是直接提供电子商务服务者，为企业、组织与消费者之间的交易提供沟通渠道和商务活动服务。

根据技术与应用层次不同，提供系统支持服务的电子商务服务商可以分为四类，如图 1-6 所示。

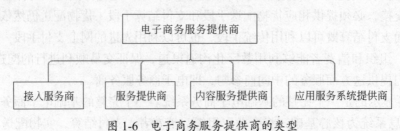

图 1-6　电子商务服务提供商的类型

（1）接入服务商（internet access provider，IAP），它主要提供 Internet 通信和线路租借服务，如我国电信企业中国电信、中国联通提供的线路租借服务。

（2）服务提供商（internet service provider，ISP），它主要为企业建立电子商务系统提供全面支持，一般企业、组织与消费者上网时只通过 ISP 接入 Internet，由 ISP 向 IAP 租借线路。

（3）内容服务提供商（internet content provider，ICP），它主要为企业提供信息内容服务，如财经信息、搜索引擎，这类服务一般都是免费的，ICP 主要通过其他方式，如发布网络广告获取收入。

（4）应用服务系统提供商（application service provider，ASP），它主要为企业、组织建设电子商务系统时提供系统解决方案。

3. 企业、组织和消费者

企业、组织和消费者是 Internet 网上市场交易的主体，它们是进行网上交易的基础。由于 Internet 本身的特点及加入 Internet 的网民的倍速增长趋势，使 Internet 成为非常具有吸引力的新兴市场。一般来说，组织和消费者上网比较简单，因为它们主要是使用电子商务服务商提供的 Internet 服务来参与交易。企业上网则是非常重要而且是很复杂的。这是因为，一方面企业作为市场交易一方，只有上网才可能参与网上交易；另一方面，企业作为交易主体，必须为其他参与交易方提供服务和支持，如提供产品信息查询服务、商品配送服务、支付结算服务，因此，企业开展网上交易，必须系统规划建设好自己的电子商务系统。

4. 实物配送

进行网上交易时，如果用户与消费者通过 Internet 订货、付款后，企业不能及时送货上门，便不能满足消费者的需求。因此，一个完整的电子商务系统，如果没有高效的实物配送物流系统支持，是难以维持交易顺利进行的。

1.2.2 电子商务的一般框架

电子商务的一般框架是指实现电子商务从技术到一般服务所应具备的完整的运作基础。完整的电子商务体系体现在全面的电子商务应用上，而这需要有相应层面的基础设施和众多支撑条件构成的环境。这些环境要素从整体上可分为四个层次和两大支柱。

1. 环境要素的四个层次

（1）网络层。网络层是指网络基础设施。它是实现电子商务的最底层的基础设施。它是信息传输系统，是实现电子商务的基本保证。网络层包含远程通信网、有线电视网、互联网、无线通信网四方面内容，如图 1-7 所示。因为电子商务的主要业务是基于互联网的，所以互联网是网络基础设施中最重要的部分。

图 1-7 网络层所包含的内容

（2）信息发布与传输层。网络层决定了电子商务信息传输使用的线路，信息发布与传输层则解决了如何在网络上传输信息和传输何种信息的问题。从技术角度来看，电子商务的整个过程就是围绕信息的发布和传输进行的。

（3）电子商务服务层。电子商务服务层为电子商务提供网上商务活动服务，包括电子支付、目录服务等。其中，CA认证是电子商务服务层的核心，因为CA认证保证了电子商务中交易的安全。它通过为参与交易者签发数字证书来确认电子商务活动中各方的身份，然后通过加密和解密的方法实现网上安全的信息交换与交易。

> **小链接**
> **CA认证**
> CA认证即电子认证服务，是指为电子签名相关各方提供真实性、可靠性验证的活动。证书颁发机构（certificate authority, CA）即颁发数字证书的机构，是负责发放和管理数字证书的权威机构，并作为电子商务交易中受信任的第三方，承担公钥体系中公钥的合法性检验的责任。

（4）电子商务应用层。电子商务应用层是指电子商务在生产、流通和消费等领域的实际应用，主要分为两部分，即实际的信息系统（包括网上购物、网上娱乐、供应链管理、企业资源计划、客户关系管理）和市场活动（包括企业知识管理、市场调研、网络营销活动），如图1-8所示。

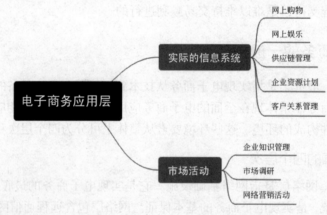

图1-8　电子商务应用层包含的内容

2. 环境要素的两大支柱

（1）国家政策及法律规范。开展电子商务活动时必须遵守国家的法律、法规和相应的政策。电子商务产生后，其引发的问题和纠纷不断增加，原有的法律规范已经不适应新的发展环境，制定新的法律规范并形成一个成熟、统一的法律体系，已经成为世界各国（地区）发展电子商务活动的必然趋势。

（2）技术标准和网络协议。技术标准定义了用户接口、传输协议、信息发布标准等技术细节，它是信息发布和传递的基础，是网络信息一致性的保证。就整个网络环境来说，技术标准对于保证兼容性和通用性是十分重要的。网络协议是计算机网络中为进行数

> **思考题**
> 近年来我国对电子商务行业提供了哪些政策性的支持？

据交换而建立的规则、标准或约定的集合。对于处在计算机网络中两个不同地理位置上的企业来说，要进行通信就必须按照通信双方预先约定好的规则进行，这些预先约定好的规则就是网络协议。

课堂活动

活动题目	了解电子商务企业的组成结构
活动步骤	对学生进行教学分组，每3~5人为一个小组，以小组为单位进行讨论
	选择一家中等规模（100人）的电子商务企业，分析其组成结构，并画出该企业的组织结构图
	讨论并分析该企业组成结构的优势
	每个小组将小组讨论结果形成PPT，派一名代表进行演示
	教师给予评价

1.3 电子商务的前沿技术和应用

随着科学技术的不断发展，一些新型的技术手段不断应用到电子商务活动中，极大地促进了电子商务的迅速发展。

课程思政

在历史长河中，我们的祖先创造出了辉煌灿烂的中华文明，可以毫不夸张地说，世界最先进的地方有中国的一席之地。但是随着工业革命的发生，中国的技术一度落后。电子商务的部分前沿技术是国外发明的。基于此，我们作为中国崛起力量中的一部分，更应该发扬刻苦钻研、不畏艰险的精神，创新发展。

1.3.1 电子商务的前沿技术

1. 物联网

（1）物联网的定义。物联网是新一代信息技术的重要组成部分，其英文名称是 the Internet of Things。顾名思义，物联网就是物物相连的互联网。物联网有以下两层含义。

① 物联网的核心和基础仍然是互联网，是在互联网基础上的延伸和扩展的网络。

② 其用户端延伸和扩展到了任何物品与物品之间，进行信息交换和通信。

物联网

因此，物联网的定义是通过射频识别、红外感应器、全球定位系统、激光扫描器等信息传感设备，按约定的协议把物品与互联网相连接，进行信息交换和通信，以实现对物品的智能化识别、定位、跟踪、监控和管理的一种网络。

（2）物联网的技术特征。和传统的互联网相比，物联网有其鲜明的特征。

① 它是各种感知技术的广泛应用。物联网上部署了海量的多种类型传感器，每个传感器都是一个信息源，不同类别的传感器所捕获的信息内容和信息格式不同。传感器获得的数据具有实时性，按一定的频率周期性地采集环境信息，不断更新数据。

② 它是一种建立在互联网上的泛在网络。物联网技术的重要基础和核心仍旧是互联网，通过各种有线和无线网络与互联网融合，将物体的信息实时准确地传递出去。在物联网上的传感器定时采集的信息需要通过网络传输，由于其数量极其庞大，形成了海量信息，在传输过程中，为了保障数据的正确性和及时性，必须适应各种异构网络和协议。

③ 物联网不仅仅提供了传感器的连接，其本身也具有智能处理的能力，能够对物体实施智能控制。物联网将传感器和智能处理相结合，利用云计算、模式识别等各种智能技术，扩充其应用领域。从传感器获得的海量信息中分析、加工和处理得出有意义的数据，以适应不同用户的不同需求，发现新的应用领域和应用模式。

思考题

你能举例说明物联网在电子商务中的应用吗？

（3）物联网的关键技术如下。

① 感知技术。感知技术也可以称为信息采集技术，它是实现物联网的基础。目前，信息采集主要采用电子标签和传感器等方式完成。在感知技术中，电子标签用于对采集的信息进行标准化标识，数据采集和设备控制通过射频识别读写器、二维码识读器等实现。

② 网络通信技术。在物联网的机器到机器、人到机器和机器到人的信息传输中，有多种通信技术可供选择，它们主要分为有线（如DSL、PON等）和无线（如CDMA、GPRS、IEEE802.11a/b/g WLAN等）两大类技术，这些技术均已相对成熟。在物联网的实现中，格外重要的是无线传感网络技术。

③ 数据融合与智能技术。数据融合是指将多种数据或信息进行处理，组合出高效且符合用户需求的数据的过程。海量信息智能分析与控制是指依托先进的软件工程技术，对物联网的各种信息进行海量存储与快速处理，并将处理结果实时反馈给物联网的各种"控制"部件。智能技术是为了有效地达到某种预期的目的，利用知识分析后所采用的各种方法和手段。通过在物体中植入智能系统，可以使物体具备一定的智能性，能够主动或被动地实现与用户的沟通，这也是物联网的关键技术之一。

④ 纳米技术。纳米技术是研究尺寸在 0.1~100nm 的物质组成体系的运动规律和相互作用及可能的实际应用的技术。目前，纳米技术在物联网技术中的应用主要体现在 RFID 设备、感应器设备的微小化设计、加工材料和微纳米加工技术上。

⑤ GPS 技术。全球定位系统（global positioning system，GPS）是利用定位卫星在

全球范围内实时进行定位、导航的系统,是一种具有全方位、全天候、全时段、高精度的卫星导航系统,能为全球用户提供低成本的导航信息,其三维位置、速度和精确性都有较高的精确度。

(4)物联网与电子商务的关系。通过物联网,电子商务企业可以实现对每一件产品的实时监控,对物流体系进行管理,不仅可以对产品在供应链中的流通过程进行监督和信息共享,还可以对产品在供应链各阶段的信息进行分析和预测。通过对产品当前所处阶段的信息进行预测,估算未来的趋势或意外发生的概率,从而及时采取补救措施或预警,极大地提高了电子商务企业对市场的反应能力,加快企业的反应速度。

2. 云计算

(1)云计算的定义。云计算是指将多台计算机系统的资源(计算、存储、网络等)进行统一管理,对多租户提供按需使用、简化管理、方便部署的计算机应用系统。云计算作为一种技术手段和实现模式,使计算资源成为向大众提供服务的社会基础设施,将对信息技术本身及其应用产生深远影响,软件工程方法、网络和终端设备的资源配置、获取信息和知识的方式等,无不因为云计算的出现而产生重要的变化。与此同时,云计算也深刻改变着信息产业的现有业态,催生了新型的产业和服务。云计算带来社会计算资源利用率的提高和计算资源获得的便利性,推动以互联网为基础的物联网迅速发展,将更加有效地提升人类感知世界、认识世界的能力,促进经济发展和社会进步。

云计算

(2)云计算的特点。云计算的特点如图1-9所示。

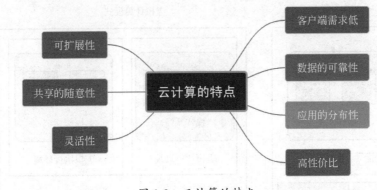

图1-9 云计算的特点

① 可扩展性。用户要做的扩展只是多买几台普通的计算机,这比添置几台昂贵的服务器或者其他服务端设备花费更少,也更加简单。

② 共享的随意性。"云"计算能够轻松地实现不同的电子设备(如计算机、手机、PDA等)间的数据与应用共享。

③ 灵活性。云计算对低配置机器和外设能够很好地兼容而且能获得高性能计算。

④ 客户端需求低。"云"计算不需要用户的客户端设备具有高端的性能,而且不用担心各种应用软件没及时更新而留下漏洞,所以使用起来是很方便的。

⑤ 数据的可靠性。"云"计算提供了更加可靠并且安全的数据存储服务,帮助用户

免受数据丢失和病毒入侵等威胁的侵害。

⑥ 应用的分布性。"云"里的大部分应用本身都具有分布性。在大多数企业应用和公安应用中，管理部门和工作现场都不在同一个地点。

⑦ 高性价比。"云"计算对用户终端性能的要求很低，而且大部分的服务是免费的，这使用户能够用更少的钱得到更多优质的服务。

（3）云计算的关键技术如下。

① 高性能计算技术。高性能计算（high performance computing，HPC）通常指使用很多处理器（作为单个机器的一部分）或者某一集群组织中的几台计算机（作为单个计算资源操作）的计算系统和环境，这是计算机科学的一个分支，主要研究并行算法和开发相关软件，致力于开发高性能计算机。

② 分布式数据存储技术。分布式数据存储（distributed data storage，DDS）是指将数据分散存储到多个数据存储服务器上。分布式数据存储目前很多都借鉴了 Google 的经验，在众多的服务器上搭建一个分布式文件系统，然后在这个分布式文件系统上实现相关的数据存储业务，甚至是再实现二级存储业务。

③ 虚拟化技术。虚拟化（virtualization）是指将信息系统的各种物理资源，如服务器、网络、内存及数据等，进行抽象、转换后呈现出来，打破实体结构间的不可切割的障碍，使用户可以更好地应用这些资源。这些新虚拟出来的资源不受现有资源的架设方法、地域或物理配置的限制。虚拟化的本质就是将原来运行在真实环境上的计算系统或组件在虚拟出来的环境中运行，其工作原理如图 1-10 所示。

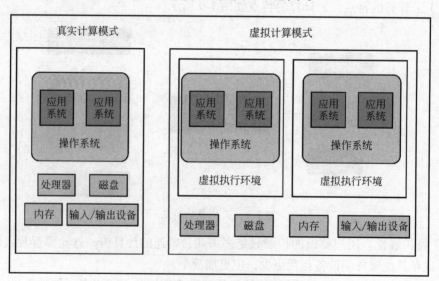

图 1-10　虚拟化的工作原理

④ 用户交互技术。随着云计算的逐步普及，浏览器已经不仅仅是一个客户端的软件，而逐步演变为承载着互联网的平台。浏览器与云计算的整合技术主要体现在两个方面：浏览器网络化与浏览器云服务。国内各家浏览器都将网络化作为其功能的标配之一，其主要功能体现为用户可以登录浏览器，并通过账号将个性化数据同步到服务端。不管用户在任何地方，只需要登录自己的账号，就能够同步更新所有的个性内容，

包括浏览器选项配置、收藏夹、网址记录、智能填表和密码保存等。目前的浏览器云服务主要体现在 P2P 下载、视频加速等单独的客户端软件中，主要的应用研究方向包括基于浏览器的 P2P 下载、视频加速、分布式计算和多任务协同工作等。在多任务协同工作方面，AJAX（Asynchronous JavaScript and XML，异步 JavaScript 和 XML）是一种创建交互式网页应用的网页开发技术，改变了传统网页的交互方式，改进了交互体验。

⑤ 安全管理技术。安全问题是用户是否选择云计算的主要顾虑之一。传统集中管理方式下也有安全问题，云计算的多租户、分布性、对网络和服务提供者的依赖性，为安全问题带来新的挑战。采取有效的安全管理技术，可解决这些安全问题。

（4）云计算与电子商务的关系。云计算的特点是"网络化"。随着电子商务的发展，企业间的各种业务越来越多地通过电子商务来进行。电子商务的操作会变得越来越简单，但这种简单操作的背后往往涉及大量复杂的数据运算。基于云计算的电子商务平台把后台复杂的计算放到云计算服务提供商所提供的"云"中，将电子商务的各个业务作为任务发送给"云"中处于不同物理位置的服务器处理，并将结果返回。这样用户只需要简单的操作就可以完成复杂的交易过程。

云计算下的电子商务平台可以轻松实现不同设备及业务间的数据互通。电子商务平台与 ERP（enterprise resource planning，企业资源计划）相融合，使用户前后台信息畅通无阻，电子商务形成的单据可以直接形成 ERP 管理后台的业务数据，通过云计算实现不同业务、不同网络、不同组织之间的信息互通共享。

3. 大数据

（1）大数据的定义。大数据或者称为巨量资料，指的是需要新处理模式才能具有更强的决策力、洞察力和流程优化能力的海量、高增长率和多样化的信息资产。大数据的"大"的界定范畴是动态的。从前的 GB（gigabytes，吉字节）就是数据类型的巨大范畴，但是大数据出现后，在物理、基因等很多领域，

> **小链接**
>
> **XML**
>
> XML 的英文全称为 Extensible Markup Language，中文含义为可扩展标记语言，是标准通用标记语言的子集，是一种用于标记电子文件使其具有结构性的标记语言。
>
> 在电子计算机中，标记指计算机所能理解的信息符号，通过此种标记，计算机之间可以处理包含各种的信息比如文章等。它可以用来标记数据、定义数据类型，是一种允许用户对自己的标记语言进行定义的源语言。它非常适合万维网传输，提供统一的方法来描述和交换独立于应用程序或供应商的结构化数据。是 Internet 环境中跨平台的、依赖于内容的技术，也是当今处理分布式结构信息的有效工具。早在 1998 年，W3C 就发布了 XML1.0 规范，使用它来简化 Internet 的文档信息传输。

> **思考题**
>
> 请查阅相关资料，说一说 KB、MB、GB、TB、PB 之间是如何换算的？

TB（terabytes，太字节）级的数据已经很普遍，更有 PB（petabytes，拍字节），甚至 EB（exabytes，艾字节）级也不罕见。数据的类型有很多种，其主要分为结构化数据、半结构化数据和非结构化数据。因此，数据量的不断增长及数据类型的多样化，都给大数据系统的存储和计算带来了不小的挑战。

人工智能和大数据

（2）大数据的特点。大数据的特点如图 1-11 所示。

图 1-11 大数据的特点

① 高速性。高速性描述的是数据被创建和移动的速度。在高速网络时代，通过基于实现软件性能优化的高速计算机处理器和服务器，创建实时数据流已成为流行趋势。企业不仅需要了解如何快速创建数据，还必须知道如何快速处理、分析数据并返回给用户，以满足他们的实时需求。

② 价值性。在物联网、云计算、大数据挖掘等技术迅速发展的带动下，大数据的应用呈现出它的完整过程：把数据源的信号转换为数据，再把大数据加工成信息，通过获取的信息进行决策。因此，大数据价值的挖掘过程就像大浪淘沙，数据的体量越大，相对有价值的数据就越少。大数据的价值密度实际是比较低的，因为数据采集并非都是及时的，样本的数量有限，数据不完全连续。但是，当数据的体量越来越大时，就能从海量数据中心提取有价值的信息，为决策提供支撑。

③ 海量性。数据的体量决定了其背后的信息价值，随着各种移动端的流行和云存储技术的发展，现代社会的人类活动都可以被记录下来，因此产生了海量的数据。发送的微博、自拍的照片、戴的运动手环等包含的数据信息通过互联网上传到云端，各种数据聚集到特定地点的存储系统，如政府机构等，形成了体量巨大的数据。

④ 多样性。数据多样性的增加主要是由于新型多结构数据，以及包括网络日志、社交媒体、互联网搜索、手机通话记录及传感器网络等数据类型造成的。

大数据在电子商务方面的应用——Target 和怀孕预测指数

（3）大数据的关键技术如下。

① 大数据采集技术。大数据采集技术是指通过 RFID 数据、传感器数据、社交网络交互数据及移动互联网数据等方式获得各种类型的结构化、半结构化及非结构化的海量数据。

② 大数据预处理技术。大数据预处理技术主要是指完成对已接收数据的辨析、抽取、清晰、填补、平滑、合并、规格化及检查一致性等操作。因获取的数据可能具有多重结构和类型，数据抽取的主要目的是将这些复杂的数据转化为单一的或便于处理的结构，以达到快速分析处理的目的。通常数据预处理包含 5 个部分，即清洗过滤、去重、建立

数据的连接、特征化提取、标签化操作。

③ 大数据存储及管理技术。大数据存储及管理的主要目的是用存储器把采集到的数据存储起来，建立相应的数据库，并进行管理和调用。在大数据时代，从多渠道获得的原始数据常常缺乏一致性，数据结构混杂，并且数据不断增长，这造成了单机系统的性能不断下降，即使不断提升硬件配置也难以跟上数据增长的速度。这导致传统的处理和存储技术失去可行性。大数据存储及管理技术重点研究复杂结构化、半结构化和非结构化大数据管理与处理技术，解决大数据的可存储、可表示、可处理、可靠性及有效传输等关键问题。

> **小链接**
>
> **RFID**
>
> RFID 是 Radio Frequency Identification 的缩写，即射频识别。其原理为在阅读器与标签之间进行非接触式的数据通信，达到识别目标的目的。RFID 的应用非常广泛，典型应用有动物晶片、汽车晶片防盗器、门禁管制、停车场管制、生产线自动化、物料管理。

④ 大数据处理技术。大数据的应用类型很多，主要的处理模式可分为流处理模式和批处理模式两种。批处理是先存储后处理，流处理则是直接处理。

⑤ 大数据分析及挖掘技术。数据挖掘就是从大量的、不完全的、有噪声的、模糊的、随机的实际应用数据中，提取隐含在其中的、人们事先不知道的、但又是有潜在价值的信息和知识的过程。数据挖掘算法能以很高的速度处理大量数据，通过分割、集群、孤立点分析，以及其他各种方法精炼数据挖掘价值。

⑥ 可视化技术。在大数据时代下，数据井喷式地增长，分析人员将这些庞大的数据进行汇总和分析，而分析出的成果如果是密密麻麻的文字，那么就很难理解，所以我们就需要将数据可视化。

可视化技术是最佳的结果展示方式之一，其通过清晰的图形图像展示直观地反映出最终结果。数据可视化是将数据以不同的视觉表现形式展现在不同的系统中，包括相应信息单位的各种属性和变量。数据可视化技术主要指的是技术上较为高级的技术方法，这些技术方法通过表达、建模，以及对立体、表面、属性、动画的显示，对数据加以可视化解释。

（4）大数据与电子商务的关系。电子商务的发展是传统商贸流通主要交易流程被数据交换取代的结果，随着网络信息技术的发展和商业模式的不断创新，大数据技术在电子商务的发展中发挥着越来越重要的作用。大数据使企业获得消费者的真实需求成为可能，人们的细微行为，都会直接暴露内心的真实想法。例如，我们在网上留下的足迹、单击、浏览、留言等都能直接反映一个人的性格、偏好、意愿、生活方式、价

大数据电子商务应用实例

值观等，而这些都可以被数据化，企业可以利用这些数据来精确瞄准用户群，并更新产品来满足消费者的真实需求和潜在需求。在大数据时代，商户只有通过数据分析深入了解用户，剖析消费者的消费行为，才能实现精细运营和精准营销。

4. 人工智能

（1）人工智能的定义。人工智能，顾名思义就是用人工制造的方法，实现智能机器或在机器上实现智能。从科学的角度来看，人工智能是一门研究构造智能机器或实现机器智能的学科，同时也是研究模拟、延伸和扩展人类智能的科学。从科学发展水平来看，人工智能是当代科学技术的前沿学科，也是一门新思想、新理论、新技术、新成就不断涌现的新兴学科。人工智能的研究是在计算机科学、信息论、控制论、心理学、生理学、数学、物理学、化学、生物学、医学、哲学、语言学、社会学等多学科的基础上发展起来的，因此，它又是一门综合性极强的学科。

（2）人工智能的特点。人工智能的基本特点有如下三点。

① 由人类设计，为人类服务，本质为计算，基础为数据。人工智能系统的本质体现为计算，通过对数据的采集、处理、分析和挖掘，形成有价值的信息流和知识模型，以便延伸人类的能力。

② 能感知环境，能产生反应，能与人交互，能与人互补。人工智能系统能借助传感器等器件感知外界环境，可以像人一样通过视觉、听觉、嗅觉和触觉等接收来自环境的各种信息，让机器会看、会听、会闻、会说、会行动、会思考和会学习。人与机器之间甚至可以互动，使机器能够"理解"人类乃至与人类共同协作、优势互补。

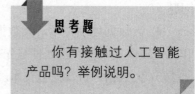

思考题

你有接触过人工智能产品吗？举例说明。

③ 有适应特性，有学习能力，能演化迭代，可连接扩展。人工智能系统在理想情况下应具有一定的随环境、数据或任务的变化而自适应地调节参数或更新优化系统的能力，从而使人工智能系统在各行各业广泛应用。

（3）人工智能的关键技术如下。

① 机器学习。机器学习（machine learning）是一门涉及统计学、系统辨识、逼近理论、神经网络、优化理论、计算机科学、脑科学等诸多领域的交叉学科，研究计算机怎样模拟或实现人类的学习行为，以获取新的知识或技能，重新组织已有的知识结构使之不断改善自身的性能，是人工智能技术的核心。基于数据的机器学习是现代智能技术中的重要方法之一，研究从观测数据（样本）出发寻找规律，利用这些规律对未来数据或无法观测的数据进行预测。根据学习模式将机器学习分类为监督学习、非监督学习和强化学习等。

② 知识图谱。知识图谱是由 Google 公司在 2012 年提出来的一个新的概念。从学术的角度，可以对知识图谱定义："知识图谱本质上是语义网络（semantic network）的知识库。"但这有点抽象，所以换个角度，从实际应用的角度出发可以简单地把知识图谱理解成多关系图（multi-relational graph）。

知识图谱本质上是结构化的语义知识库，是一种由节点和边组成的图数据结构，以符号形式描述物理世界中的概念及其相互关系，其基本组成单位是"实体—关系—实体"三元组，以及实体及其相关"属性—值"对。不同实体之间通过关系相互联结，构成网状的知识结构。在知识图谱中，每个节点表示现实世界的"实体"，每条边为实体与实体之间的"关系"。通俗地讲，知识图谱就是把所有不同种类的信息连接在一起而得到的一个关系网络，提供了从"关系"的角度去分析问题的能力。

③ 自然语言处理。自然语言处理是计算机科学领域与人工智能领域中的一个重要方向，研究能实现人与计算机之间用自然语言进行有效通信的各种理论和方法，涉及的领域较多，主要包括机器翻译、机器阅读理解和问答系统等。

自然语言处理以语言为对象，是利用计算机技术来分析、理解和处理自然语言的一门学科，即把计算机作为语言研究的强大工具，在计算机的支持下对语言信息进行定量化的研究，并提供可供人与计算机之间能共同使用的语言描写，包括自然语言理解和自然语言生成两部分。它是典型边缘交叉学科，涉及语言科学、计算机科学、数学、认知学、逻辑学等，关注计算机和人类（自然）语言之间的相互作用的领域。人们把用计算机处理自然语言的过程在不同时期或侧重点不同时又称自然语言理解、人类语言技术、计算语言学、计量语言学、数理语言学。

④ 人机交互。人机交互（human-computer interaction，HCI）是指人与计算机之间使用某种对话语言，以一定的交互方式，为完成确定任务的人与计算机之间的信息交换过程。

人机交互主要研究人和计算机之间的信息交换，主要包括人到计算机和计算机到人两部分信息交换，是人工智能领域的重要的外围技术。人机交互是与认知心理学、人机工程学、多媒体技术、虚拟现实技术等密切相关的综合学科。传统的人与计算机之间的信息交换主要依靠交互设备进行，主要包括键盘、鼠标、操纵杆、数据服装、眼动跟踪器、位置跟踪器、数据手套、压力笔等输入设备，以及打印机、绘图仪、显示器、头盔式显示器、音箱等输出设备。人机交互技术除了传统的基本交互和图形交互外，还包括语音交互、情感交互、体感交互及脑机交互等技术。

⑤ 计算机视觉。计算机视觉是使用计算机及相关设备对生物视觉的一种模拟。它的主要任务就是通过对采集的图片或视频进行处理以获得相应场景的三维信息，就像人类和许多其他类生物每天所做的那样。

计算机视觉是使用计算机模仿人类视觉系统的科学，让计算机拥有类似人类提取、处理、理解和分析图像及图像序列的能力。自动驾驶、机器人、智能医疗等领域均需要通过计算机视觉技术从视觉信号中提取并处理信息。近来，随着深度学习的发展，预处理、特征提取与算法处理渐渐融合，形成端到端的人工智能算法技术。

⑥ 生物特征识别。生物特征识别技术是指通过个体生理特征或行为特征对个体身份进行识别认证的技术。从应用流程看，生物特征识别通常分为注册和识别两个阶段。注册阶段通过传感器对人体的生物表征信息进行采集，如利用图像传感器对指纹和人脸等光学信息、麦克风对说话声等声学信息进行采集，利用数据预处理以及特征提取技术对采集的数据进行处理，得到相应的特征进行存储。

⑦ VR/AR。VR（虚拟现实）/AR（增强现实）是以计算机为核心的新型视听技术，结合相关科学技术，在一定范围内生成与真实环境在视觉、听觉、触感等方面高度近似的数字化环境。用户借助必要的装备与数字化环境中的对象进行交互，相互影响，获得近似真实环境的感受和体验，通过显示设备、跟踪定位设备、触力觉交互设备、数据获

取设备、专用芯片等实现。

VR/AR 展示与交换技术重点研究符合人类习惯数字内容的各种显示技术及交互方法，以期提高人对复杂信息的认知能力，其难点在于建立自然和谐的人机交互环境。

（4）人工智能与电子商务的关系。智能工具的使用可能会替代少量就业人员，但其通过大幅提升电商业绩，创造了更多新兴岗位就业，同时提高了岗位人员收入。总体来看，电商行业人工智能技术在商家的使用，对商家和个人的绩效影响是正面的、积极的。人工智能增加了对专业人才的需求量，催生出新的就业模式和业态。人工智能产业发展直接带来了对专业数字技术人才需求量的增长。人工智能辅助电子商务自动化可以成为其平台规则改变者，拥有自己的板块，此外，它可以节省大量的时间和精力用于关键任务。人工智能可以很快接管大量琐碎但耗时的任务。甚至可以创建一个 AI 虚拟助手来处理诸如回复电子邮件、安排会议和组织行程等工作。

人工智能在电子商务中的应用

1.3.2 电子商务的应用

电子商务系统以互联网为依托，对整个社会和经济都带来巨大的影响，其应用的范围也越来越广。

（1）国际旅游和各国旅行服务行业，如旅店、宾馆、饭店、机场、车站的门票、订房间、预订旅游线路、信息发布等一系列服务。例如，携程旅行网会在其首页中提供多种类型的服务，包括酒店、旅游、跟团游、自由行、机票等，如图 1-12 所示。

图 1-12　携程旅行网首页

（2）图书、报纸、音像出版业，如电子图书发行、报纸图书的网上订阅等服务。如

图1-13所示为"我得杂志网"提供的网上订阅服务,用户通过单击"在线征订"按钮,然后根据实际情况填写一些信息,就可以定期收到网站发送的有关该杂志的订阅信息。

图1-13 "我得杂志网"提供的网上订阅服务

（3）新闻媒体,如门户网站、公众号。如图1-14所示是京东网站首页,这是一个典型的电子商务应用。

（4）进行金融服务的银行和金融机构,如网上银行、网上证券与保险业务的开展。如图1-15所示为北京银行微信公众号推出的新用户专享礼公众号宣传。

（5）政府的电子政务,如电子税收、电子商检、电子海关、电子证照发放、电子行政管理等。如图1-16所示为"交管12123"（即交通安全综合服务管理平台）手机客户端首页图,"交管12123"手机客户端是由中华人民共和国公安部统一研发、各地公安机关交通管理部门部署运营,为交通参与者提供公安交管业务办理、预约、宣传,信息告知、查询等服务的"互联网+"便民利民服务平台。

（6）信息服务行业,如房产信息咨询服务、网络媒体运营服务、网上信息代理服务、导购咨询服务等。如图1-17所示为贝壳找房网站提供的房产信息服务,通过该网站,用户可以在其上浏览相关房产信息,当有合适的房产时,可以直接联系相关服务人员了解详细信息。

苏州工业园区搭建公共数据资源门户方案

思考题

你能举出一些具体的实际例子说明电子商务的应用吗？

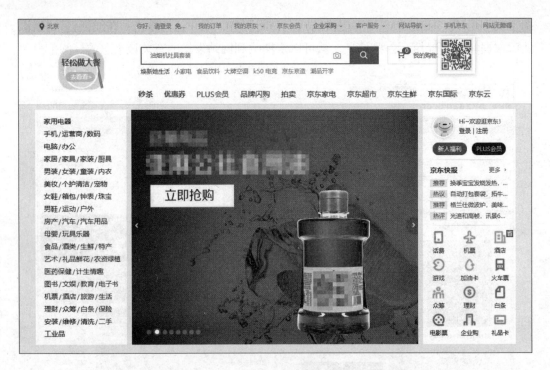

图1-14 京东网站首页

图1-15 北京银行公众号活动

图1-16 "交管12123"手机客户端首页

图 1-17　贝壳找房网站

（7）零售业，包括在线的商品批发、商品零售、拍卖等的交易活动。如图 1-18 所示为"义乌购"网站首页，在该网站上提供了各种商品批发信息，用户可以根据自己的需要进行搜索。

图 1-18　"义乌购"网站首页

（8）IT 行业等。电子商务在 IT 行业的应用较为广泛，如我们熟知的抖音，在抖音上可以通过短视频或者直播的方式开店卖货，如图 1-19 所示为抖音上某店铺的直播卖货活动。

由此可见，电子商务正深入社会的每个角落，对社会的很多方面都产生了影响，甚至引起了巨大的变革。

图 1-19　抖音上某直播卖货活动

课堂活动

活动题目	搜集并了解电子商务前沿技术及其应用
活动步骤	对学生进行教学分组，每3~5人为一个小组，以小组为单位进行讨论
	组员分别通过网络、图书馆，搜集和查阅有关电子商务前沿技术的资料，并将整理的结果填入表1-3中
	调研电子商务的具体应用实例，讨论其中所应用的电子商务前沿技术，并将结果填入表1-4中
	每个小组将小组讨论结果形成PPT，派一名代表进行演示
	教师给予评价

表 1-3　电子商务前沿技术

电子商务前沿技术名称	功　　能	具 体 应 用

表1-4 电子商务具体应用实例

实 例 描 述	应用到的前沿技术

注：尽量针对实际企业进行调研。

1.4 电子商务法律、法规与职业道德

任何一个行业都需要有相应的法律、法规与职业道德约束，只有这样，这个行业才能朝着健康有序的方向发展，才能更快、更好地发展，电子商务行业也不例外。

> **课程思政**
>
> 正所谓：家有家法，国有国规。电子商务行业也有自己的法律法规，也需要从业人员遵守相应的职业道德。我们应该了解相关法律法规和职业道德。

1.4.1 电子商务法律、法规

1. 电子商务法律、法规涉及的问题

电子商务涉及的法律、法规主要包括如下几个方面的问题。

（1）电子合同。电子合同是数字化的，这使电子合同效力的认定及操作变得非常复杂。

（2）知识产权。电子商务的兴起使知识产权保护更加困难。网络域名，网页上的各种文章、图像、音视频、软件及电子商务网站所涉及的商业秘密等都会涉及专利权、商标权、版权和著作权等知识产权问题。因此，保护知识产权与发展电子商务有着密切联系。

电商法给电商经营者上了"紧箍咒"

（3）个人隐私。计算机和网络技术为人们获取、传递、复制信息提供了方便，但网络的开放性和互动性又给个人隐私保护带来了困难。在线消费时，消费者均需将个人信息传给银行和商家，对这些个人信息的再利用已成为网络时代银行和商家的普遍行为。如何规范银行和商家对消费者个人信息的再利用行为，从而保护消费者的隐私，也是一个比较棘手的问题。

（4）管辖权。传统的管辖通常有两大原则，即属人管辖和属地管辖。网络的超地域性对传统的法律法规体系造成了极大冲击，也带来了一系列的问题。传统的管辖权确定原则要求具有一个相对稳定、明确的关联因素，如当事人的国籍、住所和财产所在地等，但在网络空间中这些都变得非常模糊，从而导致在确定网络纠纷的管辖权时比较困难。

2. 电子商务涉及的法律、法规及相关政策

（1）合同法。合同也称契约，是当事人之间达成的对他们具有法律约束力的协议。《中华人民共和国民法典》（以下简称"《民法典》"）第四百六十四条规定："合同是民事主体之间设立、变更、终止民事法律关系的协议。"合同形式有书面形式、口头形式或其他形式。《民法典》合同编共分三分编二十九章内容，第一分编为通则，内容包括一般规定、合同的订立、合同的效力、合同的履行、合同的保全、合同的变更和转让、合同的权利义务终止、违约责任；第二分编为典型合同，内容包括买卖合同，供用电、水、气、热力合同，赠与合同，借款合同，保证合同，租赁合同，融资租赁合同，保理合同，承揽合同，建设工程合同，运输合同，技术合同，报关合同，仓储合同，委托合同，物业服务合同，行纪合同，中介合同，合伙合同；第三分编为准合同，内容包括无因管理、不当得利。《民法典》中对电子商务合同成立的条件、成立时间、格式、交付时间、知识产权保护等都有明确的规定。

（2）电子签名制度。《中华人民共和国电子签名法》（以下简称"《电子签名法》"）规定了电子签名的行为，为我国电子商务安全认证体系和网络信用体系的建立奠定了基础。因此，电子签名与手写签名或者盖章具有同等的法律效力，同时承认了电子文件与书面文件具有同等法律效力。《电子签名法》是为了规范电子签名行为，确立电子签名的法律效力，维护有关各方的合法权益而制定的法律。《电子签名法》共分五章，内容包括总则、数据电文、电子签名与认证、法律责任和附则。

（3）电子商务域名保护机制。中国互联网信息中心依据互联网名称与数字地址分配机构的《统一域名争议解决政策》的基本精神，结合我国实际情况制定了《中国互联网信息中心域名争议解决办法程序规则》，自此确立了我国的域名保护机制。全文共分九章五十一条，内容分别为总则与定义、文件的提交与送达、投诉、答辩、专家组的指定、审理和裁决、裁决的送达与公布、费用、附则。

（4）支付结算法。支付结算是指单位、个人在社会经济活动中使用票据、银行卡、汇对、托收承付、委托收款、信用证等结算方式进行货币给付及其资金清算的行为，是国民经济活动中资金清算的中介。为了规范支付结算工作，我国制定了一系列支付结算方面的法律、法规和制度，主要包括 1996 年 1 月 1 日实施的《中华人民共和国票据法》（以下简称"《票据法》"）；1997 年 10 月起施行的《票据管理实施办法》；1997 年施行的《支付结算办法》及《银行账户管理办法》；2000 年 11 月 14 日公布的《最高人民法院关于审理票据纠纷案件若干问题的规定》等，这些法律法规都在一定程度上对电子商务支付结算做出了相应的规定。

（5）直播电商法。直播电商是近年来兴起的一种新型的电子商务方式，这种方式可以让买家更加直观地看到商品的使用或穿着效果，比传统的静态平面方式要更加具有吸

引力。但是，随着直播电商的火爆，越来越多的问题被暴露处理，为此，国家互联网信息办公室、公安部、商务部、文化和旅游部、国家税务总局、国家市场监督管理总局、国家广播电视总局等七部门联合发布《网络直播营销管理办法（试行）》（以下简称《办法》），自2021年5月25日起施行。《办法》要求，直播营销平台应当建立健全账号及直播营销功能注册注销、信息安全管理、营销行为规范、未成年人保护、消费者权益保护、个人信息保护、网络和数据安全管理等机制、措施。

同时，《办法》还对直播营销平台相关安全评估、备案许可、技术保障、平台规则、身份认证和动态核验、高风险和违法违规行为识别处置、新技术和跳转服务风险防范、构成商业广告的付费导流服务等做出详细规定。《办法》将从事直播营销活动的直播发布者细分为直播间运营者和直播营销人员，明确年龄限制和行为红线，对直播间运营者和直播营销人员相关广告活动、线上线下直播场所、商品服务信息核验、虚拟形象使用、与直播营销人员服务机构开展商业合作等方面提出具体要求。《办法》共分五章三十条，内容包括总则、直播营销平台、直播间运营者和直播营销人员、监督管理和法律责任、附则。

（6）跨境电子商务法规。2020年6月，海关总署发布《关于开展跨境电子商务企业对企业出口监管试点的公告》。公告指出，为加快跨境电商新业态发展，将在北京、天津等10个地方海关开展跨境电商B2B出口监管试点，并明确将"跨境电商B2B直接出口"和"跨境电商出口海外仓"两种经营模式纳入适用范围，对应增列"9710""9810"两个B2B出口监管代码。除此之外，国家还有针对性第发布了一些重要的政策文件，包括如下几个。

① 国务院办公厅发布的商务部等九个部委联合制定的《关于实施支持跨境电子商务零售出口有关政策的意见》（国办发〔2013〕89号），从海关监管模式、出口检验、收付汇、跨境支付和税收等方面提出了总体方针和政策。

② 商务部发布的《关于促进电子商务应用的实施意见》，提出探索发展跨境电子商务企业对企业（B2B）进出口和个人从境外企业零售进口（B2C）等模式，加快跨境电子商务物流、支付、监管、诚信等配套体系建设。

③ 财政部、国家税务总局发布的《关于跨境电子商务零售出口税收政策的通知》，明确跨境电子商务零售出口的出口退税政策、条件。

④ 海关总署发布的《关于跨境贸易电子商务服务试点网购保税进口模式有关问题的通知》，明确网购保税进口模式中的试点进口商品范围、购买金额、数量、征税、企业管理等问题。

⑤ 国家质检总局发布的《关于加强跨境电子商务进出口消费品检验监管工作的指导意见》，提出建立跨境电商进出口消费品监管新模式，建立跨境电商消费品质量安全风险监测机制，建立跨境电商消费品质量安全追溯机制，明确跨境电商企业的质量安全主体责任，建立跨境电商领域打击假冒伪劣工作机制。

⑥ 国务院办公厅发布的《关于促进跨境电子商务健康快速发展的指导意见》，明确规范进出口税收政策，还提出将研究制定针对电子商务企业境外上市的规范管理政策。

⑦ 财政部、海关总署、国家税务总局共同发布的《关于跨境电子商务零售进口税

收政策的通知》，规定跨境电子商务零售进口商品的单次交易限值提高至人民币 2 000 元，个人年度交易限值为人民币 20 000 元；同时，税收由原来的行邮税调整为"关税 + 增值税 + 消费税"的组合。

⑧ 海关总署发布的《关于跨境电子商务零售进出口商品有关监管事宜的公告》，从通关、征税、物流、企业管理等几大方面初步确立了跨境电商零售进口海关监管的基本法律框架。

⑨ 商务部、中央网信办和发展改革委联合发布的《电子商务"十三五"规划》，其中"新模式与新业态培育工作"专门列出了"跨境电子商务发展行动"一项，设定方向和目标包括：推进跨境电子商务综合试验区建设；积极参与电子商务国际规则制定；完善跨境电子商务产业链。

⑩ 2018 年 12 月 10 日，海关总署发布《关于跨境电子商务零售进出口商品有关监管事宜的公告》，明确了企业、通关、税收等管理细则。

⑪ 2019 年 1 月 1 日，我国首部电子商务法正式实施，新法明确了利用微信朋友圈、网络直播等方式从事商品、服务经营活动的自然人也是电子商务经营者。从事个人代购、微商也须依法办理工商登记取得相关行政许可，依法纳税。

⑫ 2019 年 11 月，国家税务总局发布《关于跨境电子商务综合试验区零售出口企业所得税核定征收有关问题的公告》，自 2020 年 1 月 1 日起，综试区内核定征收的跨境电商企业采用应税所得率方式核定征收企业所得税，应税所得率统一按照 4% 确定。同时，符合条件的企业，可享受小型微利企业所得税优惠政策和免税政策。

⑬ 2019 年 12 月底，财政部等 13 部门联合发布《关于调整扩大跨境电子商务零售进口商品清单的公告》，将自 2020 年 1 月 1 日起调整扩大跨境电商零售进口商品清单。调整后的清单增加了冷冻水产品、酒类、电器等 92 个税目商品。

⑭ 2020 年 1 月 17 日，商务部、发展改革委、财政部、海关总署、税务总局、市场监管总局几部门联合发布《关于扩大跨境电商零售进口试点的通知》，将全国 25 个省及自治区的 50 个城市（地区）和海南全岛纳入跨境电商零售进口试点范围，可按照《商务部 发展改革委 财政部 海关总署税务总局 市场监管总局关于完善跨境电子商务零售进口监管有关工作的通知》（商财发〔2018〕486 号）要求，开展网购保税进口（海关监管方式代码 1210）业务。

1.4.2 电子商务职业道德

1. 忠于职守、坚持原则

各行各业的工作人员，都要忠于职守，热爱本职工作。这是职业道德的一条主要规范。作为电子商务从业人员，忠于职守就是要忠于特定工作岗位，自觉履行电子商务从业人员的各项职责，认真辅助领导做好各项工作。电子商务从业人员要有强烈的事业心和责任感，坚持原则，注重社会主义精神文明建设，反对不良思想和作风。

2. 兢兢业业、吃苦耐劳

电子商务从业人员的工作性质决定了从业人员不仅要在理论上有一定的造诣，还要具有实干精神，能够脚踏实地、埋头苦干、任劳任怨；能够围绕电子商务开展各项活动，招之即来，来之能干；在具体而紧张的工作中，能够不计个人得失，有着吃苦耐劳的精神。

3. 谦虚谨慎、办事公道

电子商务从业人员要谦虚谨慎、办事公道，对领导、对群众都要一视同仁，秉公办事，平等相待，切忌因人而异，亲疏有别，更不能趋附权势。只有谦虚谨慎、公道正派的电子商务从业人员，才能做到胸襟宽阔，并且在工作中充满朝气和活力。

4. 遵纪守法、廉洁奉公

遵纪守法、廉洁奉公是电子商务从业人员职业活动能够正常进行的重要保证。遵纪守法指的是电子商务从业人员要遵守职业纪律和与职业活动相关的法律、法规，遵守商业道德。廉洁奉公是高尚道德情操在职业活动中的重要体现，是电子商务从业人员应有的思想道德品质和行为准则。它要求电子商务从业人员在职业活动中坚持原则，不利用职务之便或假借领导名义谋取私利，不搞你给我一点"好处"，我回报你一点"实惠"的"等价交换"；要以人民和本单位整体利益为重，自觉奉献，不为名利所动，以自己的实际行动抵制和反对不正之风。

5. 爱岗敬业、诚实守信

电子商务从业人员要做到爱岗敬业、诚实守信。爱岗和敬业，互为前提，相互支持，相辅相成。"爱岗"是"敬业"的基石，"敬业"是"爱岗"的升华。诚实守信，是做人的基本准则。诚实，就是忠诚老实，为人处事以诚相待；守信，则是信守诺言，讲求信用。诚实与守信是相互联系又相互统一的优良品德，是思想和行为高度一致的具体表现。

课堂活动

活动题目	搜集并分析近年来电子商务行业的违法行为与不良的职业道德行为
活动步骤	对学生进行教学分组，每3~5人为一个小组，以小组为单位进行讨论
	组员分别搜集整理近年来公开报道过的有关电子商务行业的违法行为，并对这些案例进行分析，将结果填入表1-5中
	思考并讨论我们应该如何遵守电子商务行业的职业道德，将结果写在表1-5的下方
	每个小组将小组讨论结果形成PPT，派一名代表进行演示
	教师给予评价

表 1-5　近年来电子商务行业的违法行为

违法企业	违法行为	违反的法律规定

▶▶ 拓展实训

【实训目标】

通过实训，使学生初步认知电子商务的相关概念，熟悉电子商务的具体应用领域。

【实训内容】

分别浏览并研究网易公开课、平安好医生、途牛旅游网、中粮我买网、京东商城等网站，搜集相关的资料，分析整理电子商务具体的应用领域，并总结出电子商务在我国发展的现状和趋势。

【实训步骤】

（1）2~3 人组成一个团队。设负责人一名，负责整个团队的分工协作。

（2）团队成员分工协作，通过多渠道搜集相关资料。

（3）团队成员对搜集的材料进行整理，总结并分析这些电子商务平台企业的发展状况，从而进一步总结出我国电子商务发展的现状和趋势，并总结出我国电子商务具体的应用领域有哪些。

（4）各团队将总结制作成 PPT，派出一人作为代表上台演讲，阐述自己团队的成果。

（5）教师对各团队的成果进行总结评价，指出不足与改进措施。

【实训要求】

（1）考虑到课堂时间有限，实训可采取"课外＋课内"的方式进行，即团队组成、分工、讨论和方案形成在课外完成，成果展示安排在课内。

（2）每个团队方案展示时间为 10 分钟左右，教师和学生提问时间为 5 分钟左右。

▶▶ 思考与练习

1. 填空题

（1）电子商务是一种采用最先进信息技术的_____方式。

（2）狭义的电子商务是指通过_____进行的商务活动。

（3）_____是以电子商务为基础的网上交易实现的体系保证。

（4）物联网的核心和基础仍然是互联网，是在互联网基础上的延伸和扩展的_____。

（5）_____是指人与计算机之间使用某种对话语言，以一定的交互方式，为完成确定任务的人与计算机之间的信息交换过程。

2. 简答题

（1）简述电子商务的概念与功能。

（2）电子商务的功能包括哪些？

（3）简述电子商务的组成要素。

（4）简述电子商务前沿技术与应用。

（5）简述电子商务职业道德。

第 2 章
电子商务模式

 学习目标

- ☑ 了解 B2B、B2C、C2C 和 O2O 四种电子商务模式的概念与特点
- ☑ 掌握 B2B、B2C、C2C 和 O2O 不同电子商务模式的商业模式
- ☑ 能够说出 B2B、B2C、C2C 和 O2O 不同电子商务模式的交易流程
- ☑ 能够归纳出 B2B、B2C、C2C 和 O2O 不同电子商务模式的盈利模式

盒马下场，阿里博弈社区团购

在新冠疫情突如其来的打击当中，有的行业损失惨重，也有的行业被再一次盘活，社区团购就是在疫情里再次重现光彩的行业之一。

近期表现活跃的社区团购，又一次虏获了资本的青睐。资本巨头们除了对社区团购原本的老玩家纷纷加持之外，有的甚至亲自下场搭建社区团购平台。在滴滴的橙心优选、拼多多的多多买菜、美团的美团优选都迫不及待的入场之后，阿里也坐不住了。

《晚点 LatePost》2020 年 9 月 28 日消息显示，9 月中旬阿里巴巴集团的一次总裁会上，阿里巴巴集团董事主席兼 CEO 张勇宣告，由盒马事业群组建盒马优选事业部，正式入局社区团购。阿里的官宣无疑进一步点燃了社区团购的战火，而晚了其他巨头一步的阿里势必要"舍命"弯道超车。

1. 社区团购在疫情里"起死回生"

由于防控疫情的要求，没有办法随时随地购买日常生活消费品的大众，选择了通过线上渠道来解决生活需求。在这样的情况下，许多生鲜电商平台在流量暴涨中迎来订单的激增。

而在众多的生鲜电商模式里，以家庭为消费场景，为消费者提供生活高频必需品，而且基于微信小程序模式较轻的社区团购就成了"香饽饽"。

社区团购的火热引来了资本的注意，为了更加快速地在社区团购里抢占位置，资本巨头们纷纷加持社区团购的老玩家。天眼查数据信息显示，2020 年我国在社区团购及生鲜电商领域的融资已经累积十余起，金额高达百亿元人民币。

2. 舍命盒马入局社区团购

组成社区团购的一大要素是供应链，而在生鲜电商里摸爬滚打的盒马鲜生，已经积累一定的经验。盒马鲜生拥有着生鲜商品的全国布局源头基地、品类基地及特色农产品盒马村等配套的生鲜供应链体系，是其下水社区团购的一大优势。

疫情期间，盒马鲜生解决暴涨订单而做出的举措，可以看作其入场社区团购的前奏。媒体报道显示，在疫情期间盒马鲜生的线上订单数量同比增长 220%。Quest Mobile 的数据显示，在 2020 年春节期间盒马的日均 DAU（daily active user，日活跃用户数量）同比增长达到 127.5%。

为了应对暴涨的订单，盒马鲜生通过线下门店配有的微信"盒粉群"组织用户进行拼单，而后再由盒马鲜生的工作人员统一配送，这样一来就提高了之前零散订单的配送效率。

思　考

（1）是什么促生了社区团购？

（2）社区团购属于哪种电子商务模式？

2.1 B2B 电子商务

B2B 不仅仅是建立一个网上的买卖者群体,它也为企业之间的战略合作提供了基础。

> **课程思政**
>
> 任何一种交易都应该秉承公平公正的原则,双方应该自愿平等,而不能出现欺骗行为。B2B 电子商务模式下,双方的交易都在监控下进行,可有效地避免欺诈行为的出现。

电子商务的模式

2.1.1 B2B 电子商务的概念和特点

1. B2B 电子商务的概念

B2B(business to business)电子商务是指企业与企业之间通过 Internet 或专用网方式进行的商务活动。B2B 电子商务交易可以在任意两个企业间进行,包括公共或私人的企业、营利或非营利性的企业等。供需双方企业利用商务网络平台,将上游的供应和采购业务和下游代理商的销售业务有机地结合在一起,从而降低成本,完成商务交易过程。这些过程包括发布供求信息,订货及确认订货,支付过程,票据的签发、传送和接收,确定配送方案并监控配送过程等。

2. B2B 电子商务的特点

B2B 电子商务的特点如图 2-1 所示。

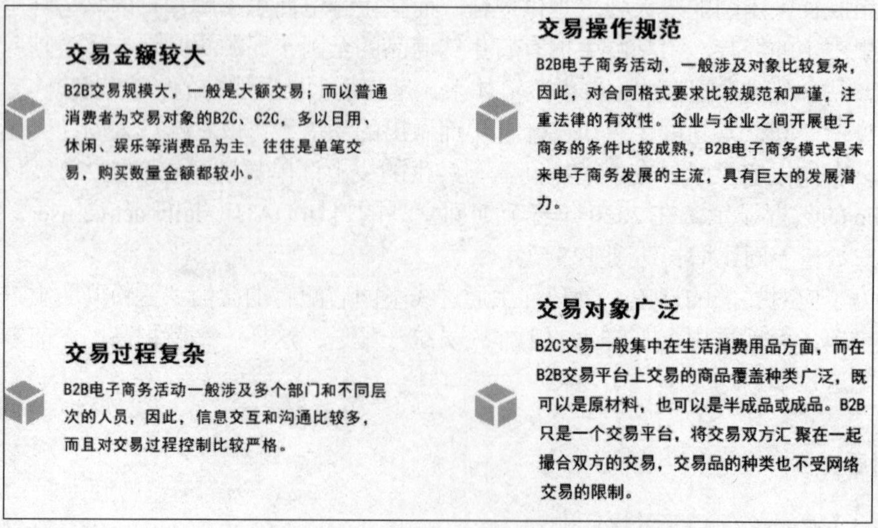

 交易金额较大
B2B交易规模大,一般是大额交易;而以普通消费者为交易对象的B2C、C2C,多以日用、休闲、娱乐等消费品为主,往往是单笔交易,购买数量金额都较小。

 交易操作规范
B2B电子商务活动,一般涉及对象比较复杂,因此,对合同格式要求比较规范和严谨,注重法律的有效性。企业与企业之间开展电子商务的条件比较成熟,B2B电子商务模式是未来电子商务发展的主流,具有巨大的发展潜力。

 交易过程复杂
B2B电子商务活动一般涉及多个部门和不同层次的人员,因此,信息交互和沟通比较多,而且对交易过程控制比较严格。

 交易对象广泛
B2C交易一般集中在生活消费用品方面,而在B2B交易平台上交易的商品覆盖种类广泛,既可以是原材料,也可以是半成品或成品。B2B只是一个交易平台,将交易双方汇聚在一起撮合双方的交易,交易品的种类也不受网络交易的限制。

图 2-1 B2B 电子商务的特点

2.1.2 B2B 电子商务的商业模式

1. 水平 B2B 电子商务：面向中间交易市场

水平电子商务模式将买方和卖方集中到一个市场上来进行信息交流、广告、拍卖竞标、交易、库存管理等，如阿里巴巴、环球资源网等都属于水平 B2B 电子商务。之所以用"水平"这一概念，主要是指这种网站的行业范围广，很多行业都可以在同一个网站上进行贸易活动。

（1）水平 B2B 电子商务的利润来源。水平 B2B 网站又称综合网站，它囊括了不同的行业和领域或各个行业中相近的交易过程，为供应商和采购商提供了一个交易的机会。它为买卖双方创建起一个信息和交易的平台，买方和卖方可以在此分享信息、发布广告、竞拍标的、进行交易。这种水平 B2B 对买卖双方而言一般是中立的，它们对买主和卖主有着同样的吸引力。水平中立的 B2B 往往可能在买方和卖方都非常分散的市场中取得成功，因为在这样的市场中 B2B 公司能降低企业的交易成本并具有较高的匹配能力。水平 B2B 网站的收入来源主要是广告收入，从卖家收取的拍卖交易手续费，出售页面空间和出租虚拟店面的佣金及出售商品所获取的收入等，如表 2-1 所示。

表 2-1　水平 B2B 电子商务的利润来源

利润来源	描　　述
会员费	这是一种年费制度，企业在向B2B网站缴纳规定的会员费后，可以享受网站所提供的各种资讯信息，并可以在电子商务平台发布企业自身的信息
交易撮合费用	很多拥有B2B电子交易市场的公司都对在其网站上达成的交易收取一定额度的交易费用，通常是交易额的一个百分比
拍卖佣金	有买方主导和卖方主导两种拍卖形式，网站向卖方抽取提成。该模式对卖方的好处在于，如果交易不成，则无须付费
广告费	目前是许多电子商务公司一个主要收费项目
出售"内容"	收集整理厂商目录、客户信息、业界动态等
其他服务费用	专门提供B2B所必需的资金流、物流或应用软件等方面的服务，分享利润，如信用卡公司提供的信用认证

（2）水平 B2B 电子商务的优点如下。

① 在结算方式上，水平 B2B 电子商务交易市场通常采用集中统一的结算模式，在指定的网上银行开设统一的结算账户，对结算的资金进行统一管理，有效地避免了资金的截用、挪用和占用，提高了资金的安全性。这些被指定的委托业务的网上银行多以招标形式选择，中标者都是那些信誉好的大银行。

② 水平 B2B 电子商务交易市场为买卖双方提供了一个巨大的交易市场。如中国商品交易中心，它控制着从中心到各省分中心、各市分部及各县交易所的所有计算机系统，组成了覆盖全国的无形市场。这个计算机系统能够存储全国乃至全世界的成千上万种

商品的信息资料,可联系千万家商贸单位和企业。每个参与其中的商家都能够充分宣传自己的产品,及时交流交易信息,最大限度地完成产品交易。

③ 水平 B2B 电子商务交易市场可以有效地解决传统中的拿钱不给货或拿货不给钱两大难题。在买卖双方将合同签订之前,电子交易市场事先对商品进行检验控制,杜绝不符合质量标准的商品进入网站,解决了商品的假冒伪劣问题,减少买卖双方在交易过程中因为质量问题而产生纠纷。在双方合同签订后将被送入网络,电子商务的交易市场开始对合同进行跟踪监控,监督合同的执行情况。如果合同执行顺利,货物到达后,电子商务交易市场就会协助买方对商品进行验收。验货合格后,在 24 小时内将货款转到卖方的账户后,买方方可提货,这就使卖方不必担心货款拖欠的问题。如果合同执行受阻,一方出现违约现象,那么系统将立即自动报警,合同的执行即刻被终止,从而最大限度地使买卖双方的经济不受到损失。

> **小链接**
> **中国商品交易中心**
> 中国商品交易中心,是北京鑫海智桥商业管理集团与英国绿色金融协会环球基金投资公司合作项目,将成为实现跨越西欧贸易障碍的中国商品交易的前沿阵地,提供了中国商品走出国门实现全球产业化,特别是欧洲范围的重要窗口,为中国与英国的贸易往来、英国及欧盟国家对中国商品的需求和采购搭建的一个集商贸、零售、展示和商务等于一体的多元复合化平台。

水平 B2B 电子商务的发展很多,但还有如下一些问题需要解决:整个交易过程中涉及的资金二次流转,以及税收问题都是当前研究的重点;当前的合同文本仍然使用双方签字交换的方式,怎样过渡到在法律上得到认可的电子合同,需要法律和技术方面的进一步发展和完善;电子商务交易体系的升级和完善,需要跟上迅速发展的计算机网络技术,这也是目前应该解决的主要问题。

2. 垂直 B2B 电子商务:面向制造业或商业

垂直 B2B 电子商务是通过商品产业链环节信息的集成网站开展的电子商务。它可以分为两个方向,即上游和下游。垂直网站将特定产业的上下游厂商聚集在一起,让各阶层的厂商都能很容易地找到原料供应商或买主。之所以称为"垂直"网站,是因为这些网站的专业性很强,它们将自己定位在一个特定的专业领域内,如 IT、化学工业、流通业或钢铁业。生产商或商业零售商可以与上游的供货商之间形成供货关系,如 Dell 计算机公司与上游的芯片和主板制造商就是通过这种关系进行合作;生产商与下游的经销商也可以形成销售关系,如 Cisco 与其分销商之间进行的交易。

国内有不少垂直 B2B 电子商务网站,如中服网(http://www.efu.com.cn,官方网站首页见图 2-2)、全球五金网(http://www.wjw.cn,官网网站首页见图 2-3)和化工网(http://china.chemnet.com,官方网站首页见图 2-4)等。垂直 B2B 电子商务模式追求的是"专"。垂直网站吸引的是针对性较强的客户,这批客户是这些网站最有价值的财富,是真正的潜在商家,这种市场一旦形成,就会具有极大的竞争优势。它们较喜欢收留团体会员,易于建立起忠实的用户群体,吸引着固定的回头客,所以垂直型网站更有聚集性、定向性。

第 2 章 电子商务模式

图 2-2　中服网官网首页

图 2-3　全球五金网官网首页

图 2-4　化工网官网首页

（1）垂直B2B电子商务的利润来源。垂直B2B电子商务的利润流主要是广告费。不同行业的B2B网站在功能上可能有一定的差别，但总的来说仍然属于信息发布平台类网站。

由于垂直网站的专业性强，因此其面临的客户很多都是本行业的，潜在购买力比较强，其广告的效用也会比较大。也正因为如此，垂直网站的广告费较水平网站要高。除了广告外，垂直网站还可以通过产品列表以及网上商店门面收费。同水平网站一样，垂直网站也可以举办一些拍卖会，并向交易成功的卖方收取一定比例的交易费。此外，还可以收取客户的信息费，即数据库使用费。

（2）垂直B2B电子商务的优点如下。

① 专业性的信息平台。传统行业的中间环节很多，各环节之间的连接效率很低，直接影响交易的效率。垂直B2B电子商务有效地解决了这一问题，它将很多中间环节有机地整合起来，将生产同一种产品的生产商和经销商的信息都发布到同一平台上，大大提高了效率，增加了商机。

② 特色的服务内容和盈利模式。垂直B2B电子商务平台的创始人具有很强的专业技能，他们通常是采购经理、技术部门负责任或顾问等，因此他们能够洞察全行业的内外需求，能够为商家提供灵活有效的各种解决方案，建立起独具特色的服务内容和盈利模式。

2.1.3　B2B电子商务的交易流程

B2B电子商务的交易流程大致可分为五个阶段，如图2-5所示。

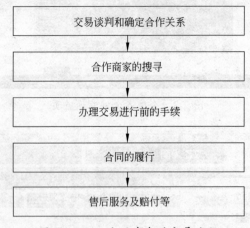

图2-5　B2B电子商务的交易流程

1. 交易谈判和确定合作关系

企业通过交易谈判确定本次交易的内容，并以文件的形式保存下来。谈判使双方的意愿得以妥协，最终签订交易合同。然而，B2B电子商务注重的是网际的长期合作，而非一次性的买卖关系，所以，通过初次交易的检验，看看能不能相互信任，并最终确定长期的合作关系。与传统确定合作关系不同的是，B2B电子商务确定合作关系后，接下来应立即建立起网络互联系统，使合作双方能够通过网络互联的系统实现信息共享和信息沟通。

2. 合作商家的搜寻

若一家企业需要开展 B2B，寻找对家是第一件事情。企业可以根据自己交易的情况选择合适的合作商家。企业无论是买还是卖，往往存在一个主动方，一个被动方，主动方企业会在交易前制订交易计划，然后根据计划进行网络信息的搜集，进行市场分析，以确定出合适的合作企业。

3. 办理交易进行前的手续

这一阶段是指签订合同后到合同开始履行之前办理各种手续的过程，实际上是在扫除合同履行的障碍。这些障碍是指要理顺各种参与交易方的关系，使合同履行顺畅。交易中涉及银行、海关、商检、保险、税务、运输及中介等部门或机构，要办理相关手续，合同方能得以履行。

4. 合同的履行

在各种交易手续办理之后，买方银行转账，卖方物流运送。买方接受所要货物并验收，卖方接到银行回执，并互发回执后，合同完成履行。

5. 售后服务及赔付等

有些商品需要售后的技术支持，还要求买卖双方在售后期间建立联系。如果在合同履行过程中出现违约等问题，需要进行相关赔偿处理等。

2.1.4 B2B 电子商务平台的盈利模式

目前国内 B2B 电子商务平台主要的盈利模式如图 2-6 所示。

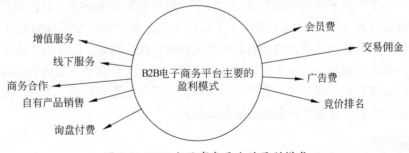

图 2-6 B2B 电子商务平台的盈利模式

1. 增值服务

B2B 电子商务平台除了为企业提供贸易供求信息外，还为商家企业的网站运营提供一定的增值服务，比如企业认证、独立域名、提供行业数据分析报告、搜索引擎优化等，现货认证就是针对电子这个行业提供的一个特殊的增值服务，因为通常电子采购商都会重视库存。所以可以根据行业的特殊性去深挖客户的需求，然后提供具有针对性的增值服务。增值服务也是 B2B 电子商务平台的一种盈利模式。

2. 线下服务

B2B 电子商务平台除了提供线上交易平台服务，还会为商家提供一些线下服务，包括展会、期刊、研讨会等，这是在原有的 B2B 电子商务平台盈利模式上的一种新发展。通过展会，供应商和采购商面对面地交流，受中小企业的青睐，这种服务在一些 B2B 电子商务平台中已经成为最重要的盈利模式之一。期刊主要是关于行业资讯等信息，期刊里也可以植入广告。

3. 商务合作

B2B 电子商务平台为商家企业提供商务合作服务，包括广告联盟、政府、行业协会合作、传统媒体的合作等。广告联盟通常是网络广告联盟，亚马逊通过这个方式已经取得了不错的成效，但在我国，联盟营销还处于萌芽阶段，大部分 B2B 电子商务平台对于联盟营销还比较陌生。国内做得比较成熟的几家广告联盟有百度联盟、谷歌联盟等。

4. 自有产品销售

自有产品销售是指第三方 B2B 电子商务平台通常会有 B2B 网店的管理软件、网站会员等级升级、企业网站建设等自身产品的销售，以此来盈利。

5. 询盘付费

询盘付费是专门针对从事国际贸易的 B2B 电子商务企业开发出来的一种盈利模式，不是按照时间来付费，而是按照海外推广的实际效果，也就是海外买家实际的有效询盘来付费。其中询盘是否有效，主动权在消费者手中，由消费者自行判断，来决定是否消费。按询盘付费有四大特点：零首付、零风险；主动权、消费权；免费推、针对广；及时付、便利大。

现在，B2B 电子商务平台盈利模式逐渐趋于同质化。要提高竞争优势，在市场细分和综合性、行业性商务网站不断发展的情势下，以及相互业务交叉与日趋激烈的竞争环境中，B2B 电子商务平台应当不断深入了解市场与行业，充分发挥 B2B 电子商务模式的天然优势，不断促进在线价格协商和协作优势的实现。同时，B2B 电子商务平台的运营要以客户的需求为基点，走多元化的发展道路，可以细分业务，加强资源的共享、信息的融合，或者将业务服务进行有机融合重组，开发新的盈利模式，为客户提供最佳体验、实现最大价值，才能开拓创新，取得成功。

6. 会员费

B2B 电子商务平台盈利模式中占据主要地位的就是会员费。企业注册 B2B 网站成为会员之后，才能通过 B2B 平台参与电子商务交易活动，有的 B2B 电子商务平台需要会员企业每年交纳一定的会员费，才能享受网站提供的各种服务。目前，会员费已是中国 B2B 电子商务平台最主要的收入来源。

7. 交易佣金

交易佣金也是 B2B 电子商务平台盈利模式中十分重要的一种。一部分 B2B 平台采取佣金制，免注册费，每年不需交纳会员费，就可以享受网站提供的服务，只在买卖双方交易成功后收取费用,就称为交易佣金。

8. 广告费

广告费也是 B2B 电子商务平台收入的来源之一。网络广告也是电子商务网站的主要收入来源。B2B 网站的广告也根据广告在首页位置及类型来收费,有弹出广告、漂浮广告、BANNER 广告、文字广告等多种表现形式可供用户选择。包括文字、图片、动态 flash 等多种广告方式。

9. 竞价排名

参与 B2B 电子商务平台在线商务交易的企业为提高产品销售,都希望在 B2B 电子商务平台的信息搜索中将自己的排名靠前,B2B 电子商务网站提供搜索排名服务,在确保信息准确的基础上,根据会员交费的不同对排名顺序作相应的调整。当买家在 B2B 网站搜索供应信息时,竞价企业的信息将排在搜索结果的前三位,被买家第一时间找到。这种方式可能会造成一定程度的恶性循环。

> **小链接**
>
> **询　盘**
>
> 询盘又称询价,是指买方或卖方为了购买或销售某项商品,向对方询问有关交易条件的表示。在国际贸易的实际业务中,一般多由买方主动向卖方发出询盘。可以询问价格,也可询问其他一项或几项交易条件以引起对方发盘,目的是试探对方交易的诚意和了解其对交易条件的意见。

课堂活动

活动题目	了解并分析B2B电子商务模式
活动步骤	对学生进行教学分组,每3~5人为一个小组,以小组为单位进行讨论
	讨论B2B电子商务模式的一些特点,并将体验报告填入表2-2中
	讨论B2B电子商务的优势和劣势,搜集整理B2B电子商务模式的电商企业,并将结果填入表2-3中
	每个小组将小组讨论结果形成PPT,派一名代表进行演示
	教师给予评价

表 2-2　B2B 电子商务模式分析

交易对象	交易内容	支付方式	配送方式

表 2-3　B2B 电子商务模式的优劣势

优　势	劣　势	企　业

2.2 B2C 电子商务

B2C（business to customs）电子商务以完备的双向信息沟通、灵活的交易手段、快捷的物流配送、低成本高效益的运作方式等在各行各业展现了其强大的生命力。B2C 电子商务模式是我国最早产生的电子商务模式。

> **课程思政**
>
> B2C 是企业与个人之间的交易，在这场交易中，不应该出现"以大欺小""店大欺客"的行为，对于消费者来说，在遇到这些不应该出现的情况时，要勇敢站出来，拿起法律武器维护自己的合法权益。

2.2.1 B2C 电子商务的概念和特点

1. B2C 电子商务的概念

B2C 电子商务就是企业通过 Internet 向个人网络消费者直接销售产品和提供服务的经营方式，即网上零售。B2C 电子商务是指企业与个人利用 Internet 进行全部的贸易活动，即在网上实现信息流、资金流、商流和部分物流的完整连接。

2. B2C 电子商务的特点

B2C 电子商务的特点如图 2-7 所示。

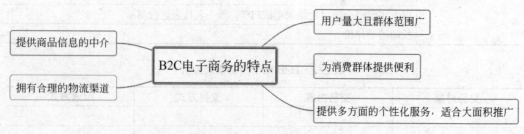

图 2-7 B2C 电子商务的特点

（1）提供商品信息的中介。B2C 电子商务利用互联网的信息发展，在线上交易平台提供了与企业相关的信息服务。

（2）拥有合理的物流渠道。物流渠道是指物资的物质实体由供应者到需求者的流动，包括物资空间位置的变动、时间位置的变动和形状的变动，简单地说就是创造时间、空间和性质效应。B2C 电子商务模式下的商品交易主要是通过商品配送完成的，客户群体所处位置较分散，因此在商品配送时需要有一条合理的运输渠道，无论企业是自营性物流，还是使用第三方物流，都需要合理地完善体系，更快、更好地满足不同客户的不同需求。

（3）用户量大且群体范围广。B2C 电子商务作为一种新兴的交易方式深受人们喜欢，现在已经被广大百姓所接受，不管是年轻人、中年人、老年人，还是学生、上班族都习惯这种线上消费的方式，所以 B2C 电子商务的用户量十分庞大。

（4）为消费群体提供便利，为企业减少成本。B2C 的线上交易方式，不仅为消费者节约了时间、精力、资金，也为企业省去了门面成本费用，创造了利润。

（5）提供多方面的个性化服务，适合大面积推广。线上销售比传统销售更加多元化，弥补了传统商务单一的不足，在 B2C 电子商务平台上，企业可以提供多方面的服务，越来越多的企业开始创新自己的理念，提供个性化的自我品牌。

2.2.2 B2C 电子商务的商业模式

1. 中间商模式

中间商模式是指企业没有自己的生产基地，仅作为中间商在网络上销售商品，根据销售商品种类的多少又可以进一步分为综合类和垂直类：综合类如当当、亚马逊，这样的 B2C 公司出售的产品种类多、大而全；垂直类 B2C 公司专营某一类商品，如红孩子主要经营婴童用品。

2. 第三方交易平台模式

电子商务企业建网站为企业提供交易平台，自身并不参与产品销售与流通的过程。这种模式将入驻商家直接推到与消费者交易的前台，大幅节约了入驻商家自建商务网站的成本，而电子商务企业则通过提供经营平台获得增值收益（如开店费、广告、支付等服务的收费），这种模式的典范是天猫商城、京东商城等。

3. 制造商直销模式

制造商直销模式是指产品制造商通过自建电子商务平台，直接向消费者提供其生产产品的模式，其中又分为两种：一种是制造商只在网络上销售产品；另一种是制造商既在网络上销售，又在实体店面销售，即"线上线下模式"。制造商自建电子商务平台，可以将产品直接销售到用户，减少了中间环节，大大降低了营销成本，可以使制造商和消费者获得更多的利益，也存在商品种类少、规模不经济、难以满足消费者的挑选需求、难以提供一站式服务等缺点。

4. 传统零售商（经销商）的网络销售模式

传统零售商（经销商）开展电子商务，可以将丰富的地面零售经验与电子商务有机结合起来，有效整合传统零售业务的店面资源、供应链及物流体系，但是，不可否认，网上零售业务将与传统零售商（经销商）的业务产生竞争关系，地面店与网上营销的关系往往难以很好地处理。

思考题

你知道哪些电子商务企业属于 B2C 电子商务模式吗？

2.2.3　B2C 电子商务的交易流程

在 B2C 电子商务交易过程中，网上交易市场以 Internet 为基础，利用先进的通信技术和计算机软件技术，将商品供应商、消费者和银行紧密地联系起来，为消费者提供市场信息、商品交易、仓储配送、货款结算等全方位的服务，B2C 电子商务运作流程如图 2-8 所示。

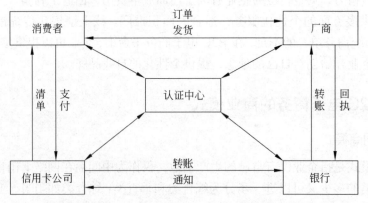

图 2-8　B2C 电子商务运作流程

由图 2-8 可以看出，B2C 电子商务运作流程可以分为以下几个步骤。

（1）消费者进入 Internet，查看在线商店或企业的主页。

（2）消费者通过购物对话框填写姓名、地址、商品种类、数量、价格。

（3）消费者选择支付方式，如信用卡、借记卡、电子货币或电子支票等。

（4）在线商店或企业的客户服务器检查支付方服务器，确认汇款是否认可。

（5）在线商店或企业的客户服务器确认消费者付款后，通知销售部门送货上门。

（6）消费者的开户银行将支付款项传递到消费者的信用卡公司，信用卡公司发给消费者清单。

2.2.4　B2C 电子商务网站的盈利模式

经营 B2C 电子商务网站的企业一般有以下几种盈利模式。

1. 网络广告收益模式

大多数 B2C 电子商务网站都把收取广告费作为一种主要的赢利形式，如今广告收益几乎是一切电子商务企业的主要赢利根源。这种方式成功与否的关键是其网页能否吸引大量的访客、网络广告能否受到关注。

2. 产品销售营业收入模式

一些 B2C 电子商务网站通过网上销售产品赚取采购价与销售价之间的差价和交易费，从而获取更大的利润。有形商品和服务的电子商务模式大都属于这种，如亚马逊、京东商城、当当网、海尔商城等。

3. 出租虚拟店铺收费模式

B2C 电子化交易市场主要的收入来源就是出租虚拟店铺，如天猫。一部分 B2C 电子商务网站在销售本网站产品的同时，也出租虚拟店铺来赚取中介费。京东商城和当当网等 B2C 电子商务平台，收取入驻商家一定的费用，并根据提供服务级别的不同收取不同的服务费和保证金。

4. 网站的间接收益模式

除了能够将自身创造的价值变为现实的利润外，企业还可以通过价值链的其他环节实现赢利。当 B2C 网上支付拥有足够的用户时，就可以开始考虑通过其他方式获取收入的问题。例如，可以通过网上支付获得收益。以淘宝、天猫为例，有近 90% 的淘宝、天猫用户通过支付宝付款，带给淘宝、天猫巨大的利润。淘宝、天猫不仅可以通过支付宝收取签约商户一定的交易服务费用，还可以充分利用用户存款和支付时间差产生的巨额资金进行其他投资，进而盈利。

> **课堂活动**

活动题目	了解并分析B2C电子商务模式
活动步骤	对学生进行教学分组，每3~5人为一个小组，以小组为单位进行讨论
	讨论B2C电子商务模式的特点，并将体验报告填入表2-4中
	讨论B2C电子商务的优势和劣势，搜集整理B2B电子商务模式的电商企业，并将结果填入表2-5中
	每个小组将小组讨论结果形成PPT，派一名代表进行演示
	教师给予评价

表 2-4 B2C 电子商务模式分析

交易对象	交易内容	支付方式	配送方式

表 2-5 B2C 电子商务模式的优劣势

优　势	劣　势	企　业

2.3 C2C 电子商务

C2C（consumer to consumer）电子商务模式是电子商务发展到一定阶段的产物，它的出现极大地推动了电子商务的发展。

> **课程思政**
>
> C2C 是建立在网络科技极速发达之上的商务模式，是实现绿色经济和人类可持续发展的有效方式，是以诚信为本的消费者之间互通有无、相互方便的商务往来。

2.3.1 C2C 电子商务的概念和特点

1. C2C 电子商务的概念

C2C 是消费者与消费者之间的电子商务，或者个人对个人的交易活动。C2C 电子商务平台就是通过为买卖双方提供一个在线交易平台，使卖方可以主动提供商品上网拍卖，而买方可以自行选择商品进行竞价。与传统的个人对个人的商务活动相比，C2C 电子商务有很多优点。

（1）它的运行成本很低，因为交易双方无须实体商店，无须库存，没有中间环节，买卖双方直接交易，大大降低了交易成本。

（2）能够跨时空、跨地域进行交易。数量巨大、时间不一、地域不同的买卖双方可以通过一个平台找到合适的对象进行交易，方便快捷。

（3）信息沟通顺畅。利用网络的互动性，双方可以无障碍地充分交流沟通，通过拍卖方式实现符合双方各自意愿的交易。另外，互联网上庞大的购物群体也增加了交易的机会。

2. C2C 电子商务的特点

C2C 电子商务的主要特点如下。

（1）C2C 电子商务最能体现互联网的跨时空、跨地域的特点。数量巨大、地域不同、时间不一的买方和卖方可以通过一个平台找到合适的对家进行交易，这在传统交易中很难做到。

（2）运营成本低，无须实体商店，无须仓库，减少了相应的租赁成本，没有任何中间环节，减少了流通过程中的管理费用，买卖双方直接进行交易，使交易的成本大大降低。

（3）不受时间和空间的限制，真正实现了全天候的永不停顿的企业运营，随时随地可以完成交易，大大提高了交易的灵活性和方便性。

（4）利用网络的互动性，买卖双方无障碍地充分沟通信息，借助拍卖这种价格机制，最大限度地实现符合双方各自意愿的交易，同时由于互联网用户群体的庞大，使交易达成的可能性大大增加。

2.3.2 C2C 电子商务的商业模式

C2C 电子商务的商业模式包括拍卖平台运作模式和店铺平台运作模式两种。

1. 拍卖平台运作模式

拍卖平台运作模式是 C2C 电子商务典型的运作模式，也就是在线拍卖。其过程有以下几个方面：由商品提供者在网站上登载有关商品名称、规格、价格、投标时限、运送方式、支付方式等信息，等待竞标人的到来；在招标期限内，提出最高价格的竞标者中标；中标者通过电子邮件或在线聊天等方式同商品提供者取得联系，进行商品和货款的交换。按照拍卖网站所卖商品的不同，可以把拍卖平台分成以下两种主要形式。

（1）专业性拍卖平台。专业性拍卖网站主要经营一些种类较少的特殊商品。这种只针对某一种类商品的拍卖平台的特点是：拍卖物通常价格昂贵且不容易鉴别，需要专家的鉴定，或者是有一群对该类物品狂热追求的虚拟社群，不仅可以在网上拍卖交易商品，还可以借此形成讨论区，如古董、二手汽车、艺术品、邮票、钱币等。

（2）综合性拍卖平台。综合性拍卖平台拍卖的商品种类范围广，凡是合法物品都可以在网上拍卖，它可以充分满足人们寻宝的动机和收集物品的嗜好。如车、古董、邮票、电影、音乐、家电、计算机软硬件、陶瓷、运动休闲、玩具、电子器材、衣服、房产等，应有尽有，易趣、淘宝、拍拍都属于此类拍卖平台。目前，竞标拍卖已经成为决定稀有物价格最有效率的方法之一，古董、名人物品、稀有邮票，只要需求面大于供给面的物品，就可以使用拍卖的模式决定最佳市场价格。

一般地，拍卖平台运作模式竞拍流程如图 2-9 所示。

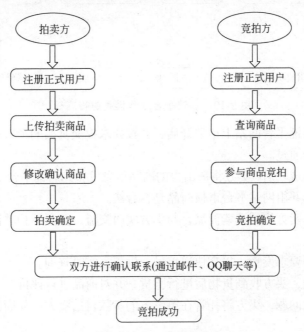

图 2-9　拍卖平台运作模式竞拍流程

① 卖方将欲卖的商品的信息发布到拍卖网站上，确定起拍价格、截止日期等信息。

② 拍卖平台认证用户的合法性和所填信息的真实性与准确性，如果一切都是正确的就将其显示在网站上。

③ 竞拍方选择拍卖物品，进入竞拍网页参与竞拍。

④ 填写竞拍的必须信息，如出价、是否选择代理、竞拍数量、竞拍的规格等，还有一些可选信息需要填写。

⑤ 系统认证用户的合法性和所填竞拍信息的准确性，如果一切都正确则显示成功。

⑥ 买卖双方成交，卖方交货，买方付款，交易完成。

2. 店铺平台运作模式

C2C 电子商务的另一种比较典型的运作模式就是店铺平台运作模式。以淘宝网为例，淘宝网提供一个虚拟的交易场所，就像一个大市场，每个人都可以在这个市场上开出自己的网上店铺，这种店铺一般不用事先交付保证金，全凭借信用度评价体系，借助所有用户的监督力度来营造一个相对安全的交易环境，使

思考题

除淘宝网外，你还知道哪些 C2C 电子商务平台？

买卖双方能够找到可以信任的交易伙伴。在淘宝网上的店铺所经营的商品类别很多，小到邮票和电话卡，大到计算机、彩电等。双方可以 24 小时自由买卖各种商品，无须支付中间费用，省时便利。

一般地，店铺平台运作模式购物流程如图 2-10 所示。

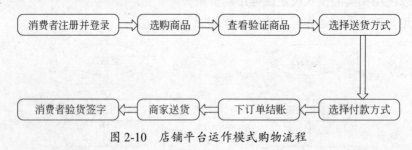

图 2-10 店铺平台运作模式购物流程

（1）卖方在店铺平台网站上申请开店，并按要求提交真实的个人信息，网站平台进行审核，确认是否通过。

（2）店铺申请成功后，卖方将欲出售的商品信息发布到店铺平台上，确定商品价格、配送方式等信息，并由网站平台审核商品是否合法。

（3）买方进入卖方店铺选购商品，与卖方实时交流，并买下相关商品，买方付款到第三方平台。

（4）卖方按照要求发货，提交快递单号，供买方实时查询。

（5）快递配送，买方收到货物后进行验货，并对商品进行评价。

（6）如商品无问题，买方将托管在第三方的货款付给卖方，如商品有问题，双方协商解决。

2.3.3 C2C 电子商务的交易流程

C2C 电子商务的典型代表是淘宝网，以淘宝网为代表的 C2C 电子商务广泛采用的交易流程有三种，即货到付款交易流程、款到发货交易流程和以第三方支付平台为中介的交易流程，或者是这三种流程的综合。

1. 货到付款交易流程

该交易流程中买方占有优势，买方首先在卖方的网站上浏览选择商品，待卖方确认订单后发货，当买方收到商品后支付货款。该流程保障了买方的利益，但无法保证卖方的利益，卖方没有绝对的把握收到买方支付的货款。

2. 款到发货交易流程

款到发货交易流程是买方在卖方的网站上选择商品后，直接将货款支付到卖方，待卖方确认收到货款后才向买方发货。该流程显然无法保证买方的利益，买方很有可能支付了货款但无法收到卖方的商品。

3. 以第三方支付平台为中介的交易流程

该交易流程是以第三方支付平台为交易中介，为买卖双方暂时保管货款，买方先将货款支付给第三方支付平台，待买方收货后，在第三方支付平台上确认，第三方支付平台才将货款划给卖方。图 2-11 显示了以支付宝为例的交易流程，其交易过程如下。

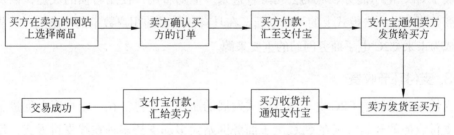

图 2-11 以支付宝为例的交易流程

（1）买方在卖方的网站上选择商品，并选择网上支付货款。
（2）卖方确认订单后将买方网上支付的请求发送给第三方支付平台（支付宝）。
（3）买方在线支付货款至第三方支付平台（支付宝）。
（4）第三方支付平台（支付宝）向卖方发送支付结果，并通知其发货。
（5）卖方根据反馈的支付结果发送商品。
（6）买方收到货物后，通知第三方支付平台（支付宝）付款给卖方。
（7）卖方与第三方支付平台（支付宝）结算货款，卖方收款。

2.3.4 C2C 电子商务网站的盈利模式

C2C 电子商务网站通过组织和利用平台资源，运用网站和电子商务交易运行机制来为用户提供产品、服务、信息并创造价值来盈利，下面是几种主要的 C2C 电子商务网站的盈利模式。

1. 服务费

C2C 电子商务网站服务费主要包括会员服务费、交易费、店铺出租费及特色功能费。其中会员服务费，即 C2C 电子商务网站为会员提供网上店铺、公司认证、产品信息推荐、商品登录费和底价设置费（发布一件物品所需支付的费用）等多种服务组合，C2C 电子商务网站根据这些服务内容收取费用。交易费包括商品成交费、交易服务费，即店商在 C2C 电子商务平台上所达成的交易，按照一定的比例交付一定的交易金额提成费用。店铺出租费即 C2C 电子商务平台为商家提供出租店铺，商家开设店铺需要交纳的基本费用。C2C 电子商务网站的特色功能费包括分类广告费、图片服务费、工具费、立即购买费、陈列改良费等一系列可选费用。同时 C2C 电子商务网站的服务盈利模式还包括商品登录费用，即商家在自己的 C2C 电子商务平台上发布产品和进行橱窗展示的费用。

2. 广告费

C2C 电子商务网站类似于现实生活中的大型实体超市，是网民经常游览光顾的地方，拥有超高的人气、频繁的单击率和数量庞大的会员，其中蕴藏着巨大的商机，由此广告收入也是 C2C 电子商务网站利润的一大来源。在 C2C 电子商务网站发布广告的最大优势就在于其超强的人气，但目前 C2C 电子商务网站广告背后都是相应的店铺，很难将其他属于 C2C 电子商务领域的公司融合进来。但随着用户使用习惯的成熟，以及 C2C 电子商务网站在广告模式上的不断创新，在具有如此多的用户数量的基础上，广告收入将会成为未来 C2C 电子商务网站的重要来源。

3. 支付环节收费

支付方式是制约 C2C 电子商务模式发展的瓶颈，支付宝在一定程度上促进了网上在线支付业务的开展。现在 C2C 电子商务网站大多都支持多种在线支付方式，用户与用户间在平台内完成拍卖后，可以通过在线支付按钮来完成交易资金的支付，确保交易安全。C2C 电子商务网站支持支付宝、网银支付、财付通、在线充值、银行汇款等多种支付方式。支付具体的流程是买家先把预付款通过网上银行打到支付公司的个人专用账户，待收到卖家发出的货物后，再通知支付公司把货款打入到卖家账户，这样买家不用担心收不到货还要付款，卖家也不用担心发了货而收不到款。而支付公司就按成交额的一定比例收取手续费。

4. 搜索引擎竞价排名

C2C 电子商务网站具有开放性，它的用户量庞大，卖方用户也很多，所以产品品种繁多、款式纷杂，购买者的搜索行为也会相对比较频繁。C2C 电子商务网站也拓展出了类似百度搜索引擎竞价排名的盈利模式，使顾客在 C2C 电子商务网站海量的商品信息中很快搜索到自己的网站和商品，增加顾客的访问量。现在C2C电子商务网站的搜索引擎的作用逐步凸显出来，但基于C2C电子商务网站交易的特点，这种盈利模式还不能与百度的搜索竞价排名相比较，C2C电子商务网站的这种盈利方式主要依赖于用户自身的发展和壮大。

5."首页黄金铺位"推荐费

根据Alexa排名统计分析，70%的用户只浏览一个网站的首页，有特定性需求和较强目的的用户除外。所以，C2C电子商务模式中网站首页的广告铺位和展位都有很高的商业盈利价值。对于C2C电子商务网站首页的"黄金铺位"，C2C网站可以定价销售也可以进行拍卖，购买者或者中标者可以在规定时间内在铺位上展示自己的商品。当由于网站首页位置是有限的，在C2C电子商务网站中大多交易额较小的交易特征来看，买方用户没有必要花费巨额的费用来购买这个位置，因此，这种盈利模式只是C2C电子商务网站盈利的一个来源。

6. 信用认证

信用认证盈利模式在B2B电子商务领域取得成功，阿里巴巴就是例证，它正是利用开展企业的信用认证敲开了创收的大门。但由于C2C电子商务模式的买卖双方小额交易的特点，目前我国C2C电子商务网站虽然都提供信用认证系统，但是并没有企业通过这种模式收费，很少有用户愿意通过付会员费的方式获得信用认证，因此，这一模式仍然依赖于C2C电子商务网站的发展，以及用户在此过程中的不断壮大和交易需求的扩大。

课堂活动

活动题目	了解并分析C2C电子商务模式
活动步骤	对学生进行教学分组，每3~5人为一个小组，以小组为单位进行讨论
	讨论C2C电子商务模式的特点，并将体验报告填入表2-6中
	讨论C2C电子商务的优势和劣势，搜集整理C2C电子商务模式的电商企业，并将结果填入表2-7中
	每个小组将小组讨论结果形成PPT，派一名代表进行演示
	教师给予评价

表2-6 C2C电子商务模式分析

交易对象	交易内容	支付方式	配送方式

表 2-7　C2C 电子商务模式的优劣势

优　　势	劣　　势	企　　业

2.4　O2O 电子商务

O2O（online to offline）电子商务模式是一种将线上电子商务模式与线下实体经济相融合，通过互联网将线上商务模式延伸到线下实体经济，或者将线下资源推送给线上用户，使互联网成为线下交易的前台的一种商业模式。

O2O 模式

> **课程思政**
>
> 　　O2O 的出现无疑是对传统电子商务模式的创新。创新不仅是行业发展的原动力，也是一个民族进步的灵魂，一个国家兴旺发达的不竭动力。作为新时代的大学生，要时刻把创新作为基本原则。

2.4.1　O2O 电子商务的概念和特点

1. O2O 电子商务的概念

O2O 即在线离线或线上到线下，是指将线下的商务机会与互联网结合，让互联网成为线下交易的前台，这个概念最早来源于美国。O2O 的概念非常广泛，既可涉及线上，又可涉及线下。

O2O 电子商务模式与传统的电子商务模式不同，传统的电子商务模式是消费者在线浏览商品信息，挑选购买，在线支付，由物流将商品送至消费者手中，如果是服务类产品，则消费者无须通过物流就可以获取该项服务。O2O 电子商务模式在 Online 环节与传统电子商务相似，即消费者通过互联网浏览商品和服务信息，甄选购买，并完成在线支付，但是获取商品和服务环节则需要消费者到线下实体经济中去消费或者享受服务，需要一个亲临的 Offline 的过程。

2. O2O 电子商务的特点

（1）注重消费者体验。随着产品种类的日渐丰富，不同品牌产品之间的差异也随之增大，为了凸显产品的特点与优势，体验营销成了众多商家的首选。总体而言，对体验营销的重视与品牌知名度呈正相关趋势，毕竟卓越的性能需经消费者体验才能得到充分的彰显并形成品牌溢价。

（2）满足社交心理需求。即便在受到网络购物冲击的今天，实体店存在的必要性仍然无可置疑。从心理层面分析，人们购物的行为并非单纯为了完成货币与商品的交换，它是由一系列复杂的心理过程综合而成的结果。

（3）回归商业服务本质。产品只是商业的载体，而服务才是零售的核心。网络购物过程中，消费者和商家只能借助网络即时聊天工具通过打字互动，显然无法适应餐饮、娱乐、美容等行业的需要。

2.4.2　O2O电子商务的商业模式

O2O电子商务商业模式是企业以本地化服务为中心，利用互联网和移动商务技术构建长期竞争优势的一种商业要素组合方式。它既包括对客户和合作伙伴的价值主张，也包括企业的收益模式。从企业与客户、生存环境之间的关系来看，其商业模式包括9个要素，如图2-12所示。

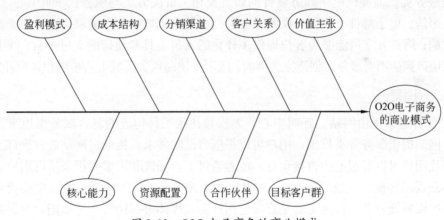

图2-12　O2O电子商务的商业模式

1. 价值主张

O2O主要通过服务资源重组、服务定制、服务再设计等方式完成价值创造。O2O通过互联网和移动商务信息平台重构服务信息流，按照不同服务所对应的不同群体实行差异化定向营销，使原本闲置的服务资源得以重新流转，有效提高传统服务业的运营效率。

2. 目标客户群

根据目标客户群的特征，O2O可以分为大众市场、利基市场、区隔化市场等类型。大众市场型O2O以生活消费类服务信息为主要内容，没有明确的客户细分，用户可以通过分类目录或站内搜寻服务。利基市场型O2O以特定行业信息（如租车、酒店、

如何搭建O2O多用户电商平台

餐饮）为主要内容，由于内容差异性较大，能够在局部建立起强大的壁垒，使其他企业无法轻易模仿或替代。区隔化市场型O2O通过新产品、新服务或新的沟通形式提供个性化的产品及具有个性魅力的服务，从而获得市场竞争优势。

3. 客户关系

O2O主要通过自我服务、服务智能代理和社区来发展客户关系。自我服务是指消费者不需要与服务人员接触与互动，自己借助自助设备完成全部操作，它能够形成易用、省时、便利和先进性等顾客认知。服务智能代理是基于关键词识别和智能语义搜索技术的人机互动，它会自动通过"思考"得出用户可能需要的信息，为用户推荐附近最好的餐馆、最近的加油站等。社区能促进客户与网站、客户与客户之间的互动，有助于交流知识和经验，解决现实难题。

4. 合作伙伴

合作伙伴是企业同其他公司之间为有效地提供价值并实现商业化而形成的合作关系网络，可以帮助企业降低风险和不确定性，并获取特定资源和业务。O2O电子商务平台的合作伙伴包括软件及服务提供商、呼叫中心、第三方支付、线下服务商、线下分销商等。软件及服务提供商提供电子商务软件的研发及相关解决方案与服务；呼叫中心以电话、传真、短信、电子邮件、音频、视频、电子白板等方式响应客户请求，接受消费者的咨询和订购；第三方支付能够为客户提供多样化的支付工具和便捷的支付平台；线下服务商提供用户到店消费服务，创造完美体验；线下分销商负责区域市场拓展和客户开发。

5. 分销渠道

O2O普遍采用由网站、呼叫中心、无线和社区工具构成的复合服务渠道来接触消费者。网站提供服务分类目录，用户可以根据自己的需求直接通过网站进行预订。呼叫中心是让用户可以通过电话直接预订，或者通过语音交流和需求分析来帮助用户定制服务，实现需求匹配。无线渠道包括WAP、手机APP、短信预订等，是运用移动互联网为客户提供便捷服务。社区工具是直接运用社会化媒体进行销售，比如用户发送微博私信后，由线上客服人员为其服务。

6. 资源配置

O2O的财务资源和人力资源主要配置在线上平台、客户资产、服务网络等活动中。线上平台通过Web平台和手机APP完成信息流、商流和资金流活动，并将服务价值交付给用户。客户资产活动是通过对O2O用户的单击流和购买行为的数据挖掘，分析消费需求，主动向用户推送产品和服务，以此形成客户知识和收入。服务网络是线上平台整合线下服务资源的活动，通过用户需求识别、服务设计来吸引商家加盟，建立牢固的合作伙伴关系和客户关系。

7. 成本结构

O2O的主要成本分为平台成本和运营成本。平台成本是Web平台和APP技术开发费用。运营成本主要是用于支付呼叫中心、系统维护、带宽、人员的成本费用。

8. 核心能力

O2O 的核心能力是一个以客户知识、服务创新为基本内核的企业关键资源或关键能力的组合。其中，关键资源包括线上平台、客户资产、服务网络等；关键能力主要构建在用户需求识别、服务设计、价值交付、创造完美体验等环节。

9. 盈利模式

O2O 的收入来源主要是广告、佣金和会员费。

（1）O2O 电子商务网站受众群体多，可以为商家提供定位精准、目标明确的广告服务。

（2）网站将整合后的服务资源以特定形式传递给用户，用户在线支付后，可以按比例收取佣金。

（3）O2O 电子商务网站通常会提供一些免费的基本服务，但是用户想要获取个性化内容或服务就需要 VIP 资格。

2.4.3 O2O 电子商务的交易流程

O2O 电子商务的交易流程主要包括线上处理流程和线下处理流程两部分，如图 2-13 所示。线上处理流程包括线上撮合、线上支付，线下处理流程包括线下消费和消费反馈。

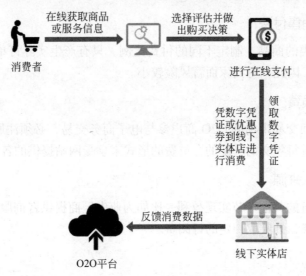

图 2-13 O2O 电子商务的交易流程

（1）线上撮合。消费者通过线上获取商品或服务信息，做出选择并进行评估，做出购买决策。

（2）线上支付。经线上撮合后，消费者通过网络银行或第三方支付等在线支付工具进行在线支付或在线预付购买商品或服务，支付成功后，领取数字凭证。

（3）线下消费。消费者凭借数字凭证或优惠券到线下实体店去消费所购买的商品或服务，实现线下消费。

（4）消费反馈。消费完成后，与交易相关的数据进行实时处理，O2O 电子商务平台把分析的消费数据提供给商家，并把商品信息和消费反馈信息准确推送给消费者，这些准确的信息为消费者再次购买商品或服务提供依据。这样从线上撮合、线上支付、线下消费和消费反馈形成一个完整的O2O闭环交易流程。

2.4.4 O2O电子商务企业的盈利模式

根据产品及服务流、信息流和资金流的结构，以及对不同参与者的描述和收益分析，一般来说，O2O电子商务企业主要是通过以下几个方面获得盈利。

1. 产品或服务的差价

（1）对于有形产品来说，通过O2O电子商务平台，减少了中间交易环节、省去了物流费用、大大降低了管理成本等多方面成本，整体提升了利润。

（2）对于服务产品来说，O2O电子商务平台主要向消费者提供线下服务，提高了客户体验。产品或服务的差价是O2O电子商务企业收益的主要来源。

2. 网络广告营收入

知名O2O运营商利用自己网站的知名度和影响力，可以在网站的首页及其他页面投放其他企业的广告，从广告中获取收益。

3. 按商家销售付费

对于不同品类的商品，制定不同的付费比例。只有产生实际订单，带来销售收入，商家才支出佣金，因此，对商家而言风险较小。

4. 收取会员费

对于面向中间交易市场的O2O商户参与电子商务交易，必须注册为O2O电子商务网站的会员，通过每年交纳一定的会员费的形式来享受网站提供的各种服务。

5. 其他收入来源

可通过价值链的其他环节实现盈利，比如为业内厂商提供咨询服务收取服务费，向消费提供增值服务，并收取一定的订阅费。

课堂活动

活动题目	了解并分析O2O电子商务模式
活动步骤	对学生进行教学分组，每3~5人为一个小组，以小组为单位进行讨论
	讨论O2O电子商务模式的特点，并将体验报告填入表2-8中
	讨论O2O电子商务的优势和劣势，搜集整理O2O电子商务模式的电商企业，并将结果填入表2-9中
	每个小组将小组讨论结果形成PPT，派一名代表进行演示
	教师给予评价

表 2-8　O2O 电子商务模式分析

交易对象	交易内容	支付方式	配送方式

表 2-9　O2O 电子商务模式的优劣势

优　　势	劣　　势	企　　业

▶▶ 拓展实训

【实训目标】

通过实训，使学生认识并掌握各种电子商务模式的概念、特点及盈利模式，熟悉不同模式的应用场合。

【实训内容】

分别浏览并分析淘宝网、京东商城、每日优鲜、美团四个网站（或 APP），分别整理出其优势和劣势，并分别指出它们属于哪种电子商务模式。

【实训步骤】

（1）2~3 人组成一个团队。设负责人一名，负责整个团队的分工协作。

（2）团队成员分工协作，通过多渠道搜集相关资料。

（3）团队成员对搜集的材料进行整理，总结并分析这些电子商务企业平台的优势和劣势，并经过分析讨论，确定其属于哪种电子商务模式。

（4）各团队将总结制作成 PPT，派出一人作为代表上台演讲，阐述自己团队的成果。

（5）教师对各团队的成果进行总结评价，指出不足与改进措施。

【实训要求】

（1）考虑到课堂时间有限，实训可采取"课外＋课内"的方式进行，即团队组成、分工、讨论和方案形成在课外完成，成果展示安排在课内。

（2）每个团队方案展示时间为 10 分钟左右，教师和学生提问时间为 5 分钟左右。

▶▶ 思考与练习

1. 填空题

（1）B2B 电子商务交易可以在任意两个企业间进行，包括_____的企业、_____的企业等。

（2）B2B 电子商务交易是_____和_____之间的交易行为。

（3）_____为企业提供交易平台，自身并不参与产品销售与流通的过程。

（4）拍卖平台运作模式是C2C电子商务典型的运作方式，也就是_____。

（5）O2O电子商务模式主要通过服务资源重组、_____、服务再设计等方式完成价值创造。

2. 简答题

（1）简述B2B电子商务的定义与特点。

（2）简述B2B电子商务的盈利模式。

（3）简述B2C电子商务的主要商业模式。

（4）简述C2C电子商务的交易流程。

（5）简述O2O电子商务的特点。

第 3 章
网络营销与推广

 **学习目标**

- ☑ 了解网络营销的概念、特点和职能
- ☑ 掌握网络市场调研的方法与步骤
- ☑ 熟悉网络营销的产品、价格、渠道和促销四大策略
- ☑ 掌握网络广告的相关知识
- ☑ 掌握主要的营销方法

导入案例

老乡鸡开了一场"200元"土味发布会，这场刷屏营销做对了什么

2020年3月18日，老乡鸡董事长束从轩带来了一大波好消息，宣布进军全国市场、获得银行10亿元授信贷款和战略投资、计划新增招聘5 000人。令人感到意外的是，发布会的形式简直是"土味十足"，并且十分简陋，有着复古的砖头舞台、村口大喇叭、二八自行车和红色大桌子，所有物件年代感十足，与传统的官方发布会在大酒店、城市中心广场举办落差巨大（见图3-1）。网友调侃这次老乡鸡的发布会预算只是200元的水平，但是发布会视频在社交媒体一上线，就在朋友圈和微博上刷屏（见图3-2）。

图3-1　200元预算的土味发布会

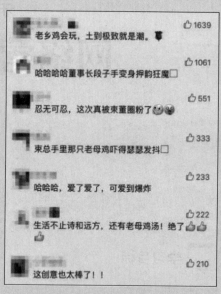

图3-2　网友的评论

在老乡鸡公众号发布的10分钟视频中，束从轩谈到随着疫情逐渐被控制，全国都在组织复工复产，老乡鸡复工人数超过九成，营业额恢复六成。

外界很多人对于老乡鸡的品牌并不了解，在2020年春节的时候，那是疫情最严重的时期，很多企业出于企业成本考虑，开始采用降薪的手法，老乡鸡的员工集体写了联名信，束从轩在视频中手撕了这份降薪的联名信，称即使自己卖房卖车也要确保16 328名员工薪资的正常发放。

2012年，束从轩决定将"肥西老母鸡"更名为"老乡鸡"，随后开始在南京、武汉等地拓展店面，企业营收更是节节攀升。2018年1月初，老乡鸡宣布获得投资机构加华伟业资本的2亿元首轮融资，原来的400多家门店也在两年内发展到

800多家，仅仅一年，年收入就超过了30亿元。

如今疫情已经逐渐被控制，企业生产也逐渐恢复，很多企业也开始意识到需要转变品牌营销策略，快速获取用户的关注度，以实现突围，或许老乡鸡的品牌营销动作值得大家思考。

为什么说"老乡鸡"的营销是一场成功的营销？

3.1 网络营销概述

网络营销是企业整体营销战略的一个组成部分，是为实现企业总体经营目标所进行的，以互联网为基本手段，营造网上经营环境并利用数字化的信息和网络媒体的交互性来辅助营销目标实现的一种新型的市场营销方式。

课程思政

网络营销既是一种方式，也是一种手段，但是不管采用何种营销方式，都必须秉承诚信的原则，充分发掘自身的优点，用这些优点来吸引客户。这就需要作为电子商务行业从业人员的我们，集思广益、胆大心细，且要有正确的三观。

3.1.1 网络营销的概念

网络营销是建立在互联网基础上，借助于互联网特性来实现一定营销目的的一种营销活动。通常来说，网络营销可分为广义上的网络营销和狭义上的网络营销两种。

1. 广义上的网络营销

广义上的网络营销就是以互联网为主要手段开展的营销活动。网络营销的同义词包括网上营销、互联网营销、在线营销、网路行销等，这些词汇说的都是同一个意思。

2. 狭义上的网络营销

狭义上的网络营销是指组织或个人基于开放便捷的互联网络，针对产品、服务所开展的一系列经营活动，从而达到满足组织或个人需求的全过程。网络营销是一种新型的商业营销模式。

小链接

网路行销

网路行销是企业整体营销战略的一个组成部分，是为实现企业总体经营目标所进行的、以互联网为基本手段，营造网上经营环境的各种活动。

网络营销的通俗定义

3.1.2 网络营销的特点

通常来说，网络营销具有以下特点。

（1）跨时空。营销的最终目的是占有市场份额，互联网络具有的超越时间约束和空间限制进行信息交换的特点，使脱离时空限制达成交易成为可能，企业能有更多的时间和更大的空间进行营销，可每周7天，每天24小时随时随地提供全球性营销服务。

（2）多媒体。互联网络被设计成可以传输文字、声音、图像等信息，为达成交易进行的信息交换可以多种形式进行，可以充分发挥营销人员的创造性和能动性。

（3）交互式。互联网络可以展示商品目录，连接资料库，提供有关商品信息的查询，可以和顾客进行双向互动沟通，可以搜集市场情报，可以进行产品测试与消费者满意调查等，是产品设计、商品信息提供及服务的最佳工具。

（4）个性化。互联网络上的促销是一对一的、理性的、消费者主导的、非强迫性的、循序渐进式的，而且是一种低成本与人性化的促销，避免推销员强势推销的干扰，并通过信息提供和交互式交谈与消费者建立长期良好的关系。

（5）成长性。互联网络使用者数量快速增长并迅速遍及全球，使用者多半年轻，属于中产阶级，具有高教育水准。由于这部分群体购买力强而且具有很强的市场影响力，因此是一个极具开发潜力的市场。

（6）整合性。互联网络上的营销可由发布商品信息至收款、售后服务等一系列工作组成，因此也是一种全程的营销渠道。另外，企业可以借助互联网络将不同的营销活动进行统一规划和协调实施，以统一的资讯向消费者传达信息，避免不同传播渠道的不一致性产生的消极影响。

（7）超前性。互联网络是一种功能强大的营销工具，它同时兼具渠道、促销、电子交易、互动顾客服务及市场信息分析与提供等多种功能。它所具备的一对一营销能力，恰好符合定制营销与直复营销的未来趋势。

（8）高效性。计算机可储存大量的信息供消费者查询，可传送的信息数量与精确度远远超过其他媒体，并能顺应市场需求，及时更新产品或调整价格，因此能及时有效地了解并满足顾客的需求。

（9）经济性。通过互联网络进行信息交换，代替以前的实物交换，一方面可以减少印刷与邮递成本，实现无店面销售，免交租金，节约水电与人工成本；另一方面可以减少由于迂回多次交换带来的损耗。

（10）技术性。网络营销是建立在高技术支撑的互联网络的基础上的，企业实施网络营销必须有一定的技术投入和技术支持，改变传统的组织形态，提升信息管理部门的功能，引进懂营销和计算机信息处理技术的复合型人才，在未来才能具备市场竞争优势。

3.1.3 网络营销的职能

网络营销的职能不仅表明了网络营销的作用和网络营销工作的主要内容，同时也说明了网络营销所应该实现的效果，对网络营销职能的认识有助于全面理解网络营销的价值和内容体系。网络营销的职能具体表现为 8 个方面：网站推广、网络品牌、信息发布、在线调研、顾客关系、顾客服务、销售渠道和销售促进。

（1）网站推广。这是网络营销最基本的职能之一。在几年前，人们甚至认为网络营销就是网站推广。相对于其他功能来说，网站推广显得更为迫切和重要，网站所有功能的发挥都要求以一定的访问量为基础，所以，网站推广是网络营销的核心工作。

思考题

仔细思考一下，网络营销与传统营销，在职能上有什么异同？

（2）网络品牌。网络营销的重要任务之一就是在互联网上建立并推广企业的品牌。知名企业的品牌可以在网上得以延伸，一般企业则可以通过互联网快速树立品牌形象，并提升企业整体形象。网络品牌建设以企业网站建设为基础，通过一系列的推广措施，达到顾客和公众对企业的认知和认可。从一定程度上说，网络品牌的价值甚至高于通过网络获得的直接收益。

（3）信息发布。网站是一种信息载体，通过网站发布信息是网络营销的主要方法之一，同时，信息发布也是网络营销的基本职能，所以无论哪种网络营销方式，结果都是将一定的信息传递给目标人群，包括顾客、潜在顾客、媒体、合作伙伴、竞争者等。

（4）在线调研。通过在线调查表或者电子邮件等方式，可以完成网上市场调研。相对于传统市场调研，网上调研具有高效率、低成本的特点，因此，网上调研成为网络营销的主要职能之一。开展网络营销的意义就在于充分发挥网络的各种职能，让网上经营的整体效益最大化，因此，仅仅由于某些方面效果欠佳就否认网络营销的作用是不合适的。网络营销的职能是通过各种网络营销方法来实现的，网络营销的各个职能之间并非相互独立的，同一个职能可能需要多种网络营销方法的共同作用，而同一种网络营销方法也可能适用于多个网络营销职能。

（5）顾客关系。良好的顾客关系是网络营销取得成效的必要条件，通过网站的交互性、顾客参与等方式，在开展顾客服务的同时也增进了顾客关系。

（6）顾客服务。互联网提供了更加方便的在线顾客服务手段，从形式最简单的常见问题解答（FAQ），到邮件列表，以及 QQ、微信、旺旺等各种即时信息服务，顾客服务质量对于网络营销效果具有重要影响。

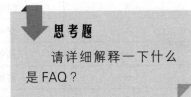

思考题

请详细解释一下什么是 FAQ？

（7）销售渠道。一个具备网上交易功能的企业网站本身就是一个网上交易场所，网上销售是企业销售渠道在网上的延伸。网上销售渠道建设也不限于网站本身，还包括建立在综合电子商务平台上的网上商店及与其他电子商务网站不同形式的合作等。

（8）销售促进。营销的基本目的是为扩大销售额提供帮助，网络营销也不例外。大部分网络营销方法都与直接或间接促进销售有关，但促进销售并不限于促进网上销售。事实上，网络营销在很多情况下对于促进网下销售同样十分有价值。

课堂活动

活动题目	收集并比较网络营销与传统营销的方式
活动步骤	对学生进行教学分组,每3~5人为一个小组,以小组为单位进行讨论
	讨论并收集生活中常见的营销方式,并将结果填入表3-1中
	讨论、对比传统营销与网络营销的特点,并将结果填入表3-2中
	每个小组将小组讨论结果形成PPT,派一名代表进行演示
	教师给予评价

表 3-1 收集结果

序号	营销形式	所属类型(直接在方框中打"√")	
1		□传统营销	□网络营销
2		□传统营销	□网络营销
3		□传统营销	□网络营销
4		□传统营销	□网络营销
5		□传统营销	□网络营销
6		□传统营销	□网络营销
7		□传统营销	□网络营销
8		□传统营销	□网络营销

表 3-2 传统营销与网络营销的特点对比

序号	对比选项	传统营销	网络营销
1	技术性		
2	个性化		
3	时效性		
4	交互性		
5	高效性		
6	富媒体		
7	超前性		
8	整合性		
9	经济性		
10	成长性		

注:在填写该表格时,可用"强""中""弱"来形容各个对比选项,也可以用自己的语言形容。

3.2 网络市场调研

网络市场调研与传统的市场调研相比有着无可比拟的优势,如调研费用低、效率高、调查数据处理方便、不受时间和地点的限制。因此,网络市场调研成为网络时代企业进行市场调研的主要手段。

> **课程思政**
>
> 商业调研要真实、可靠,这就要求调研实行人员认真执行、落实调研要求,不能弄虚作假、胡编乱造。诚信也是一个人为人处世的最基本原则,人无信而不立。

3.2.1 网络市场调研的概念与优势

1. 网络市场调研的概念

网络市场调研又称网上市场调研或联机市场调研,它是指通过网络进行系统的收集、调查、记录、整理、分析与产品、劳务有关的市场信息,客观地测定及评价现在市场和潜在市场,用以解决市场营销的有关问题,其调整结果可作为各项营销决策的依据。

从市场调研的程序上来说,网络调研与传统的市场调研没有本质区别,一个完整的市场调研过程都是从明确调研问题及目标开始的,接着进行市场调研的设计,收集市场信息资料,整理分析资料,最后是撰写市场调研报告。但是,网络市场调研所采用的信息收集方式有所不同,因而对市场调研设计中的部分内容(如在线调查问卷的设计、发放和回收等)也提出了不同的要求。

思考题

你知道的网络市场调研方式有哪些?

2. 网络市场调研的优势

相对于传统的市场调研,网络市场调研在组织实施、信息采集、信息处理、调查效果等方面具有明显的优势,表现如下。

(1)网络调研的跨时空性。因特网是没有时空、地域限制的,网络市场调研可以在全球 24 小时全天候进行,这与受时间和地域制约的传统调研方式有很大不同。例如,在传统方式下某公司要开展一项全国性的调研,需要各个区域代理的配合;而选择网络市场调研来完成此项工作,省时省力,效率高。

(2)网络调研的及时性。由于网上信息的传输速度非常快,能够及时快速地传送到连接上网的用户中,这就保证了企业调研信息的准确性与及时性。而且,网上投票信息经过统计分析软件的初步处理后,可以马上看到阶段性的调研结果。将调研信息传送到被调查的对象那里,也可以使企业及时地获得调研的结果。

（3）网络调研的便捷性和经济性。网络调研在信息采集过程中不需要派出调查人员，不受天气和距离的限制，不需要印刷调查问卷，调查过程中最繁重、最关键的信息采集和录入工作分散到众多网上用户的终端上完成。调研者在企业网站上发出电子调查问卷，提供相关信息，或者及时修改、补充相关信息，然后利用计算机对访问者反馈回来的信息进行整理和分析，这不仅十分快捷，还可以大大节省企业在人力、财力上的耗费。

（4）网络调研的互动性。传统的市场营销强调 4P（产品、价格、渠道和促销）组合，现代市场营销则追求 4C（顾客、成本、及时和沟通）。在网络环境下，中小企业也可以通过电子公告栏、网上讨论区和电子邮件等方式，以极低的成本在营销的全过程中对消费者进行及时的信息收集，消费者也有机会对产品从设计到定价和服务等一系列问题发表意见。这种双向互动的信息沟通方式提高了消费者的参与性和积极性，更重要的是能使企业的营销决策有的放矢，从根本上提高消费者的满意程度。

（5）网络调研的高效性。网络调研具有较高的效率，通过网络进行市场调研的信息交互，节省了传统方式下的邮寄、面谈等耗费的大量时间，完成相同数量的信息收集，在网络条件下比传统条件下花的时间更少。而网络市场调研又具有覆盖面广的特点，在相同的时间内，网络市场调查可以收集更多的信息。

（6）网络调研的客观性。网上调研的结果比较客观，与有人硬塞给你一张调研表不同，浏览企业网站的访问者或那些愿意在网上填写调研反馈表的人，一般都是对企业的产品有一定兴趣的，这种基于顾客和潜在顾客的市场调研结果相对来说比较真实也比较客观，能够反映消费者的消费心理和市场发展的趋势。

3.2.2 网络市场调研的方法与步骤

1. 网络市场调研的方法

网络市场调研的方法可以分为两大类：网上直接调查法和网上间接调查法。

（1）网上直接调查法。网上直接调查是指为当前特定的目的在互联网上收集一手资料或原始信息的过程。直接调查的方法有四种：网上观察法、专题讨论法、在线问卷法和网上实验法，常用的是专题讨论法和在线问卷法。但是实际中采用哪种方法，还要具体问题具体分析，根据实际目标和需要确定。

① 专题讨论法，可以通过新闻组（Newsgroup）、电子公告牌（BBS）或邮件列表讨论组获得资料和信息。

> **小链接**
>
> **邮件列表**
>
> 邮件列表（mailing list）的起源可以追溯到 1975 年，是互联网上最早的社区形式之一，也是 Internet 上的一种重要工具，用于各种群体之间的信息交流和信息发布。
>
> 早期的邮件列表是一个小组成员通过电子邮件讨论某一个特定话题，一般称为讨论组，由于早期联网的计算机数量很少，讨论组的参与者也很少，如今的互联网上有数以十万计的讨论组。讨论组很快就发展演变出另一种形式，即有管理者管制的讨论组，也就是通常所说的邮件列表，或者叫狭义的邮件列表。

② 在线问卷法，即请求浏览其网站的每个人参与企业的各种调查。在线问卷法可以委托专业公司进行，一般有两种途径：在线调查表和 E-mail 调查。

比价网站认知度调查问卷

在线调查表是将问卷放置在万维网的站点上，等待访问者浏览时填写问卷，这种方式的优点是填写者一般是自愿的，缺点是无法核实问卷填写者的真实情况及填写过程的客观性和可靠性。E-mail 调查是将设计好的调查表通过 E-mail 方式发送到调查对象的邮箱中，或者在邮件的正文中给出一个网址链接到在线调查的页面。这种方式的优点是可以有选择地控制被调查者，缺点是容易引起被调查者的反感，降低问卷的回收率，因此采用该方式时要注意使用一些辅助措施，如事先征得被调查者的同意，有奖填写或赠送小礼物，以提高调查的质量和效率。

（2）网上间接调查法。网上间接调查法是指利用互联网收集二手资料的方法。网上有海量的二手资料，但要找到对自己有价值的信息，首先必须熟悉搜索引擎的使用方法，其次要掌握专题型网络信息资源的分布。

2．网络市场调研的步骤

网络市场调研应遵循一定的程序，一般情况下，应经过以下 5 个步骤。

（1）确定目标。虽然网络市场调研的每一步都很重要，但是调研问题的界定和调研目标的确定是最重要的一步。只有清楚地定义了网络市场调研的问题，确立了调研目标，才能正确地设计和实施调研。在确定调研目标的同时还要确定调研对象，网络调研对象主要包括企业产品的消费者、企业的竞争者、上网公众、企业所在行业的管理者和行业研究机构。

（2）设计调研方案。调研方案的具体内容包括确定资料来源、调查方法、调查手段和接触方式。

（3）收集信息。在确定调查方案后，市场调研人员即可通过电子邮箱向互联网上的个人主页、新闻组或者邮箱清单发出相关查询，之后就进入收集信息阶段。与传统的调研方法相比，网络市场调研收集和录入信息更方便、快捷。

（4）信息整理和分析。收集得来的信息本身并没有太大意义，只有进行整理和分析后信息才变得有用。整理和分析信息这一步非常关键，需要使用一些数据分析技术，如交叉列表分析技术、概况技术、综合指标分析和动态分析等。目前，国际上较为通用的分析软件有 SPSS、SAS、BMDP、MINITAB 和电子表格软件。

（5）撰写调研报告。这是整个调研活动的最后一个重要阶段。报告不能是数据和资料的简单堆积，调研人员不能把大量的数字和复杂的统计技术扔到管理人员面前。正确的做法是把与市场营销决策有关的主要调查结果报告出来，并遵循所有有关组织结构、格式和文笔流畅的写作原则。

> 课堂活动

活动题目	撰写网络市场调研报告
活动步骤	对学生进行教学分组，每3~5人为一个小组，以小组为单位实施活动
	小组成员拟定一个调研项目，如调研大学生网购情况等，考虑需要调研哪些项目，填写表3-3
	选用合适的调研方法（调研方法可以不止一种），并填写表3-4
	每个小组将调研结果进行整理，最终形成调研报告
	教师给予评价

表 3-3 调研项目

调研项目标题	
该项目需要调研的内容	

表 3-4 传统营销与网络营销的特点对比

选用的调研方法	该调研方法的优势	该调研方法的劣势

注：在填写该表格时，可用"强""中""弱"来形容各个对比选项，也可以用自己的语言形容。

3.3　网络营销策略

网络营销策略是指企业根据自身特点进行的一些网络营销组合，它与基本的营销手段有一些差异，良好的网络营销策略会给企业或网站带来巨大的回报。

> 课程思政
>
> 　　企业运营的第一目标便是利益，作为一家有担当的企业，应当在满足自身利益的同时，兼顾社会责任。在制定营销策略时，既要兼顾自身利益，也要考虑社会责任，树立良好的企业形象。

3.3.1　产品策略

1. 网络营销产品的概念

产品是市场营销组合中最重要的因素。任何企业的营销活动总是首先从确定向目标市场提供什么产品开始的，然后才会涉及定价、促销、分销等方面的决策，所以产品策略是营销组合策略的基础。

在网络营销中,产品的整体概念可分为5个层次。

(1)核心利益层次。核心利益层次是指产品能够提供给消费者的基本效用或益处,是消费者真正想要购买的基本效用或益处。

(2)有形产品层次。有形产品层次是产品在市场上出现时的具体物质形态,主要表现在品质、特征、式样、包装等方面,是核心利益或服务的物质载体。

(3)期望产品层次。期望产品层次是在网络营销中,顾客处于主导地位,消费呈现出个性化的特征,不同的消费者可能对产品的要求不一样,因此产品的设计和开发必须满足顾客个性化的消费需求。顾客在购买产品前对所购产品的质量、使用方便程度、特点等方面的期望值,就是期望产品。为满足这种需求,对于物资类产品,生产和供应等环节必须实行柔性化的生产和管理。

(4)延伸产品层次。延伸产品层次是指由产品的生产者或经营者提供的满足购买者延伸需求的产品层次,主要是帮助用户更好地使用核心利益的服务。在网络营销中,延伸产品层次要注意提供满意的售后服务、送货、质量保证等,这是因为网络营销产品市场的全球性,如果不能很好地解决这些问题,势必会影响网络营销的市场广度。

(5)潜在产品层次。潜在产品层次是延伸产品层次之外,由企业提供的能满足顾客潜在需求的产品层次。它主要是产品的一种增值服务。它与延伸产品的主要区别是顾客没有潜在产品层次仍然可以很好地使用顾客需要的产品的核心利益或服务。

2. 网络营销产品的特点

一般而言,网络营销产品具有如下几个特点。

(1)产品性质。由于网上用户在初期对技术有一定的要求,用户上网大多数与网络等技术相关,因此网上销售的产品最好与高技术或计算机、网络有关,这些产品容易引起网上用户的认同和关注。

(2)产品质量。网络的虚拟性使顾客可以突破时间和空间的限制,实现远程购物和在网上直接订购,这使网络购买者在购买前无法尝试或只能通过网络来尝试产品。由于网络购买者无法具有传统环境下亲临现场的购物体验,因此顾客对产品的质量尤为重视。

(3)产品式样。网上市场的全球性使产品在网上销售面对的是全球性市场,因此,通过互联网对全世界国家和地区进行营销的产品要符合该国家或地区的风俗习惯、宗教信仰和教育水平。网上销售产品在注意全球性的同时也要注意产品的本地化。同时,由于网上消费者的个性化需求,网络营销产品的式样还必须满足购买者的个性化需求。

(4)产品品牌。在网络营销中,生产商与经营商的品牌同样重要,要在网络上浩如烟海的信息中获得浏览者的注意,产品必须拥有明确、醒目的品牌。

(5)产品包装。作为通过互联网经营的针对全球市场的产品,其包装必须适合网络营销的要求。

(6)目标市场。网络市场是以网络用户为主要目标的市场,在网络市场销售的产品要适合能覆盖广大的地理范围。

(7)产品价格。互联网作为信息传递工具,在发展初期是采用共享和免费策略发展而来的，网上用户比较认同网上产品低廉的特性。同时，由于通过互联网进行销售的成本低于其他渠道销售产品的成本，因此在网上销售产品一般采用低价定位。

3. 网络营销产品策略的概念

产品策略是指企业以向目标市场提供各种适合消费需求的有形和无形产品的方式来实现其营销目标。其中包括对同产品有关的品种、规格、式样、质量、包装、特色、商标、品牌以及各种服务措施等可控因素的组合运用。

4. 网络营销产品具体策略

（1）产品的选择策略。网络营销可以选择任何形式的实物产品与服务。但在目前我国电子商务的发展状况下，企业在进行网络营销时，可首先选择下列产品：① 具有高技术性能或与计算机技术相关的产品；② 市场需要覆盖较大地理范围的产品；③ 不太容易设立实体店的特殊产品；④ 网络营销费用远低于其他销售渠道费用的产品；⑤ 消费者可从网上了解较多商品信息，从而做出购买决定的产品；⑥ 网络群体目标市场容量较大的产品；⑦ 便于配送的产品；⑧ 名牌产品。

根据信息经济学对产品的划分，产品从大的方面可划分为两类：一类是消费者在购买时就能确定或评价其质量的产品，称为可鉴别性产品，如书籍、计算机等；另一类是消费者只有在使用后才能确定或评价其质量的产品，称为经验性产品，如化妆品等。一般来说，可鉴别性产品或标准化较高的产品易于在网络营销中获得成功，而经验性产品或个性化产品则难以实现大规模的网络营销。从这方面考虑，企业在进行网络营销时，可适当地将可鉴别性高的产品或标准化高的产品作为首选的对象和应用的起点。

对于实物产品而言，需要考虑营销区域的问题。这是因为虽然网络消除了地域的概念与束缚，但是在实际的网络营销中，企业还必须考虑自身产品在营销上的覆盖范围，以取得更好的营销效果。谨防利用网络营销全球性的特点，忽视企业自身营销的区域范围，当远距离的消费者购买时，如果无法配送则企业的声誉会受影响，或者在进行配送时物流费用期过高，这些都可能对企业和消费者造成损害。

（2）销售服务策略。在网络营销中，服务是构成产品营销的一个重要组成部分。企业在网上提供的服务按其营销过程来划分，可分为售前、售中和售后服务。

网络营销的售前服务是指企业在进行产品销售前，通过网络向消费者提供诸如产品性能、外观介绍，使消费者在购买产品前能迅速得到产品的相关信息，并及时得到营销者对消费者咨询的答复。

网络营销的售中服务是指向顾客及时提供在购买过程中咨询的各种信息，帮助消费者购买到称心如意的商品，并帮助消费者学会使用所购买的商品。

网络营销的售后服务主要是指及时回答并解决用户在购买产品后的使用过程中所遇到的问题。

为了提高用户满意度和树立良好的企业形象，企业在实施网络营销时，可采取以下几个方面的服务策略。

① 建立完善的数据库系统。以消费者为中心，充分考虑消费者所需要的服务及所

可能要求的服务，将有关消费者的数据输入到数据库中，经常与消费者保持联系，提供个性化服务，才可能挖掘消费者的潜在购买力，吸引新的消费者。

② 提供网上的自动服务系统。依据客户的需要，自动、适时地通过网络提供服务。例如，消费者在购买产品的一段时间内，提醒消费者应注意的问题。同时，也可根据不同消费者的特点，提供相关服务，如提醒客户家人的生日时间等。

③ 建立网上消费者论坛。通过网络论坛对消费者的意见、建议进行调查，借此收集、掌握和了解消费者对新产品特性、品质、包装及式样的意见和想法，据此对产品进行改造，同时研究开发新一代产品。在条件许可的情况下，也可根据一部分消费者对产品的特殊需求，提供相应的产品和服务，实现产品与服务的个性化。

> **小链接**
>
> **虚拟展厅**
>
> 虚拟展厅是富媒体的网络互动平台，向会议参加者提供一个高度互动的 3D 虚拟现实环境，一种足不出户便如同亲临展会现场的全新体验。虚拟展厅服务完全基于互联网，参加者不需要安装任何软件甚至插件，仅需要单击一个网页链接，便可通过 IE 加入，畅游虚拟环境，观看实时直播的在线研讨会，参观会展展台，观看产品演示和介绍，并和会议方、演讲嘉宾、参展商在线交谈。

（3）信息服务策略。为用户提供完善的信息服务是进行网络营销中产品策略的一个重要组成部分，可以确保网络营销中产品策略获得成功。

① 建立虚拟产品展示厅。用立体逼真的图像，辅之以方案、声音等展示自己的产品，使消费者如身临其境一般，感受到产品的存在，对产品的各个方面有较为全面的了解，从而激发消费者的购买欲望。为更好地满足消费者的需求，企业应在展示厅中设立不同新产品的显示器，并建立相应的导航系统，使消费者能迅速、快捷地寻找到自己所需要的产品的信息。

② 设立虚拟组装厅。在虚拟组装厅中，对于一些需要消费者购买后进行组装的产品，可专门开辟一些空间，使消费者能根据自己的需求对同一产品或不同产品进行组合，更好地满足消费者的个性化需求。随着网络技术的发展与消费者自身素质的提高，消费者将有更多的机会参与产品的设计与生产。

③ 建立自动信息传递系统。企业通过建立快捷、及时的信息发布系统，使企业的各种信息能及时地传递给消费者，同时通过快捷的实时沟通系统，加强与消费者在文化、情感上的沟通，并随时收集、整理、分析消费者的意见和建议，以改进产品开发、生产及营销。对于企业有帮助及好建议的信息提供者，应给予相应的回报。

3.3.2 价格策略

1. 价格策略的概念

价格策略是指企业以按照市场规律制定价格和变动价格等方式来实现其营销目标。价格的合理与否会直接影响产品或服务的销量，是竞争的主要手段，关系到企业营销目标的实现。网络营销价格的形成是极其复杂的,它受到成本、供求关系、竞争等多种因素的影响和制约。企业在进行网络营销决策时必须综合考虑各种因素,从而采用相应的定价策略。很多传统营销的定价策略在网络营销中得到应用,同时也得到了创新。

2. 价格策略的形式

(1)低定价策略。低定价策略又可以分为直接低定价策略、折扣定价策略和促销定价策略3种。

① 直接低定价策略。直接低定价策略就是定价时采用成本加一定利润的方式,有的甚至是零利润,因此这种定价在公开价格时就比同类产品要低。它一般是制造业企业在网上进行直销时采用的定价方式。

② 折扣定价策略。折扣定价策略是以在原价基础上进行折扣来定价的。这种定价方式可以让顾客直接了解产品的降价幅度以便促进顾客的购买。这类价格策略主要在一些网上商店采用,通过对购买来的产品按照市面上流行价格进行折扣定价。

> **小链接**
>
> **定制生产**
>
> 定制生产就是按照顾客需求进行生产,以满足网络时代顾客个性化需求。由于消费者的个性化需求差异性大,加上消费者的需求量又少,因此企业实行定制生产必须在管理、供应、生产和配送各个环节上都适应这种小批量、多式样、多规格和多品种的生产和销售变化。

③ 促销定价策略。促销定价策略是指为了达到促销目的,对产品暂定低价,或暂以不同的方式向顾客让利的策略。促销定价除了前面提到的折扣定价策略外,比较常用的还有有奖销售和附带赠品销售。

(2)定制生产定价策略。定制生产定价策略是在企业能实行定制生产的基础上,利用网络技术和辅助设计软件,帮助消费者选择匹配或者自行设计能满足自己需求的个性化产品,同时承担自己愿意付出的价格成本。定制生产根据顾客对象可以分为两类:一类是面对工业组织市场的定制生产,这部分市场属于供应商与订货商的协作问题。另一类是面向大众消费者市场组织的定制生产。这部分市场属于供应商满足顾客的需求问题。

(3)使用定价策略。使用定价是顾客通过互联网注册后可以直接使用某公司的产品,顾客根据使用次数进行付费,而不需要完全购买产品。这一方面减少了企业为完全出售产品而进行的不必要的大量的生产和包装浪费,还可以吸引过去那些有顾虑的顾客使用产品,扩大市场份额。顾客每次只是根据使用次数付款,省去了购买产品、安装产品、处置产品的麻烦,还可以节省不必要的开销。

(4)拍卖竞价策略。网上拍卖是目前发展比较快的领域,经济学认为市场要想形成最合理价格,拍卖竞价是最合理的方式。网上拍卖由消费者通过互联网轮流公开竞价,在规定时间内价高者赢得。网上拍卖竞价方式主要有竞价拍卖和集体议价两种。

3. 网络营销定价的主要方法

(1)成本导向定价法。成本导向定价法是以产品单位成本为基本依据,再加上预期利润来确定价格的定价方法。

(2)需求价格弹性。需求价格弹性是指商品的需求对价格变动的反应。如果价格发生微小变动,需求量几乎不动,则称这种商品需求无弹性;如果价格的微小变动使需求量变化较大或很大,则称需求有弹性。

(3)竞争导向定价法。企业通过研究竞争对手的生产条件、服务状况、价格水平等因素,依据自身的竞争实力,参考成本和供求状况来确定商品价格的定价方法。

(4)需求导向定价法。需求导向定价法是根据市场需求状况和消费者对产品的感觉差异来确定价格的方法,也叫市场导向定价法、顾客导向定价法。

(5)渗透定价。新产品初上市时,制订较低的价格,以获得较高销售量和较大市场占有率为目标,称为"渗透定价"。

(6)价格折扣和折让。为鼓励顾客及早付清货款,若大量购买或淡季购买,企业酌情调整其基本价格,这种价格调整称为价格折扣和价格折让。

(7)认知价值定价法。认知价值定价法是主要依据消费者在观念上对该产品所理解的价值来定价的方法。

4. 影响网络营销定价的因素

(1)成本因素。成本是网络营销定价的最低界限,对企业网络营销价格有很大的影响。产品成本是由产品在生产过程和流通过程中耗费的物质资料与支付的劳动报酬所形成的,其一般由固定成本和变动成本两部分组成。固定成本是指在一定限度内不随产量或销量变化而变化的成本;变动成本是指随着产量或效率增减而增减的成本。二者之和即产品的总成本。产品的最低定价应能收回产品的总成本。

(2)顾客因素。网络营销活动中,消费者具有较高的选择性和主动性,客户的议价能力和客户价格谈判对企业的交易价格的形成有很大的影响。

(3)供求关系。商品的价格除了受本身价值影响外,还要受供求关系的影响。供求关系是影响企业网络营销定价的基本因素之一。一般而言,当产品供小于求时,企业产品的营销价格可能会高一些;反之,则可能低一些。在供求基本一致时,企业的销售价格将采用买卖双方都能接受的"均衡价格"。此外,在供求关系中,企业产品营销价格还受到供求弹性的影响。一般来说,需求价格弹性较大的商品,可采取薄利多销策略;而需求价格弹性较小的商品,可采取适当高价的策略。

(4)竞争因素。竞争因素对价格的影响主要考虑商品的供求关系及变化趋势、竞争对手的商品定价目标和定价策略及变化趋势。竞争是影响企业产品定价的重要因素之一。在实际营销过程中,以竞争对手为主的定价方法主要有三种:低于竞争对手的价格、与竞争对手同价和高于竞争对手的价格。

3.3.3 渠道策略

1. 渠道策略的概念

渠道策略是指企业以合理地选择分销渠道和组织商品实体流通的方式来实现其营销目标的策略。其中包括对和分销有关的渠道覆盖面、商品流转环节、中间商、网点设置及储存运输等可控因素的组合和运用。在网络营销活动中，也有一个怎么样实现商品由推销方向购买方转移的问题，企业必须通过一定的分销策略来实现网络营销目标。

2. 渠道的功能

与传统营销渠道一样，以互联网作为支撑的网络营销渠道也应具备传统营销渠道的功能。营销渠道是指与提供产品或服务以供使用或消费这一过程有关的一整套相互依存的机构，它涉及信息沟通、资金转移、事物转移等。一个完善的网上销售渠道应有三大功能：订货功能、结算功能和配送功能。

（1）订货功能。订货功能是指为消费者提供产品信息，同时方便厂家获取消费者的需求信息，以求达到供求平衡的功能。一个完善的订货系统，可以最大限度地降低库存、减少销售费用。

（2）结算功能。消费者在购买产品后，可以有多种方式方便地进行付款，因此厂家（商家）应有多种结算方式。目前国外流行的几种方式有信用卡、电子货币、网上划款等，而国内付款结算方式主要有邮局汇款、货到付款、信用卡等。

（3）配送功能。一般来说，产品分为有形产品和无形产品。对于无形产品，如服务、软件、音乐等产品，可以直接通过网上进行配送；对于有形产品的配送，涉及运输和仓储问题。

> **小链接**
>
> **电子货币**
>
> 电子货币（electronic money）是指用一定金额的现金或存款从发行者处兑换并获得代表相同金额的数据或者通过银行及第三方推出的快捷支付服务，通过使用某些电子化途径转移银行中的余额，从而能够进行交易。电子货币是消费者向电子货币的发行者使用银行的网络银行服务进行储值和快捷支付，通过媒介（二维码或硬件设备）以电子形式使消费者进行交易的货币。

3. 渠道的分类

相对于传统的营销渠道，网络营销渠道也可分为直接渠道和间接渠道，但其结构要简单得多。

（1）直接渠道。在网络营销的直接渠道中，生产商直接和消费者进行交易，不存在任何中间环节，这里的消费者可以是指个人消费者，也可以是指进行生产性消费或者集团性消费的企业和商家（见图3-3）。

图3-3 网络营销直接渠道示意

生产厂家通过网络直接渠道销售产品，没有任何形式的网络中介商介入其中的销售方式为网络直销。网络直销有许多优点，如企业可以直接从市场上收集到真实的第一手资料，合理地安排生产；企业能够以较低的价格销售自己的产品，消费者也能够买到远低于现货市场价格的产品；营销人员可以利用网络工具，如电子邮件、公告牌等，随时根据用户的愿望和需要开展各种形式的促销活动，迅速扩大产品的市场占有率；企业能够通过网络及时了解到用户对产品的意见和建议，并针对这些意见和建议提供技术服务，解决疑难问题，提高产品质量，改善经营管理。

但是，不可否认，网络直销也存在缺点：过多过滥的企业网站使用户处于无所适从的尴尬境地。面对大量分散的企业域名，网络访问者很难有耐心一个个去访问企业主页，特别是对于一些不知名的中小企业，大部分网络漫游者不愿意在此浪费时间。据了解，在我国目前建立的数千个企业网站中，除个别行业和部分特殊企业外，大部分网站访问者寥寥，营销收效不大。

网络直销对生产性企业的要求非常高，主要有以下几点。

① 企业的实力比较雄厚。因为网络直销需要有一个功能完善的电子商务站点来支撑，建设一个功能完善的电子商务站点的费用高达 100 多万美元，而且维护费用也非常高，这是一般的小型企业难以承担的，所以网络直销模式适合大型的生产性企业。

② 改变企业的业务流程，实现顾客导向的柔性化生产。企业提供的网络直销服务一般可以分为三个发展阶段：第一阶段是企业将已经设计生产出来的产品在网上进行展示，允许顾客随时随量进行订购，这只要求企业生产系统的生产能力比较充足即可；第二阶段是企业不但展示已经设计生产出来的产品，还允许顾客对产品某些配置和某些功能进行调整，以满足顾客对产品的个性化需求，这就要求企业的生产系统是标准化的和柔性化的；第三阶段就是允许顾客在企业设计系统引导下，自己设计出满足自己需求的产品，这要求企业的生产系统必须高度柔性化和智能化。目前，最常见的网络直销方式是第一阶段的模式，少数企业如 Dell 公司实现了网络直销的第二阶段。企业若要达到网络直销的第三阶段还有很大的困难，因为它需要很多智能化技术的配合，同时企业的后勤系统必须紧密配合柔性化生产过程中的原料需求和人员配备需求。此外，售后服务也要整合到网上，否则难以完全满足客户的全部需求。

③ 改变企业的组织结构，实现扁平化的组织管理。企业采取网络直销模式，意味着企业对市场的反应是极度灵敏的，它要求信息能以最快的速度在企业的各个管理层次和各个部门间传递与交流，以保证企业内部各项业务工作流程的有机集成和整合。为此，企业必须改变传统的金字塔型的组织管理结构，代之以团队协作为主要特征的扁平化的组织管理模式。

（2）有中介商介入的间接渠道。为了克服网络直销的缺点，网络中介机构应运而生。这类机构的基本功能是连接网络上推销商品或服务的卖方和在网络上寻找商品或服务的买方，成为连接买卖双方的枢纽，使网络间接销售具有可能性。

根据中介商的不同，网络营销的间接渠道分为两种：一种是以商品或服务经销商为中介的网络营销间接渠道，中介商起着将产品由生产领域向消费领域转移的作用（见图 3-4）；另一种是以网络信息中介商为中介的网络营销间接渠道，中介商本身不经营任何商品或服务，仅仅凭借其掌握的大量相关信息沟通买方和卖方之间的交易，而最终交易的完成与商品的实体流转还是供应方和需求方之间的事（见图 3-5）。

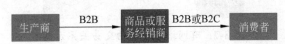

图 3-4　以商品或服务经销商为中介的网络营销间接渠道示意

图 3-5 以网络信息中介商为中介的网络营销间接渠道示意

网络中介机构的存在简化了市场交易过程。利用网络中介商的目的就在于它们能够更加有效地推动商品广泛地进入目标市场。从整个社会的角度来看，网络中介机构凭借自己的各种联系、经验、专业知识、活动规模及掌握的大量信息，在把商品由生产者推向消费者方面将比生产企业自己推销关系更简化，也更加经济。

图 3-6 显示了在网络虚拟市场中只有三个生产者和三个消费者，没有网络中介服务商的交易情形。

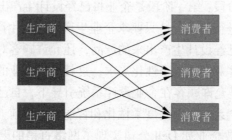

图 3-6 没有网络中介商的交易关系示意

每个生产者都利用网络直销分别接触三个消费者，一个生产企业要想销售自己的产品，需要面对三个消费者；一个消费者要想买到自己需要的商品，也要面对三个生产者。这个系统要求 9 次交易联系。

图 3-7 显示了三个生产者通过同一个网络中介商和三个消费者发生联系的交易情形。网络中介商在这里发挥了商品交易机构集中、平衡和扩散三大功能，每个生产者就只需通过一个途径（商品交易中介机构）与消费者发生关系；每一个消费者也只需通过同一途径与生产者发生关系。在网络直销中必须发生的 9 次交易关系由此减少到 6 次。计算表明，当存在 5 个生产者和 10 个消费者时，这种交易关系可由 50 次减少到 15 次。网络中介机构的存在大大简化了市场交易过程，减少了必须进行的工作量，加速了商品由生产领域向消费领域的转化，从而大大节省了交易费用。

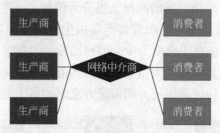

图 3-7 有网络中介商的交易关系示意

利用网络间接销售渠道销售商品和服务，必须谨慎地选择网络中介商，这是事关网络营销效果大局的关键一环。

（3）直接渠道与间接渠道相结合。企业在进行网络分销决策时，既可以使用网络直接渠道，也可以使用网络间接渠道，还可以同时使用网络直接渠道和网络间接渠道。

企业在Internet上建立网站，一方面为自己打开了一个对外开放的窗口，另一方面也建立了自己的网络直销渠道。只要企业能够坚持不懈地对网站进行必要的投入，把网站建设维护好，随着时间的推移，企业的老客户会逐渐认识并利用它，新客户也会不断加盟。而且，一旦企业的网页与信息服务商链接，其宣传作用便不可估量，这种优势是任何传统的广告宣传都不能比拟的。

对于中小企业来讲，网上建站更具有优势。因为，一方面，在网络上所有企业都是平等的，只要网页制作精美、信息经常更换，一定会有越来越多的顾客光顾。另一方面，自己建立网站推销商品的过程非常简单。最简单的网上销售形式是在企业网络的产品页面上附有订单，浏览者对产品比较满意，可直接在页面上下订单，然后付款、交货，完成整个销售过程。

企业在自己建立网站推销商品和服务的同时，也可以积极利用网络间接渠道销售自己的产品和服务。通过网络中介商的信息服务、广告服务和撮合服务优势，扩大企业的影响，开拓企业产品的销售领域，降低销售成本。因此，对于从事网络营销活动的企业来说，必须熟悉和研究国内外电子商务交易中介商的类型、业务性质、功能、特点及其他有关情况，以便能够正确地选择中介商，顺利地完成商品从生产到消费的整个转移过程。

3.3.4 促销策略

1. 促销策略的概念

促销策略是指企业以利用各种促销传播手段刺激消费者购买欲望，促进产品销售的方式来实现其营销目标。其中包括对促销有关的广告、公共关系等可控因素的组合和运用。企业在虚拟的网络市场上从事营销活动时，需要通过一定的促销活动来刺激消费者的购买欲望，促进产品的销售，实现网络营销目标。

一角钱的促销

2. 促销的功能

（1）告知功能。网络经济属于注意力经济，公众的注意力能够带来相应的经济回报。网上促销就是把企业的产品、服务、价格等信息传递给目标公众，引起他们的注意，因而引起购买或使用的欲望。

（2）说服功能。网络促销的目的在于通过各种有效的方式，解除目标公众对产品或者服务的疑虑，说服目标公众坚定购买决心。

（3）反馈功能。网上促销能够通过电子邮件及时地收集和汇总顾客的需求和意见，迅速反馈给企业管理层，对企业的经营决策具有较大的参考价值。

（4）创造需求功能。运作良好的网上促销活动，不仅可以诱导需求，还可以创造需求，发掘潜在的顾客，扩大销售量。

（5）稳定销售功能。企业通过恰当的网上促销活动，树立良好的产品形象和企业形象，使更多用户形成对本企业产品的偏爱，达到稳定销售的目的。

3. 常见的网络促销策略

（1）推策略。这是一种通过销售渠道推出产品，生产企业采取积极措施把产品信息通过网上促销的方法传递给消费者，消费者产生购买需求进行购买的策略，如新产品上市、价格信息的传递等。

（2）拉策略。这是一种生产企业通过各种促销手段直接引发消费者的需求欲望，使消费者产生购买欲求进行购买的策略，如打折促销、赠品促销、抽奖促销、积分促销、优惠券促销等。

（3）品牌策略。品牌是一种信誉，由产品品质、商标、企业标志、广告口号、公共关系等混合交织形成。品牌策略是一系列能够产生品牌积累效应的企业管理与市场营销方法。网络品牌作为品牌在互联网上存在的形式，目前已经普遍被消费者接受，网络品牌成了企业网上促销的"金字招牌"。

4. 网络促销的形式

网络促销一般有四种形式，即网络广告、站点推广、销售促进和关系营销。

（1）网络广告主要是借助网上知名站点，提供免费电子邮件服务，或者在一些免费公开的交互站点发布企业的产品或服务信息，对企业及企业产品或服务进行宣传推广。网络广告已形成了一个很有影响力的产业市场，因此，企业考虑的首选促销形式应是网络广告。

（2）站点推广是利用网络营销策略扩大站点的知名度，吸引访问网站的流量，起到宣传和推广企业、产品或服务的作用。

（3）销售促进就是企业利用可以直接销售的网络营销站点，采用一些销售促进方法，如价格折扣、有奖销售、拍卖销售等方式，宣传和推广产品。

（4）关系营销是借助互联网的交互功能吸引用户与企业保持密切关系，培养顾客忠诚度，提高顾客的收益率。

5. 网络促销的实施

（1）确定网络促销对象。网络促销对象是针对可能在网络市场上产生购买行为的消费群体提出来的，主要包括以下三类人员。

① 产品的使用者是指实际使用或消费产品的人。实际的需求是消费的直接动因。抓住这部分消费者，网上销售就有了稳定的市场。

② 产品购买的决策者是指实际购买产品的人。网上促销也应当把产品决策者放在重要的位置上。

③ 产品购买的影响者是指看法或者建议上可以对最终购买决策产生一定影响的人。通常在高档耐用消费品的购买决策上，他们的影响力可能会起决定性的作用。这是因为对于高档耐用品的购买，购买者往往比较谨慎，一般会在广泛征求意见的基础上再作决定。

（2）设计网络促销内容。网络促销的最终目标是希望引起购买。这个最终目标是要通过设计具体的信息内容来实现的。消费者的购买过程是一个复杂的、多阶段的过程，促销内容应当根据购买者目前所处的购买决策过程的不同阶段和产品所处的寿命周期的不同阶段来决定。

（3）决定网络促销组合方式。网络促销活动主要通过网络广告促销和网络站点促销两种促销方法展开。由于企业的产品种类不同，销售对象不同，将会产生多种网络促销的组合方式。企业应当根据网络广告促销和网络站点促销两种方法各自的特点和优势，根据自己的市场情况和顾客情况，扬长避短，合理组合，以达到最佳的促销效果。

（4）制订网络促销预算方案。在网络营销实施过程中，企业首先必须明确网上促销的方法。其次，需要确定网络促销的目标。最后，需要明确希望影响的是哪个群体，哪个阶层，是国外还是国内的。

（5）衡量网络促销效果。网络促销的实施过程到了这一阶段，必须对已经执行的促销内容进行评价，衡量促销的实际效果是否达到了预期的促销目标。

（6）加强网络促销过程的综合管理。网络促销涉及各个阶段的促销活动，及时进行事中控制和监管，加强综合管理，形成整体促销合力，可以充分发挥网络促销的优势。

课堂活动

活动题目	分析某一品牌产品的网络营销策略
活动步骤	对学生进行教学分组，每3~5人为一个小组，以小组为单位实施活动
	小组成员登录淘宝网、京东商城，以某一品牌为调查分析对象，分析该品牌的网络营销策略，并填写表3-5
	针对表3-5中所列情境进行讨论，各小组将自己的答案写在表3-6中
	每个小组将结果提交给教师，教师予以评价

表3-5　某一品牌网络营销策略

品牌名称			
列举三款该品牌同一产品在淘宝网和京东商城的价格对比	产品名称	淘宝网价格	京东商城价格
列举两款该品牌产品在淘宝网和京东商城采取的促销策略	产品名称	淘宝网策略	京东商城策略

表3-6　针对情境写出自己的答案

情境描述	某服装公司历史悠久，是一家北京老字号企业。在过去相当长的时期，销售业绩非常好，形成了广大的客户群。但由于服装市场竞争越来越激烈，目前的销售业绩有明显下滑的趋势。为了扭转这种被动局面，公司决定在传统服装的基础上加入时尚元素，同时切实做好网络营销工作。为此，营销部经理把该项任务交给了新员工小王，要求他制订出网络营销计划
问　题	假如你是小王，你应该如何策划网络营销方案
答　案	

3.4 网络广告营销

网络广告营销是配合企业整体营销战略，发挥网络互动性、及时性、多媒体、跨时空等特征优势，策划吸引客户参与的网络广告形式，选择适当的网络媒体进行网络广告投放。

> **课程思政**
>
> 网络监管一直都是比较薄弱的地方，这就导致网络上出现了很多不良、违法的广告现象。发现这样的广告行为时，我们应当如何做？作为遵纪守法的公民，我们应该利用法律手段净化网络空间，驱除不良、违法的行为。

3.4.1 网络广告基础知识

1. 网络广告的概念

网络广告就是在网络平台上投放的广告。网络广告是利用网站上的广告横幅、文本链接、多媒体的方法，在互联网刊登或发布广告，通过网络传递到互联网用户的一种高科技广告运作方式。广告界甚至认为网络广告将超越户外广告，成为传统四大媒体之后的第五大媒体。

2. 网络广告的特点

与传统的媒体广告相比，网络广告有着得天独厚的先天优势，是实施现代营销媒体战略的重要部分。

（1）覆盖面广。网络广告的传播范围广泛，可以通过国际互联网把广告信息全天候、24小时不间断地传播到世界各地，不受地域和时间的限制。

（2）自主性强。众所周知，传统的户外广告等都具有强迫性，都是千方百计吸引目标受众的关注。而网络广告则属于按需广告，具有报纸分类广告的性质却不需要受众彻底浏览，它可让受众自由查询，大大节省了受众的时间，避免无效的被动的注意力集中。

（3）统计准确性高。利用传统媒体做广告，需要准确地知道有多少人接收到广告信息。而网络广告则不同，无论是广告在用户眼前曝光的次数，还是用户发生兴趣后进一步单击广告，以及这些用户查阅的时间分布和地域分布，都可以准确地统计，从而有助于客商正确评估广告效果，审定广告投放策略。

（4）实时性强。在传统媒体上做广告发版后很难更改，即使可改动也必须付出一定的资金、浪费不少的时间。而在网络上投放的广告能按照需要及时变更广告内容，因而，经营策略可以及时调整和实施。

（5）交互性和感官性强。网络广告的载体基本上是多媒体、超文本格式文件，只要受众对某样产品感兴趣，仅需轻按下鼠标就能进一步了解更多、更为详细、生动的信息，从而使消费者能亲身"体验"产品、服务与品牌。如将虚拟现实等新技术应用到网络广告中，让顾客如身临其境般感受商品或服务，并能在网上预订、交易与结算，这些都将大大增强网络广告的实效。

3. 网络广告常见的形式

（1）横幅广告。横幅广告是一种新型广告形式，通过在网上放置一定尺寸的广告条幅来告诉网友相关信息，进一步通过吸引网友单击广告进入商家指定的网页，从而达到全面介绍信息、展示产品和及时获得网友反馈等目的。

（2）通栏广告。通栏广告是指占据主要页面宽度的图片广告，具有分割和点缀的作用，具有极强的视觉冲击效果。

（3）弹出窗口广告。弹出窗口广告是指当打开或关闭一个网页时自动弹出的一个窗口（页面），可以是图片，也可以是图文介绍。

（4）按钮式广告。按钮式广告是指放置在网页中的尺寸较小、表现手法简单的广告信息。

（5）对联广告。对联广告是指用于浏览页面中特别设置的广告版位，以夹带的方式呈现广告的信息，在浏览页面完整呈现的同时，在页面两侧空白位置显示对联广告。

对联广告页面具有充分抻展、不干涉使用者浏览及注目焦点集中等特点，可以提高单击率，并有效地传播广告的相关信息。

（6）全屏广告。全屏广告顾名思义就是广告面积几乎占整个画面的广告形式，它首先利用整个屏幕的空间来播放广告，等到广告播放完毕后向上收缩成为一个小通栏。全屏广告是一种带有强制性的广告，效果好但是对用户不友好。

（7）摩天楼广告。摩天楼广告是指放置在网页页面两侧的竖排的广告幅面，与通栏广告恰好相反。

（8）文字链接广告。文字链接广告是一种对浏览者干扰最少但最有效果的网络广告形式。整个网络广告界都在寻找新的宽带广告形式，而有的时候，用最小的带宽、最简单的广告形式，会收到最好的效果。

除了以上8种常见的网络广告形式外，还有邮件列表式广告、电子邮件式广告、赞助式广告、推广广告、画中画广告、游戏式广告等多种形式。

小链接

赞助式广告

赞助式广告是指广告主可对自己感兴趣的网站内容或节目进行赞助，或在特别时期（如奥运会、世界杯）赞助网站的推广活动。

3.4.2 网络广告的策划

1. 网络广告策划的主要内容

网络媒体的特点决定了网络广告策划的特殊性，如网络的高度互动性使网络广告不再只是单纯的创意表现与信息发布,广告主对广告回应度的要求会更高。网络的时效性也非常重要,网络广告的制作时间短、上线时间快,受众的回应也是即时的,广告效果的评估与广告策略的调整也都必须是即时的。因此,网络广告的策划过程与传统广告会有很大的不同,这对现行的广告运作模式是一个很大的冲击。网络广告策划主要包括以下内容。

(1)确定网络广告目标。网络广告策划的第一步便是确定网络广告的目标。策划方可以根据企业所在的不同阶段设置不同的广告目标,如确定广告目标是提供信息、说服购买、提醒使用等。此外,网络广告按市场开发的不同阶段也可将其目标分为市场渗透、市场扩展和市场保持。

(2)确定网络广告的目标群体。网络广告的目标群体也就是网络广告的受众。为使网络广告的创意、制作、发布更具有针对性,有必要对其目标群体进行定位。不同年龄阶段、不同社会阶层、不同地域环境的人对于广告的形式、投放时间、所要表达内容的接受能力和理解能力都是不同的。

(3)进行网络广告创意及策略选择。网络广告的创意是否到位、策略选择是否正确是决定网络广告能否成功的最关键因素。网络广告首先要有一个明确有力的标题;所表达的信息要简洁、准确;在向受众传达自己创意的同时,也要注意保持一定的互动性;最后还要控制好网络广告发布的时间、方式及制作网络广告的整体费用。

(4)选择网络广告发布渠道和方式。网络广告的发布渠道和方式多种多样,各有优劣,企业应根据自身情况及网络广告的目标来选择具体的发布渠道和方式。例如,企业可以根据自身需求确定是自建网站,还是选择市场上的网络内容服务商,抑或是选择专业的销售中介方进行网络推广。

2. 网络广告策划的运作过程

网络广告策划在本质上仍旧属于广告策划的一种,因此,在实施过程中的环节与传统广告有很多相同的做法,具体能够将网络广告策划分成预备时期、制作时期、检测时期和实施时期。

(1)预备时期。预备时期的要紧工作是将前一期的调查信息加以分析综合,形成正式的研究报告。前一期的调查信息是网络广告策划的基础,是广告实施中的依据,在相当程度上决定着网络广告策划及实施的成效和成败。广告信息的调查包括从产品、顾客到市场,甚至媒介的方方面面,如企业状况、消费偏好、顾客收入、宗教文化等。在预备时期,要充分利用已有信息对下一时期的实施提供一个成型的打算。

(2)制作时期。制作时期是网络广告策划的实质性时期,在这一时期首先要对成型的资料进行汇总、分析、整合,从而得出初步结果,这些结果对下一时期的实施具有指导意义。这一时期的首要工作仍旧是整合资料,是对上一时期整合的连续,其中关键的环节是对人员及分析工具的选取,因为这是一个创造性的分析过程,不同人采用不同的分析工具有可能得出不同的结论,甚至有些会是互相矛盾的。那么,对人员及分析工具的选取就显得很关键,同样,有多年广告经验,熟悉网络和计算机知识,对企业情形,包括产品、企业文化等有较多了解的人会更有优势。同时,制作主体应该专门熟悉网络广告信息,并有一定的分析综合、去伪存真能力。在分析工具上更多的是使用计算机技术和互联网。然而,计算机中不能进行创造性摸索,在信息加工上有一定的作用,因此,这一时期的工作更多的是依靠人脑来完成的。

(3)检测时期。检测时期是对最后出台的网络广告实施打算的审定和测评,这一时期将上一时期拟定的稿件送给广告主。呈送过程中要把策划方案和具体详细的实施打算向广告主讲明。讲明者应该是这项打算自始至终的参与者和制定者,因为他才能从实质和核心上把握这则广告。讲明者应该以公平、坦诚的心态与广告主进行沟通,以便二者真正达成一致共识,这直接关系到广告设计与实施者和企业的合作状况,从而影响广告的整体成效。这一过程是一个沟通与和谐的过程,使广告与产品真正达成浑然一体。这对二者的利益关系也有潜在的阻碍,如果这一和谐过程失败或没达到圆满,有可能在以后的实施过程中留下很多隐患。

(4)实施时期。网络广告操作的最后一个时期是实施时期。确定好的策划方案呈送到广告主手中,广告主再与 ICP 或 ISP 网站沟通,进入实施时期。这几方的权利义务关系在实施时期也需要从书面上以合同的形式加以确认,合同一经签订,整个网络广告的策划工作就奠定了实施的基础。签约方能够按照合同中的权利义务具体行事。只要在上述过程中不显现大的问题,网络广告的实施只需按部就班,并不复杂。关键的环节在实施之前,这之中如果有某个环节显现问题,有可能导致整个策划方案失败。网络广告的成功在策划文案之后的实施,即网络广告策划的操作过程是至关重要的。

> **小链接**
>
> **ICP**
>
> 网络内容服务商英文为 Internet Content Provider,简写 ICP,即向广大用户综合提供互联网信息业务和增值业务的电信运营商。其必须具备的证书即 ICP 证。ICP 证是指各地通信管理部门核发的《中华人民共和国电信与信息服务业务经营许可证》。

3.4.3 网络广告的投放

1. 网络广告的计费模式

一个网络媒体(网站)包含有数十个甚至成千上万个页面,网络广告所投放的位置和价格就涉及特定的页面及浏览人数的多寡。这就像"平面媒体(如报纸)的版位""发行量",或者"电波媒体(如电视)的时段""收视率"的概念。

(1)CPM(cost per thousand impressions,每千人印象成本)。网上广告收费最科学的办法是按照有多少人看到广告来收费。按访问人次收费已经成为网络广告的惯例。CPM(千人印象成本)指的是广告投放过程中,听到或者看到某广告的每一人均分摊的广告成本。传统媒介多采用这种计价方式。在网上广告,CPM 取决于"印象"尺度,通常理解为一个人的眼睛在一段固定的时间内注视一个广告的次数。比如,一个广告横幅的单价是 1 元 /CPM,意味着每一千个人次看到这个 Banner 就收 1 元,以此类推,10 000 人次访问的主页就是 10 元。

至于每 CPM 的收费究竟是多少,要根据以主页的热门程度(即浏览人数)划分价格等级，采取固定费率。国际惯例是每 CPM 收费从 5 美元至 200 美元不等。

（2）CPC（cost per click, cost per thousand click-through，每单击成本），以每单击一次计费。这样的方法加上单击率限制可以提高作弊的难度，而且是宣传网站站点的最优方式。但是，此类方法有不少经营广告的网站觉得不公平，比如，虽然浏览者没有单击，但是他已经看到了广告，对于这些看到广告却没有单击的流量来说，网站没有获得收益。因而有很多网站不愿意做这样的广告。

（3）CPA（cost per action，每行动成本）。CPA 计价方式是指按广告投放实际效果，即按回应的有效问卷或订单来计费，而不限广告投放量。CPA 的计价方式对网站而言有一定的风险，但若广告投放成功，其收益也比 CPM 的计价方式要大得多。广告主为规避广告费用风险，只有当网络用户单击旗帜广告、链接广告主网页后，才按单击次数付给广告站点费用。

（4）CPR（cost per response，每回应成本），对浏览者的每一个回应计费。这种广告计费充分体现了网络广告"及时反应、直接互动、准确记录"的特点，但是，这显然是属于辅助销售的广告模式，对于那些实际只要亮出名字就已经有一半满足的品牌广告要求，大概所有的网站都会给予拒绝，因为得到广告费的机会比 CPC 还要渺茫。

（5）CPP（cost per purchase，每购买成本）。广告主为规避广告费用风险，只有在网络用户单击旗帜广告并进行在线交易后，才按销售笔数付给广告站点费用。

无论是 CPA 还是 CPP，广告主都要求发生目标消费者的单击，甚至进一步形成购买，才付费；CPM 则只要求发生"目击"（或称"展露""印象"），就产生广告付费。

（6）竞价广告收费。竞价广告是一种网络定向广告，它通过上下文分析技术让广告出现在最合适的页面上，有效地将产品和服务推荐给目标客户。

① 收费标准。以百度为例，竞价广告服务采用实时计算、实时划账的计费方式。这就需要客户的账户拥有一定数额的储备资金，当账户资金用完时，应及时补充账户储备金，否则系统会在一个月内自动删除账户。预付金用完可续费，最低续费金额为 1 000 元，无上限要求。竞价广告按单击计费，广告收费 = 有效单击次数 × 广告投放价格。

② 广告投放竞价标准。每次单击的收费起价为 0.50 元，如果多家网站同时竞买一个关键字，则搜索结果按照每次单击竞价的高低来排序。每个用户所能提交的关键字数目没有限制，无论提交多少个关键字，均按网站的实际单击量计费。

（7）包月方式。很多国内的网站是按照"一个月多少钱"这种固定收费模式来收费的，这对客户和网站都不公平，无法保障广告客户的利益。虽然国际上一般通用的网络广告收费模式是 CPM 和 CPC，但在我国，网络广告收费模式始终含糊不清，网络广告商们各自为政，有的使用 CPM 和 CPC 计费，有的干脆采用包月的形式，不管效果好坏，不管访问量有多少，一律一个价。尽管现在很多大的站点多已采用 CPM 和 CPC 计费，但很多中小站点依然使用包月制。

（8）其他计价方式。某些广告主在制订特殊营销专案时，会提出以下方法个别议价。

① CPL（cost per leads）：以收集潜在客户名单多少来收费。

② CPS（cost per sales）：以实际销售产品数量来换算广告刊登金额。

③ PFP（pay for performance）：按业绩付费。

相比而言，CPM 和包月方式对网站有利，而 CPC、CPA、CPR、CPP 或 PFP 则对广告主有利。目前比较流行的计价方式是 CPM 和 CPC，最为流行的是 CPM。

2. 网络广告投放效果评价方法

（1）对比分析法。无论是何种网络广告，由于都涉及单击率或者回应率以外的效果，因此，除了可以准确跟踪统计的技术指标外，利用比较传统的对比分析法仍然具有现实意义。当然，不同的网络广告形式，对比的内容和方法也不一样。

对于标准标志广告或者按钮广告，除了增加直接单击以外，调查表明，广告的效果通常表现在品牌形象方面，这也就是为什么许多广告主不顾单击率低的现实而仍然选择标志广告的主要原因。当然，品牌形象的提升很难随时获得可以量化的指标，不过同样可以利用传统的对比分析法，对网络广告投放前后的品牌形象进行调查对比。

（2）加权计算法。加权计算法就是在投放网络广告后的一定时间内，对网络广告产生效果的不同层面赋予权重，以判别不同广告所产生效果之间的差异。这种方法实际上是对不同广告形式、不同投放媒体或者不同投放周期等情况下的广告效果进行比较，而不仅仅反映某次广告投放所产生的效果。加权计算法要建立在对广告效果有基本监测统计手段的基础上。

下面举例说明。

第一种情况，假定在 A 网站投放的 BANNER 广告在一个月内获得的可测量效果为：产品销售 100 件（次），单击数量 5 000 次。

第二种情况，假定在 B 网站投放的 BANNER 广告在一个月内获得的可测量效果为：产品销售 120 件（次），单击数量 3 000 次。

如何判断这两次广告投放效果的区别呢？可以为产品销售和获得的单击数量分别赋予权重，根据一般的统计数字，每 100 次单击可形成 2 次实际购买，那么可以将实际购买的权重设为 1.00，每次单击的权重设为 0.02，由此可以计算上述两种情况下广告主可以获得的总价值。

第一种情况总价值为 100×1.00+5 000×0.02=200。

第二种情况总价值为 120×1.00+3 000×0.02=180。

> **小链接**
> **BANNER 广告**
> BANNER 广告即横幅广告，是网络广告最早采用的形式，也是目前最常见的形式。横幅广告又称旗帜广告，它是横跨于网页上的矩形公告牌，当用户单击这些横幅时，通常可以链接到广告主的网页。

可见，虽然第二种情况获得的直接销售比第一种情况要多。但从长远来看，第一种情况更有价值。这个例子说明，网络广告的效果除了反映为直接购买之外，对品牌形象或者用户认知的影响同样重要。

（3）单击率与转化率。单击率是网络广告最基本的评价指标，也是反映网络广告最直接、最有说服力的量化指标。不过，随着人们对网络广告了解的深入，单击它的人反而越来越少,除非特别有创意或者有吸引力的广告。造成这种状况的原因可能是多方面的,如网页上广告的数量太多而无暇顾及;浏览者浏览广告之后已经形成一定的印象,无须单击广告或者仅仅记下链接的网址以备将来访问该网站等。因此,平均不到0.4%的单击率已经不能充分反映网络广告的真正效果。

于是,对单击以外的效果评价问题显得重要起来。与单击率相关的另一个指标——转化率,用来反映那些观看而没有单击广告所产生的效果。

3. 网络广告投放的注意事项

随着网络广告投放的效果逐渐被各类商家所认可,商家们对网络广告的投放比重也在逐步增加。那在投放网络广告时应该注意以下几点。

(1)确定网络广告投放的目的。网络媒体广告的投放推广不同于传统媒体广告投放,无论是在与用户群体的互动性、创意的表现力、受众群体的定位,还是在效果的反馈及评估方面都具有相当的灵活度。因此,确定网络广告投放的目的对制定一个优秀的推广策略显得尤为重要。

(2)媒体资源的选择。网络媒体广告资源的选择也不同于传统媒体,不能单单只从受众人群的到达率来进行选择,应该结合目标受众、内容配合、创意表现、技术力量、营销策划服务等方面来进行综合分析。

(3)测试时间的预留。因为网络媒体广告投放的影响因素太多,因此为保证在广告投放的过程中不发生错误,保证相关环节的正常运转,应该在广告投放之前预留一段时间进行测试。比如,播放是否正常、链接是否正确、监测系统是否正常等。

(4)更换广告创意。不论是谁,同一个广告看久了都会产生审美疲劳。所以,最好的解决方法就是每隔一段时间更换一次广告创意,一般建议2周更换一次。

(5)网络广告投放的效果监测与评估。这是最后也是最重要的一步,因为无论广告投放是成功还是失败,有了这一份数据就可以进行分析、改进。广告主可以通过第三方的广告监测系统来收集此次广告投放的详细用户信息,再通过这些信息结合广告投放的费用就能够计算出这次广告投放的CPM、CPC和CPA。

课堂活动

活动题目	调查生活中常见的网络广告形式,并分析其特点
活动步骤	对学生进行教学分组,每3~5人为一个小组,以小组为单位实施活动
	小组成员通过查阅图书馆资料、上网收集相关材料,将生活中常见的网络广告形式及其特点列于表3-7中
	谈一谈你对网络广告的理解,并填写表3-8
	每个小组将结果提交给教师,教师对结果予以评价

表 3-7　生活中常见的网络广告形式及其特点

网络广告形式	特点描述

表 3-8　谈一谈你对网络广告的理解

序　号	你对网络广告的理解
1	
2	
3	

3.5　网络营销的主要方法

营销方法是指营销过程中所有可以使用的方法，常见的网络营销方法有微博营销、微信营销、直播营销、搜索引擎营销、短视频营销等。

> **课程思政**
>
> 　　现阶段，各种新鲜事物层出不穷，从微博到微信，再到短视频、直播，这些无时无刻不在刷新着人们的认知。这些新事物的出现也带来了一些负面的影响，不良信息充斥网络，虚假宣传、监管缺失导致一些不良商家欺骗消费者的行为频频发生。遇到这样的事情时，我们应当秉持正确的三观，对违法行为说"不"。

3.5.1　微博营销

1. 微博和微博营销的概念

（1）微博的概念。微博（microblog）又称微博客，是一种基于用户之间关系的信息分享、传播和获取平台。它允许用户及时更新简短文本（通常少于 140 字），任何人可以阅读或者只能由用户选择的群组阅读。微博内容由简单的语言组成，对用户的技术要求很低，而且在语言组织上没有博客的要求高，不需要长篇大论，更新方便。目前主流平台为新浪微博。

（2）微博营销的概念。微博营销是指通过微博平台为商家、个人等创造价值而执行的一种营销方式,也是指商家或个人通过微博平台发现并满足用户的各类需求的商业行为方式。微博营销以微博作为营销平台,每一个粉丝都是潜在的营销对象,企业更新自己的微博向网友传播企业信息、产品信息,树立良好的企业形象和产品形象。每天更新内容就可以跟大家交流互动,或者发布大家感兴趣的话题,以此达到营销的目的。该营销方式注重价值的传递、内容的互动、系统的布局、准确的定位,微博的火热发展也使得其营销效果尤为显著。微博营销涉及的范围包括认证、有效粉丝、朋友、话题、名博、开放平台、整体运营等。

2. 微博营销的分类

微博营销一般可分为个人微博营销和企业微博营销,两者的难度和有效性区别较大。

很多个人的微博营销是依靠个人本身的知名度来得到别人的关注和了解的,以明星、成功商人或者是社会中比较成功的人士为例,他们运用微博往往是通过这样一个媒介来让自己的粉丝更进一步地了解和喜欢自己,微博通常用于平时抒发感情,功利性并不是很明显,一般是由粉丝们跟踪转帖来达到营销效果的。

企业一般是以营利为目的,它们运用微博往往是想通过微博来提高自己的知名度,最后能够将自己的产品卖出去。往往企业微博营销难度较大,因为知名度有限,而且微博更新速度快,信息量大,短短的微博不能给消费者提供直观地理解商品的途径。企业进行微博营销时,应当建立起自己固定的消费群体,与粉丝多交流、多互动,多做企业宣传工作。

微博营销的模式

3. 微博营销的特点

(1)微博营销有以下优点。

① 操作简单,信息发布便捷。一条微博,最多140个字,只需要简单的构思,就可以完成一条信息的发布。这点比博客要方便得多。毕竟构思一篇好博文,需要花费很多的时间与精力。

② 互动性强,能与粉丝即时沟通,及时获得用户反馈。

③ 低成本。做微博营销的成本比做博客营销或是做论坛营销的成本低多了。

(2)微博营销有以下缺点。

① 需要有足够的粉丝才能达到传播的效果,人气是微博营销的基础。在没有任何知名度和人气的情况下通过微博营销是很难的。

② 由于微博里新内容产生的速度太快,所以如果发布的信息没有被及时关注到,那就很可能被埋没在海量的信息中。

③ 传播力有限。由于一条微博内容很短,所以其信息仅限于在信息所在平台传播,很难像博客文章那样被大量转载。同时由于微博缺乏足够的趣味性和娱乐性,所以一条信息也很难像开心网中的转帖那样,被大量转帖(除非是极具影响力的名人或机构)。

3.5.2 微信营销

1. 微信和微信营销的概念

（1）微信的概念。微信（WeChat）是腾讯公司推出的一个为智能终端提供即时通信服务的免费应用程序。微信支持跨通信运营商、跨操作系统平台、通过网络快速发送免费（需消耗少量网络流量）语音短信、视频、图片和文字，也提供共享流媒体内容的资料和基于位置的社交插件"摇一摇""朋友圈""公众号"等服务。

（2）微信营销的概念。微信营销是伴随着微信的火热而兴起的一种网络营销方式，用户注册微信后，可与周围同样注册的"朋友"形成一种联系，订阅自己所需的信息。商家通过提供用户需要的信息，推广自己的产品，从而实现点对点的营销。

2. 微信营销的分类

（1）集赞有奖。集赞有奖是指"让用户分享海报、文章至朋友圈，集齐 n 个赞就能获取奖品"的活动。这是微信公众号最常用、最简单的一种玩法，一张海报、一篇推文就能操作，如图 3-8 所示。

图 3-8 集赞活动

（2）邀请关注。邀请关注是指"通过奖品吸引用户参与活动，用户邀请 n 个好友关注后可获得奖品"的活动。目前，邀请关注是公众号涨粉用得最多的一种方法，可借助第三方工具或者自主开发功能。因为任务规定必须拉够固定人数，所以活动成本可控。该方法的操作流程如图 3-9 所示。

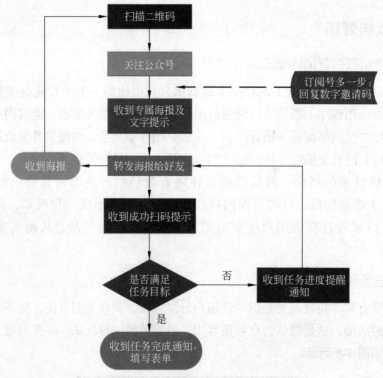

图 3-9　邀请关注操作流程

（3）分销活动。分销活动是指"课程支持用户生成专属的链接，好友通过自己的链接购买产品，用户可获得佣金"的活动，在知识付费类产品中最为常见，如图 3-10 所示。

（4）测试/报告类活动。测试/报告类活动是指"用户输入自己的姓名，可以生成 1 份自己的测试报告供分享"的活动，如图 3-11 所示。

图 3-10　知识付费的分销活动

图 3-11　测试/报告类活动

（5）打卡活动。打卡活动是指"用户每天完成指定任务，生成海报或链接，然后分享到朋友圈完成打卡"的活动，如图 3-12 所示。

（6）DIY 活动。DIY 活动是指"用户可以自由发挥完成一项好玩的任务"的活动，如图 3-13 所示。

图 3-12　打卡活动

图 3-13　DIY 活动

（7）集卡活动。集卡活动是指"用户完成某项任务即可获得一张卡片，集齐所有卡片即可参与抽奖"的活动，如图 3-14 所示。

（8）投票活动。投票活动是指"让用户参与活动，拉好友为自己投票，赢取奖品"的活动，如图 3-15 所示。

图 3-14　集卡活动

图 3-15　投票活动

（9）砍价活动。砍价活动是指"让用户拉用户给自己砍价，最终免费获取商品"的活动，这是拼多多崛起的爆款玩法，如图 3-16 所示。

（10）拼团活动。拼团活动是指"让用户邀请好友与自己拼团，最终以低价购买商品"的活动，如图 3-17 所示。

图 3-16　砍价活动

图 3-17　拼团活动

3. 微信营销的特点

（1）微信营销有以下优点。

① 拥有庞大的用户群。目前网上能查到的数据显示，微信在全球范围内的用户量已经超过了 6 亿，现在几乎每个人的手机上都会安装微信，在大街上经常能看到微信发送语音聊天的人，在未来，随着手机的发展，微信的用户群将会进一步扩大，因此，微信营销存在巨大的商机。

微信营销的技巧

② 营销成本低。微信本身是免费的，使用微信发布各种消息也不需要任何费用，个人和企业都可以开通自己的微信公众号，微信公众号使用方便、操作简单，即使不开通公众号也可以直接在朋友圈里发布广告。

③ 营销方式多样化。传统的营销手法是通过广告或图片来实现，微信营销可以很好地将这些结合起来，以文字、图片、视频，甚至可以通过语音跟用户交流，拉近了与用户间的距离，使营销活动变得更生动、更有趣。

④ 更精准地定位客户群。通过将用户分类，可以实现精准的消息推送。

⑤ 营销信息到达率高。发布的每条消息都能保证精准到达用户那里，到达率 100%。

⑥ 容易培养忠实客户群。由于是在朋友圈传播，口口相传起了很大的作用，信任度会很高，对日化用品的营销有很大的好处，一旦试过觉得不错，基本上会固定下来。

⑦ 定位功能。在微信"查看附近的人"功能中，用户可以查找本人地理方位附近

的微信用户，商家可以用这个免费的广告位做宣传。

（2）微信营销有以下缺点。

① 频繁的消息推送会使用户厌烦。许多人不顾营销信息的内容一通乱发，有时一天连发十几条，翻来覆去都是同样的内容，用户难免会产生厌烦。

② 隐私安全问题。微信作为一个社交平台，在使用过程中，有可能稍有不慎泄漏个人信息，再加上定位功能，会为用户带来个人隐私的困扰。

③ 不能与用户及时沟通。微信不能像 QQ 那样显示用户是否在线，这对企业没有影响，但对于个人用户，不能与自己的客户即时沟通。

④ 较难实现品牌推广。微信上的企业公众号需要用户自行搜索，企业发布一条消息，只有关注的用户能看到，互动性和扩散性差。

3.5.3 直播营销

1. 直播和直播营销的概念

（1）直播的概念。广播电视词典将直播界定为"广播电视节目的后期合成、播出同时进行的播出方式"。随时互联网络技术的发展，直播的概念有了新的拓展，现在更多的人关注网络直播，网络直播是一种新兴的网络社交方式，网络直播平台也成为一种崭新的社交媒体。直播的概念比较复杂，针对目前新兴的网络直播而言，它是一种即时性、直观性、互动性较强的传播方式，充分展示了网络媒体的优势。

（2）直播营销的概念。从广义上讲，可以将直播营销看作以直播平台为载体而开展的营销活动，可达到提高品牌形象或增加销量目的的一种网络营销方式。它与传统媒体直播相比，具有不受媒体平台限制、参与门槛低、直播内容多样化等优势。如今，淘宝、蘑菇街、京东等大型电商平台都提供了直播入口，如淘宝直播、蘑菇街直播、京东直播等，一些专注于直播领域的平台也可进行直播营销。

2. 直播营销的特点

（1）准确捕捉好奇心。面对一些行业性质较为高端的企业时，消费者对其运作流程都会抱有一定的好奇心理。这时，文字描述虽然可以答疑解惑，但难免显得有点冰冷；图片虽美观，却也只是一个定格的瞬间；视频虽然形象不少，与直播相比还是少了让人身临其境的感觉。若想激发和满足用户对产品的好奇心，可以试试直播营销，运用展示互动实时信息同步/全方位详细展示的特性，实现和用户时间、空间、信息的同步，为用户带来更为真实详尽的体验。

（2）消融品牌与用户间的距离感。运用展示互动直播营销，全方位、实时地向用户直观地介绍品牌制造、部分生产流程、企业文化的塑造和交流等，让用户对品牌的理念和细节也会更为了解，就能直观地感受到产品和背后的文化，自然而然地拉近了企业与潜在购买者的距离，消融了之前存在的距离感。

（3）身临其境，制造沉浸感。营销宣传环节的用户契合问题一直是实体企业家们最头疼的问题。最近蹿红的直播营销恰恰能解决这个问题，只要用其特有的信息实时共享性，具体直播如产品、景观特色、实地硬件设置（比如酒店房间配备、景区实景观测等）时让用户感受到具体的细节，为用户打造出身临其境的场景化体验，从而可以制造用户沉浸感，让用户共享这场感官盛宴，实现辐射范围的最大化。

（4）发出转型信号。企业运用直播营销创意新颖、美观时尚的直播界面、丰富有趣的打赏方式，加上企业本身塑造的别出心裁的直播内容，就可以使企业的宣传方式焕然一新，消除用户心目中的刻板印象，向时代发出营销传播转型的信号。

3. 直播营销的方式

（1）直播＋电商。网店通过直播的方式介绍店内的产品，或者教授知识、分享经验等吸引用户的关注，进而增加网店的浏览量。

（2）直播＋发布会。这种方法多用于品牌产品的新品发布会，通过对新品发布会的直播吸引注意力，进而通过电商平台转化为购买力。

（3）直播＋深互动。通过直播平台招募感兴趣的用户参与互动，不仅可以满足用户的好奇心，也极大地推广了产品，让用户更加了解产品。

（4）直播＋内容营销。直播内容是吸引关注度的重要因素，好的内容是关键。

（5）直播＋广告植入。在直播场景下，自然而然地进行产品或品牌的推荐，促进销售。

（6）直播＋个人IP。直播平台成为网红经济的有力出口，以个人为单位的网红利用自己本身积累的粉丝在直播平台吸引更多的粉丝。

（7）直播＋品牌＋明星。品牌产品联合其代言人在特定时刻进行直播，吸引粉丝观看，联合电商平台进行推广销售。

> **小链接**
>
> **网红经济**
>
> 网红经济多以年轻貌美的时尚达人为形象代表，以网红人的品位和眼光为主导，进行选款和视觉推广，在社交媒体上聚集人气，依托庞大的粉丝群体进行定向营销，从而将粉丝转化为购买力的过程。

3.5.4 搜索引擎营销

1. 搜索引擎和搜索引擎营销的概念

（1）搜索引擎的概念。搜索引擎是指根据一定的策略，运用特定的计算机程序搜集互联网上的信息，在对信息进行组织和处理后，将信息显示给用户，是为用户提供检索服务的系统。从使用者的角度看，搜索引擎提供一个包含搜索框的页面，在搜索框中输入词语，通过浏览器提交给搜索引擎后，搜索引擎就会返回跟用户输入的内容相关的信息列表。

（2）搜索引擎营销的概念。搜索引擎营销（search engine marketing，SEM）就是根据用户使用搜索引擎的方式，利用用户检索信息的机会尽可能地将营销信息传递给目标用户。搜索引擎营销的方法包括搜索引擎优化、登录分类目录、关键词竞价排名等。

2. 搜索引擎营销的特点

与其他网络营销方法相比，搜索引擎营销具有自身的一些特点，充分了解这些特点是有效地应用搜索引擎开展网络营销的基础。归纳起来,搜索引擎营销有以下6个特点。

(1)搜索引擎营销方法与企业网站密不可分。

(2)搜索引擎传递的信息只发挥向导作用。

(3)搜索引擎营销是用户主导的网络营销方式。相较于报纸、广播、电视等大众媒体广告及户外、直邮、POP等小众媒体广告,搜索引擎广告的接受没有强迫性,消费者有更多的自主选择权利,可以根据个人的兴趣和喜好选择是否接受及接受哪些广告信息。

(4)搜索引擎营销可以实现较高程度的定位。与传统媒体高的单向线性传播方式不同,由于搜索引擎营销交互性高、反馈及时的特点,搜索引擎营销可以实现信息在受众与媒体间的双向传播,消费者在主动选择接受广告信息后,还可以根据自身的需要及时对广告信息做出回应。

(5)搜索引擎营销的效果表现为网站访问量的增加而不是直接销售。

(6)搜索引擎营销随着网络服务环境的发展而变化。

3. 搜索引擎营销的常见方式

搜索引擎营销的常见方式有以下几种。

(1)免费登录分类目录。这是最传统的一种网站推广手段,现在传统分类目录网站的影响力已越来越小,逐步退出网络营销舞台。

搜索引擎营销的步骤

(2)付费登录分类目录。类似于免费登录,网站缴纳费用后才可以获得被收录的资格。目前这种方式也越来越少。

(3)搜索引擎优化。通过对网站栏目结构和网站内容等基本要素的优化设计,提高网站对搜索引擎的友好性,从而通过搜索引擎的自然检索获得尽可能多的潜在用户。

(4)搜索引擎关键词广告。通过为搜索引擎服务商付费的方式,当用户用某个关键词检索时,在搜索结果页面专门设计的广告链接区域显示企业的有关信息。

3.5.5 短视频营销

1. 短视频和短视频营销的概念

(1)短视频的概念。短视频即短片视频,是一种新兴的互联网内容传播方式。它是随着新媒体行业的不断发展应运而生的。短视频与传统的视频不同,它具备生产流程简单、制作门槛低和参与性强等特性,同时,又比直播更具有传播价值,因此深受视频爱好者及新媒体创业者的青睐。

(2)短视频营销的概念。短视频营销就是将品牌或产品融入视频,并以情节和片段的形式演绎出来,类似于广告,而不是广告。短视频营销的关键是在视频中可以向用户推荐产品,让用户产生共鸣,主动下订单,共享信息,从而达到裂变和引流的目的。

2. 短视频营销的特点

(1)病毒式的传播速度,以及难以复制的原创优势。从当前热门的快手、抖音等短视频平台就可以看出,与传统营销模式相比,短视频营销病毒式的传播速度将互联网的优势发挥得淋漓尽致。重要的是，短视频"短"的特点，在快节奏的生活方式下，尤其受到用户青睐。不管是火山、美拍、梨视频、头条、快手还是抖音，只要你的内容足够精彩，就能在很大程度上引起大量用户的转发狂潮，达到大面积传播的效果。

不仅如此，各类短视频平台还积极地和新浪、头条这样具有超大用户基础的自媒体平台进行合作，强强联合，吸引更多的流量，进一步推动了短视频的传播，达到高质量的营销效果。除此之外，区别于图片、文章等容易被复制粘贴的缺点，短视频可以添加水印、原创作者联系方式等，能够保护原创内容创作者的利益。

（2）低成本简单营销。较之于传统广告营销的大量人力、物力、精力的投入，短视频营销入驻门槛更低，成本也相对减少。这也是短视频营销的优势之一。

短视频内容创作者可以是企业，也可以是个人。其内容制作、用户自发传播及粉丝维护的成本相对较低。但是，制作短视频一定要有好的内容创意，坚持输出原创的决心，才能打造出优质短视频，吸引用户关注。

（3）数据效果可视化。短视频营销的一个明显特点，就是可以对视频的传播范围及效果进行数据分析，包括有多少人关注、视频有多少人浏览、转载多少次、评论多少条、多少人互动等。不管是哪一类短视频，我们都能直观地看到播放量、评论量等数据。

可以通过数据分析，以及对标账号、行业竞争对手等数据观察，掌握行业风向，调整并及时优化短视频内容，从而达到更好的营销效果。

（4）"可持续发展"性的传播时限。熟悉短视频的朋友都知道，当天看到的视频可能是很早之前发布的。这是因为，该视频持续受到用户关注和喜欢，系统会不断将视频推送给更多的人。该短视频一直"存活"在用户的视线里。它不受外力投入（如电视广告持续展现需要的资金投入）多少的影响，只要用户喜欢，就有可能一直传播。

除此之外，有数据显示，大部分视频网站和应用的搜索权重比较高，发布的短视频会快速被搜索引擎收录，其排名相对来说比图文内容好且快。

（5）高互动性提升短视频传播速度和范围。网络营销的一个重大特点是高互动性，而短视频营销则很好地利用了这一点，几乎所有的短视频都可以进行单向、双向甚至多向的互动交流，这种优势在于可以迅速获得用户反馈并针对性地进行调整。

（6）指向明确，用户精准。做短视频运营前，我们都有一个共同的动作——账号定位。根据账号的垂直定位制作相关视频，针对垂直领域的目标用户制作视频，指向性极其明确。

3. 短视频营销的类型

短视频营销所花费的成本和预算相对低廉，尤其适合资源有限的中小企业。作为视觉营销的一种形式，短视频营销更契合人类作为视觉动物的信息接收习惯。除此之外，更有适用于移动端、有利于搜索引擎优化、具有分享便捷反馈即时等优势。常见的短视频营销有如下几种类型。

（1）拍摄产品短片，解答客户疑问。比如，你可以在一段15秒的视频里告诉客户你的产品如何安装。像这样拍摄一段安装教程并配上语音指导，可以提供给粉丝更有用的信息和帮助。用短视频的方式解答客户疑问能够给受众带来更多的附加价值。

（2）将产品制作过程整合成视觉展示。如果说一张图片就可以道尽千言万语，那一段15秒的视频中可以表达的内容更是远超想象。

将产品的制作过程拍摄成短视频展现给潜在客户，是一种利用短视频功能的营销方式。咖啡馆可以借机展示咖啡制作工艺，时尚沙龙可以展示客户的变身过程等。

（3）创意众筹鼓励粉丝产生UGC。在目前的营销趋势下，创意素材要既不脱离创意主轴，又要在不同社交媒体上发挥长短不一的效果。

（4）假日视频。不管是国内的节日，还是国外的节日，都已经成了品牌商与消费者互动的关键节点，随着短视频的兴起，假日营销也进入了新的纪元，以假日为主题的短视频营销成为品牌商与消费者建立强关系的方式。

> **小链接**
>
> **UGC**
>
> UGC是互联网术语，全称为User Generated Content，也就是用户生成内容，即用户原创内容。UGC的概念最早起源于互联网领域，即用户将自己原创的内容通过互联网平台进行展示或者提供给其他用户。UGC是伴随以提倡个性化为主要特点的Web2.0概念而兴起的，也可叫作UCC（user-created content）。它并不是某一种具体的业务，而是一种用户使用互联网的新方式，即由原来的以下载为主变成下载和上传并重。

（5）增强与粉丝之间的互动，邀请粉丝通过标签上传内容。邀请你的粉丝和客户通过上传带有标签的视频参加有奖活动，或者宣传相关的品牌活动，是一个利用短视频功能拉近和客户距离的方法。

（6）展现品牌文化。我们经常听到有人说品牌应该更"人性化"，而社会化媒体用实时实地与客户的互动将这条界限变得越来越模糊。短视频营销提供了充分展示品牌文化和特点的机会，让你在竞争者中脱颖而出。

对于短视频营销来说，品牌需要在很短的时间内抓住它们想要表达的重点，将其表现给粉丝看，与此同时也向粉丝们传递它们的品牌文化。

（7）强调特殊优惠和活动。短视频是个推广优惠活动的绝佳机会。将镜头转向你的产品，并加入个性化的元素，配合相应的促销信息能比传统营销方式提高转化率。

课堂活动

活动题目	了解主要的网络营销方式
活动步骤	对学生进行教学分组，每3~5人为一个小组，以小组为单位实施活动
	小组成员对"华为手机""三只松鼠""江小白"三家企业的微博官方账号进行调研，并填写表3-9
	分别调研"周黑鸭"和"绝味鸭脖"的微信公众号，并填写表3-10
	下载抖音APP，选出三个你认为做得比较好的短视频营销号，并填写表3-11
	每个小组将结果提交给教师，教师对结果予以评价

表 3-9　三家企业微博官方账号对比

对比项目	华为手机	三只松鼠	江小白
认证类型			
粉丝数			
微博数			
主要竞争对手			
首页装修风格			
认证账号描述			
最近3个活动			
主要微博内容类型			

表 3-10　"周黑鸭"和"绝味鸭脖"微信公众号调研

调研指标	周黑鸭	绝味鸭脖
公众号名称		
从何处获知		
主要关注领域		
主要竞争对手		
主要推送内容		
公众号主要功能		

表 3-11　短视频营销号分析

对比指标	对象1	对象2	对象3
抖音号			
侧重方向			
粉丝量			
营销效果评价			

▶▶ 拓展实训

分析"小米手机"的营销方式

【实训目标】

通过实训，使学生理解网络营销的基本概念和理念，培养学生初步的自主学习能力。

【实训内容】

通过多渠道搜集整理"小米手机"的营销方式，并对其整个营销体系进行分析，总结出其网络营销方式有哪些，并分析这些营销方式的优势和劣势。

【实训步骤】

（1）以 2~3 人组成一个团队。设负责人一名，负责整个团队的分工协作。

（2）团队成员分工协作，通过多渠道搜集"小米手机"的营销素材，包括营销方案、营销案例、营销成果等。

（3）团队成员对搜集的材料进行整理，总结并分析"小米手机"的各种营销方式中哪些属于新媒体营销，并阐释这些新媒体营销的优势和劣势。

（4）各团队将总结制作成 PPT，派出一人作为代表上台演讲，阐述自己团队的成果。

（5）教师对各团队的成果进行总结评价，指出不足与改进措施。

【实训要求】

（1）考虑到课堂时间有限，实训可采取"课外＋课内"的方式进行，即团队组成、分工、讨论和方案形成在课外完成，成果展示安排在课内。

（2）每个团队方案展示时间为 10 分钟左右，教师和学生提问时间为 5 分钟左右。

思考与练习

1. 填空题

（1）网络营销是建立在互联网基础上，借助于互联网特性来实现一定_____的一种营销活动。

（2）网络市场调研方法可以分为两大类：网上_____调查法和网上_____调查法。

（3）_____是指企业以按照市场规律制定价格和变动价格等方式来实现其营销目标。

（4）网络广告策划的第一步便是_____。

（5）_____是指根据一定的策略，运用特定的计算机程序搜集互联网上的信息，在对信息进行组织和处理后，将信息显示给用户，是为用户提供检索服务的系统。

2. 简答题

（1）简述网络营销的特点。

（2）请写出网络市场调研的方法。

（3）什么是网络营销产品策略？

（4）网络广告有哪些特点？

（5）短视频营销有哪些类型？

第 4 章
电子商务物流

 学习目标

- ☑ 了解电子商务物流的概念及特征
- ☑ 了解电子商务与物流的关系
- ☑ 明确电子商务物流信息技术有哪些
- ☑ 掌握电子商务物流仓储与配送的相关知识
- ☑ 熟悉电子商务物流运输管理的相关内容
- ☑ 了解电子商务供应链管理的基本知识

导入案例

京东物流乌鲁木齐"亚洲一号"智能产业园正式启动运营

近日,京东物流乌鲁木齐"亚洲一号"智能产业园正式启动运营。据了解,京东物流乌鲁木齐"亚洲一号"是新疆首个、也是单体面积最大的智能物流园区。

作为当地公共配送中心及商品物流集散基地,该产业园配置了全球领先的自动化分拣设备和智能控制系统,涵盖食品、3C、家电、服装、进口产品等全品类商品,投用后日处理能力可达120万件,211京尊达将覆盖12万个SKU。

京东物流乌鲁木齐"亚洲一号"拥有目前国内最先进的电商物流智能分拣线,新疆消费者下单后,可直接从这里出货,每天的分拣处理能力达100万件。在智能拣货路径优化方面,6条大的分拣线上,分为小件分拣区、大中件分拣区、特殊商品分拣区(易碎物品等),每一个区域都贴有目的地地名,既有乌鲁木齐市的各区县,也有全疆各地州。

除分拣区的智能化外,仓储中心通过自动化立体仓库设计,能够提升大件商品的存储、拣选能力,效率较传统仓库提升3倍以上,使家电等大件商品有了强大"靠山"。货架穿梭车、搬运机器人、分拣机器人等物流机器人构成的"机器天团",将实现货物从入库、存储、包装、分拣的全流程、全系统的智能化。

以仓储中心的"地狼"为例,它能够实现物料在对应工位之间的搬运,并通过调度系统灵活改变路径,在仓内形成一种典型的"货找人"拣选方式,改变原来的"人找货",大大节省了时间成本和运输效率。

数字化、智能化物流技术的大量应用,为当地消费者提供了优质的物流服务。据了解,此前新疆地区包裹送达一般需要5~7天,京东物流乌鲁木齐"亚洲一号"的开仓,让乌鲁木齐80%的订单实现当日达、次日达,新疆其他地区的包裹到达时效也将缩短2天以上。不仅如此,京东物流乌鲁木齐"亚洲一号"还将与新疆城际配送、城市配送、农村配送有效衔接,更好地满足城市供应、工业品下乡、农产品进城、进出口贸易等物流需求。

近年来,京东集团将新疆作为西北地区布局的重要一环,不断加大投入,通过构建完善的下沉物流基础设施和上行产品产业带渠道,积极参与新疆特色产业发展和产品推广,与新疆名特优企业密切合作,带动新疆生鲜水果、干果、特产等走向全国市场。

思 考

京东物流的迅速发展与新技术的应用有着怎样的关系?

4.1 电子商务物流概述

电子商务物流的概念是伴随电子商务技术和社会需求的发展而出现的,它是实现电子商务真正的经济价值的重要组成部分。

> **课程思政**
>
> 2020年初新冠肺炎疫情突然暴发,为满足消费者在新冠肺炎疫情期间的安全需求以及在春节期间的生活需求,每日优鲜不仅对口罩、消毒液等产品进行紧急补货,并承诺绝不涨价;同时也保证了大部分地区极速达业务春节不打烊,保持春节期间生鲜食品和便利商品的稳定供应。每日优鲜在非常时期采取的动作是一种正面的行为,这应该成为许多企业学习的榜样。

4.1.1 电子商务物流的概念与特征

1. 电子商务物流的概念

在了解电子商务物流的概念之前,先来了解什么是物流。

物流是指物品从供应地到接收地的实体流动过程,主要包括运输、储存、装卸、搬运、包装、流通加工、配送、信息处理等环节。

电子商务物流是指物流配送企业采用网络化的计算机技术、现代化的硬件设备和软件系统及现金管理手段,严格、守信地按用户的订货要求所进行的一系列分类、编配、整理、分工、配货等工作,定时、定点、定量地将货物交付给没有范围限制的各类用户的过程。

物流≠快递

2. 电子商务物流的特征

(1)信息化。电子商务时代,物流信息化是电子商务的必然要求。物流信息化表现为物流信息的商品化、物流信息收集的数据库化和代码化、物流信息处理的电子化和计算机化、物流信息传递的标准化和实时化、物流信息存储的数字化等。因此,条码技术、数据库技术、电子订货系统、电子数据交换、快速反应及有效的客户反映、企业资源计划等技术与观念在我国的物流中将会得到普遍的应用。信息化是一切的基础,没有物流的信息化,任何先进的技术设备都不可能应用于物流领域,信息技术及计算机技术在物流中的应用将会彻底改变世界物流的面貌。

(2)自动化。自动化的基础是信息化,自动化的核心是机电一体化,自动化的外在

第 4 章 电子商务物流

表现是无人化,自动化的效果是省力化,另外还可以扩大物流作业能力、提高劳动生产率、减少物流作业的差错等。物流自动化的设施非常多,如条码/语音/射频自动识别系统、自动分拣系统、自动存取系统、自动导向车(见图 4-1)、货物自动跟踪系统等。这些设施在发达国家已普遍用于物流作业流程中,而在我国由于物流业起步晚、发展水平低,自动化技术的普及还需要相当长的时间。

图 4-1 自动导向车

小链接
自动导向车

自动导向车(automated guided vehicle,AGV)也称为自动导向搬运车、自动引导搬运车。自动导向车是采用自动或人工方式装载货物,按设定的路线自动行驶或牵引着载货台车至指定地点,再用自动或人工方式装卸货物的工业车辆。

(3)网络化。物流领域网络化的基础也是信息化,这里的网络化有两层含义:一是物流配送系统的计算机通信网络,包括物流配送中心与供应商或制造商的联系要通过计算机网络。另外,与下游顾客之间的联系也要通过计算机网络通信,比如物流配送中心向供应商提出订单这个过程,就可以使用计算机通信方式,借助于网上的电子订货系统和电子数据交换技术来自动实现,物流配送中心通过计算机网络收集下游客户订货的过程也可以自动完成。二是组织的网络化,即企业内部网。

(4)智能化。这是物流自动化、信息化的一种高层次应用,物流作业过程大量的运筹和决策,如库存水平的确定、运输(搬运)路径的选择、自动导向车的运行轨迹和作业控制、自动分拣机的运行、物流配送中心经营管理的决策支持等问题都需要借助于大量的知识才能解决。在物流自动化的进程中,物流智能化是不可回避的技术难题。好在专家系统、机器人等相关技术在国际上已经有比较成熟的研究成果。为了提高物流现代化的水平,物流的智能化已成为电子商务下物流发展的一个新趋势。

(5)柔性化。柔性化本来是为实现"以顾客为中心"理念而在生产领域提出的,但要真正做到柔性化,即真正地能根据消费者需求的变化来灵活调节生产工艺,没有配套的柔性化的物流系统是不可能达到目的的。柔性化的物流正是适应生产、流通与消费的需求而发展起来的一种新型物流模式。这就要求物流配送中心根据消费需求

小链接
专家系统

专家系统是一个智能计算机程序系统,其内部含有大量的某个领域专家水平的知识与经验,能够利用人类专家的知识和解决问题的方法来处理该领域的问题。

"多品种、小批量、多批次、短周期"的特色,灵活组织和实施物流作业。

另外,物流设施、商品包装的标准化,物流的社会化、共同化也都是电子商务下物流模式的新特点。

4.1.2 电子商务与物流的关系

电子商务是指利用计算机技术、网络技术和远程通信技术,实现整个商务(买卖)过程中的电子化、数字化和网络化。从电子商务和物流的内涵来看,电子商务和物流是相关包含的关系,你中有我,我中有你,既有区别也有联系。

电子商务中有四个基本的流向,即商流、物流、资金流和信息流,物流作为电子商务"四流"之一,是电子商务商品和服务的最终体现。电子商务基本流程如图4-2所示。

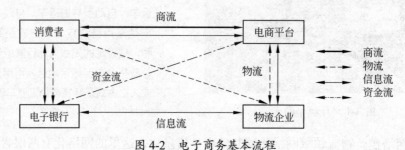

图4-2 电子商务基本流程

在电子商务"四流"中,商流、信息流和资金流都可以通过计算机系统与网络通信设备来完成,物流是其中最为特殊的一种,只有少数商品可以通过网络传输的方式来完成,如软件、电子图书、信息咨询服务等,大部分的商品和服务需要通过物理方式,完成从商家到消费者的转移,这个过程是电子商务行为最终完成的重要标志,在时间、质量、可靠和精准等方面对电子商务造成影响。

1. 电子商务对物流的影响

(1)推进现代物流业的发展。相比传统的商务模式,电子商务的主要特征是信息化和网络化,它的出现和崛起对现代物流和企业运营具有深远的影响。电子商务为物流企业提供了良好的操作平台,物流管理涉及多个部门之间的协作和沟通,因此容易存在管理的盲区。物流管理作为业务管理的一种,有其独特的个性,物流管理的不完善会造成物流业务甚至是企业的整体业务效率的降低。在电子商务物流管理的良好平台上,可以实现公司各个节点的连接,共享物流信息,从而加强各个物流部门的协作和沟通,提高公司的生产力。

电子商务极大地方便了物流信息的收集和传递。信息是联系企业管理的媒介,其重要性不言而喻。电子商务可以保证数据信息交换的安全性和有效性,其在物流平台上的广泛应用可以提高工作效率,减少手工操作可能产生的错误,从而可以降低操作成本。市场信息对于企业的运营和在激烈的竞争中立于不败之地具有重要的战略意义,电子商务可以实现大量市场信息的收集,并将得到的情报和商业信息进行分析和处理,这些信息对于企业了解市场情况和制定相关策略具有重要的价值。

（2）电子商务改变了物流的管理方式。传统的物流作业中，体现的是商品从供应地向接收地的实体转移，转移的时间和转移过程中的质量控制受到外部环境的制约，并没有得到重视，物流的运作管理方式属于粗犷式。电子商务的出现和发展，能通过网络信息系统实现整个商品转移过程的实时监控和实时决策，当物流运作过程中的任何一个环节收到相应的需求信息时，系统都可以在最短的时间内做出反应，并拟订详细的运输和配送计划，通知各环节开始工作。在电子商务环境下，物流的仓储作业、运输作业和配送作业持续时间都要求尽量缩短。因为这一切工作都由系统设定，既减轻了物流运作过程中管理的难度，也提高了物流的运作效率，使物流运作的管理方式从粗犷式向精细式转变。

（3）电子商务改善了物流设施与设备。电子商务扩大了人们的交易范围和交易渠道，追求效率、安全、准确和可靠。它的行业特点提高了物流作业标准，加剧了物流企业的竞争，从另一侧面倒逼物流行业改善设施设备。

① 电子商务的发展带动了物流基础设施的完善，良好的交通运输网络、通信网络等基础设施也是实现电子商务全球化和高效率的基本要求。

② 电子商务促进物流设备的改进，传统的物流手工作业远远不能满足电子商务的需求，在电子商务迅速发展的背景下，机械化、自动化、可视化及智能化的设备不断被研发和应用到物流领域。

2. 物流对电子商务的影响

（1）物流在电子商务发展中的基础性作用。人们对电子商务概念的认识主要局限于信息流、商流和资金流，对于电子商务的电子化和网络化也主要是针对以上三种，没有给予物流的电子化和网络化进程足够的重视。物流是电子商务的重要环节，是实现电子商务的重要保证，缺少现代物流，电子商务的过程就会不完善，在电子商务基础上加入现代化的物流过程，才能使电子商务成为真正意义上的现代电子商务。

（2）物流实现电子商务的中心理念。随着计算机和网络的发展，电子商务开始逐渐出现在人们的日常生活中，极大地方便了消费者，足不出户就可以完成购物活动，因此物流的效率影响消费者对网络购物的满意程度。物流要做到以客户为中心，只有这样才能使电子商务更好地为消费者服务。

（3）物流的发展对电子商务的促进作用。物流的效率不仅决定了物品传输的快慢程度，也影响了客户的满意度。同时物流的发展也为市场带来了一定的商机。例如，淘宝中国最大的电子商务网络交易平台，为了扩大市场，一直致力于拓展全国的交易版图，但

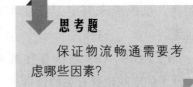

思考题

保证物流畅通需要考虑哪些因素？

是由于一些偏远地区的交通运输不发达，给物流带来一定的影响，淘宝就给物流公司一定的补贴，使物流公司能够更好地为偏远地区的人们服务，这样就实现了双赢，因此可以说物流对电子商务有促进作用。

（4）物流对电子商务发展的制约作用。中国的物流基础设施建设存在一定的滞后现

象，也影响了电子商务的发展。物流基础设施建设对物流的发展有着重要的影响，其实国内的一些道路交通已经超负荷使用，但仍然不能满足社会物流的需求，使基础设施建设满足高速发展的物流的需求还有一段较长的时期。

4.1.3 电子商务物流信息技术

1. 物流数据自动识别技术

（1）条码技术。条码（见图4-3）是由一组粗细不同、若干个黑色"条"和白色"空"的单元所组成的，其中，黑色条对光的反射率低而白色空对光的反射率高，再加上条与空的宽度不同，就能使扫描光线产生不同的反射接收效果，在光电转换设备上转换成不同的电脉冲，形成了可以传输的电子信息。

图4-3 条码

（2）射频识别技术。射频识别技术利用无线射频方式在阅读器和射频卡之间进行非接触双向数据传输，以达到目标识别和数据交换的目的。

射频卡具有非接触、阅读速度快、无磨损、不受环境影响、寿命长和便于使用的特点，具有防冲突功能，能同时处理多张卡片。

2. 物流自动跟踪技术

物流活动经常处于运动的和非常分散的状态，因此全球定位系统（GPS）和地理信息系统（GIS）技术能够将物品移动的空间数据进行有效管理。

（1）GPS。GPS利用导航卫星进行测时和测距，以构成全球定位系统。GPS的定位原理是GPS导航仪接收信号以测量无线电信号的传输时间来量测距离，以距离来判定卫星在太空中的位置。

（2）GIS。GIS是指直接或间接与地球上的空间位置有关的信息。

GIS是一种能把图形管理系统和数据管理系统有机地结合起来，对各种空间数据进行收集、存储、分析和可视化表达的信息处理与管理系统。

> **小链接**
>
> **GPS**
>
> 全球定位系统（global positioning system，GPS）是一种以人造地球卫星为基础的高精度无线电导航的定位系统。它在全球任何地方及近地空间都能够提供准确的地理位置、车行速度及精确的时间信息。GPS自问世以来，就以其高精度、全天候、全球覆盖、方便灵活吸引了众多用户。

> **小链接**
>
> **GIS**
>
> 地理信息系统（geographic information system，GIS）又称"地学信息系统"，是在计算机硬、软件系统支持下，对整个或部分地球表层（包括大气层）空间中的有关地理分布数据进行采集、储存、管理、运算、分析、显示和描述的技术系统。

3. 物流 EDI 技术

根据联合国标准化组织的定义，电子数据交换（EDI）技术是指将商业或行政事务处理，按照一个公认的标准形成结构化的事务处理或信息数据结构，从计算机到计算机的数据传输。EDI 是参与国际贸易竞争的重要手段。

EDI 系统一般由如下几个方面组成：硬件设备、增值通信网络及网络软件、报文格式标准、应用系统界面与标准报文格式之间相互转换的软件和用户的应用系统。

EDI 中心的主要功能是：电子数据交换、传输数据的存证、报文标准格式转换、安全保密、提供信息查询、提供技术咨询服务、提供 24 小时不间断服务、提供信息增值服务等。

> **小链接**
>
> **EDI**
>
> EDI 是 Electronic Data Interchange 的缩写。EDI 用户需要按照国际通用的消息格式发送信息，接收方也需要按国际统一规定的语法规则，对消息进行处理，并引起其他相关系统的 EDI 综合处理。EDI 是计算机之间信息的电子传递，使用某种商定的标准来处理信息结构，整个过程都是自动完成的，无须人工干预，减少了差错，提高了效率。

课堂活动

活动题目	对比传统物流与电子商务物流
活动步骤	对学生进行教学分组，每3~5人为一个小组，以小组为单位进行讨论
	明确传统物流与电子商务物流的特点
	讨论、分析传统物流与电子商务物流在不同方面的优势，并将结果填入表4-1中
	每个小组将小组讨论结果形成PPT，派出一名代表进行演示
	教师给予评价

表 4-1 传统物流与电子商务物流的特点

对比项目	选项提示	传统物流	电子商务物流
网络化	强、中、弱		
信息化	强、中、弱		
自动化	强、中、弱		
系统化	强、中、弱		
规范化	强、中、弱		
个性化	强、中、弱		
柔性化	强、中、弱		
全球化	强、中、弱		
成本	强、中、弱		
效率	强、中、弱		

4.2 电子商务物流仓储与配送

电子商务作为新型的商业模式逐渐渗透到人们的生活领域。电子商务的发展对物流配送提出了新的要求。作为电子商务的重要环节，物流配送承担着重要的职能。

> **课程思政**
>
> 在一些仓库附近，经常会有一些诸如"仓库重地、闲人免入""仓库重地、禁止吸烟"的标识，这些标识的出现就意味着此处非相关人员不能做相应的行为，但是总会有一些人对其视而不见，从而有可能导致一些事故或灾难的发生。遇到这种事情时，我们应该提醒相关人员遵照标识规定，不做违反的行为。

4.2.1 电子商务物流仓储

1. 仓储的概念

仓储是指通过仓库对物资进行储存和保管。一般来说，它指的是从接受储存物资开始，经过储存保管作业，直至把物品完好地发放出去的全部活动过程，其中包括存货管理和各项作业活动。

2. 仓储的功能

仓储的功能如图 4-4 所示。

图 4-4 仓储的功能

（1）储存功能。现代社会生产的一个重要特征就是专业化和规模化生产，劳动生产率极高，产量巨大，绝大多数产品都不能被及时消费，需要经过仓储手段进行储存，这样才能避免生产过程堵塞,保证生产过程能够继续进行。对于生产过程来说,适当的原材料、半成品的储存,可以防止因缺货造成的生产停顿。而对于销售过程来说,储存尤其是季节性储存可以为企业的市场营销创造机会。适当的储存是市场营销的一种战略,它为市场营销中特别的商品需求提供了缓冲和有力的支持。

(2)保管功能。生产出的产品在消费之前必须保持其使用价值,否则将会被废弃。这项任务就需要由仓储来承担,在仓储过程中对产品进行保护、管理,防止损坏而丧失价值。如水泥受潮易结块,使其使用价值降低,因此在保管过程中就要选择合适的储存场所,采取合适的养护措施。

(3)加工功能。保管物在保管期间,保管人根据存货人或客户的要求对保管物的外观、形状、成分构成、尺度等进行加工,使仓储物发生所期望的变化。加工主要包括以下几种。

① 为保护产品进行的加工。如对保鲜、保质要求较高的水产品、肉产品、蛋产品等食品,可进行冷冻加工、防腐加工、保鲜加工等;对金属材料可进行喷漆、涂防锈油等防锈蚀的加工。

② 为适应多样化进行的加工。如对钢材卷板的舒展、剪切加工;对平板玻璃的开片加工;以及将木材改制成方材、板材等。

③ 为使消费者方便、省力的加工。如将木材直接加工成各种型材,可使消费者直接使用;将水泥制成混凝土拌和料,只需稍加搅拌即可使用等。

④ 为提高产品利用率的加工。如对钢材、木材的集中下料,搭配套材,减少边角余料,可节省原材料成本和加工费用。

⑤ 为便于衔接不同的运输方式,使物流更加合理的加工。如散装水泥的中转仓库担负起散装水泥装袋的流通加工,以及将大规模散装转化为小规模散装的任务,就属于这种形式。

⑥ 为实现配送进行的流通加工。仓储中心为实现配送活动,满足客户对物品的供应数量、供应构成的要求,可对配送的物品进行各种加工活动,如拆整化零,定量备货,把沙子、水泥、石子、水等各种材料按比例要求转入水泥搅拌车可旋转的罐中,在配送的途中进行搅拌,到达施工现场时混凝土已经搅拌好,可直接投入使用。

(4)整合功能。整合是仓储活动的一个经济功能。通过这种安排,仓库可以将来自多个制造企业的产品或原材料整合成一个单元,进行一票装运。其好处是有可能实现最低的运输成本,也可以减少由多个供应商向同一客户进行供货带来的拥挤和不便。

为了能有效地发挥仓储整合功能,每一个制造企业都必须把仓库作为货运储备地点,或用作产品分类和组装的设施。这是因为,整合装运的最大好处就是能够把来自不同制造商的小批量货物集中起来形成规模运输,使每一个客户都能享受到低于其单独运输成本的服务。

(5)分类和转运功能。分类就是将来自制造商的组合订货分类或分割成个别订货,然后安排适当的运力运送到制造商指定的个别客户。

仓库从多个制造商处运来整车的货物,在收到货物后,如果货物有标签,就按客户要求进行分类；如果没有标签，就按地点分类，然后货物不在仓库停留直接装到运输车辆上，装满后运往指定的零售店。同时，由于货物不需要在仓库内进行储存，因而降低了仓库的搬运费用，最大限度地发挥了仓库装卸设施的功能。

（6）支持企业市场形象的功能。尽管支持企业市场形象的功能所带来的利益不像前面几个功能带来的利益那样明显，但对于一个企业的营销主管来说，仓储活动依然能被其重视起来。因为从满足需求的角度看，从一个距离较近的仓库供货远比从生产厂商处供货方便得多，同时，仓库也能提供更为快捷的递送服务。这样会在供货的方便性、快捷性及对市场需求的快速反应性方面，为企业树立一个良好的市场形象。

（7）市场信息的传感器。任何产品的生产都必须满足社会的需要，生产者都需要把握市场需求的动向。社会仓储产品的变化是了解市场需求极为重要的途径。仓储量减少、周转量加大，表明社会需求旺盛；反之，则为需求不足。厂家存货增加，表明其产品需求减少或者竞争力降低，或者生产规模不合适。仓储环节所获得的市场信息虽然比销售信息滞后，但更为准确和集中，且信息成本较低。

现代企业生产特别重视仓储环节的信息反馈，将仓储量的变化作为决定生产的依据之一。现代物流管理特别重视仓储信息的收集和反应。

（8）提供信用的保证。在大批量货物的实物交易中，购买方必须检验货物、确定货物的存在和货物的品质，方可成交。购买方可以到仓库查验货物。由仓库保管人出具的货物仓单是实物交易的凭证，可以作为购买方提货的保证。仓单本身就可以作为融资工具，可以直接使用仓单进行质押。

（9）现货交易的场所。存货人要转让已在仓库存放的商品时，购买人可以到仓库查验商品取样化验，双方可以在仓库进行转让交割。在国内众多的批发交易市场，既是有商品存储功能的交易场所，又是有商品交易功能的仓储场所。众多具有便利交易条件的仓储都提供交易活动服务，甚至部分形成有影响力的交易市场。近年来，我国大量发展的阁楼式仓储商店就是仓储功能高度发展、仓储与商业密切结合的结果。

3. 仓储的分类

（1）按仓储经营主体划分如下。

① 企业自营仓储包括生产企业和流通企业的自营仓储。

② 营业仓储是仓库所有者以其拥有的仓储设施向社会提供商业性仓储服务的仓储。

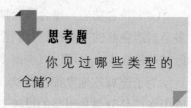

思考题

你见过哪些类型的仓储？

③ 公共仓储是公用事业的配套服务设施，为车站、码头提供仓储配套服务。

④ 战略储备仓储是国家根据国防安全、社会稳定的需要，对战略物资实行战略储备而形成的仓储。

（2）按仓储对象划分如下。

① 普通物品仓储是指不需要特殊保管条件的物品仓储。

② 特殊物品仓储是指在保管中有特殊要求和需要满足特殊条件的物品仓储。
(3) 按仓储功能划分如下。
① 储存仓储是指物资较长时期存放的仓储。
② 物流中心仓储是指以物流管理为目的的仓储。这是为了有效实现物流的空间与时间价值，对物流的过程、数量、方向进行调节和控制的重要环节。
③ 配送仓储是指商品在配送交付消费者之前所进行的短期仓储。这是商品在销售或者供生产使用前的最后储存，并在该环节进行销售或使用前的简单加工与包装等前期处理。
④ 运输转换仓储是指衔接铁路、公路、水路等不同运输方式的仓储。它一般设置在不同运输方式的相接处，如港口、车站库场所进行的仓储。
⑤ 保税仓储是指使用海关核准的保税仓库存放保税货物的仓储。
(4) 按仓储物的处理方式划分如下。
① 保管式仓储是指存货人将特定的物品交由仓储保管人代为保管，物品保管到期，保管人将代管物品交还存货人的方式所进行的仓储。
② 加工式仓储是指仓储保管人在物品仓储期间根据存货人的合同要求，对保管物进行合同规定的外观、形状、成分构成、尺度等方面的加工或包装，使仓储物品满足委托人所要求达到的变化的仓储。
③ 消费式仓储是指仓库保管人在接受保管物时，同时接受保管物的所有权，仓库保管人在仓储期间有权对仓储物行使所有权，待仓储期满，保管人将相同种类、品种和数量的替代物交还委托人所进行的仓储。

4. 仓储活动的性质
(1) 仓储活动是社会再生产过程中不可缺少的一环。任何产品的使用价值只有在消费中才能实现，而产品从脱离生产到进入消费，一般情况下都要经过储存和运输。所以，商品的储存和运输一样，都是社会再生产过程的中间环节。
(2) 仓储活动具有生产三要素。商品仓储活动同其他物质生产活动一样，具有生产三要素，即劳动力——仓库作业人员，劳动资料——各种仓库设施，劳动对象——储存保管的物质，三者缺一不可。商品仓储活动就是仓库作业人员借助于仓储设施对商品进行收发保管的过程。
(3) 仓储活动的生产特殊性。商品仓储活动具有生产性质，但与一般物质生产活动相比又有不同的地方。仓储活动消耗的物化劳动和活劳动不改变劳动对象的功能、性质和使用价值，只是保持和延续其使用价值。
仓储活动的产品无实物形态却有实际内容，即仓储劳务。劳务是指劳动消耗，要追加到商品的价值中，追加资金的多少取决于仓储活动的社会必要劳动。商品经过储存保管使用价值不变，但其价值增加。

4.2.2 电子商务物流配送

1. 电子商务物流配送的概念

电子商务物流配送就是信息化、现代化、社会化的物流配送,是指物流企业采用网络化的计算机技术、现代化设备、软件系统和先进的管理手段,严格守信地按用户的订货要求进行分类、编配、整理、分工、配货等工作,定时、定点、定量地交给没有范围限度的各类用户,满足其对商品的需求。

2. 电子商务物流配送服务的特点

一般而言,电子商务物流配送服务具有如下几个特点。

(1)直接面向顾客。物流作业流程大部分活动都要与顾客直接接触,这是由物流行业的服务性特点决定的。

(2)提供服务与消费的同时性。物流作业流程的输出绝大多数是一种即时的服务,提供服务与享受这种服务同时进行,临时变数较大,具有不可预见性,需要及时反馈顾客的满意度。

(3)复杂性。物流作业流程要受到众多因素的影响和制约,一般具有多层次、多活动的特点,协调和管理的难度大。

3. 电子商务物流配送流程

电子商务下的配送作业流程主要包括采购作业流程、仓储作业流程、配送作业流程、退货及后续处理作业流程。

(1)采购作业流程。采购作业流程是准备配送商品的阶段,它是配送中心运转的基础环节。物流业务管理部门根据用户的要求及库存情况,通过电子商务中心向供应商发出采购订单,供应商收到采购订单并加以确认后向业务部门发出供货通知,业务部门再向仓储中心发出接货的信息,而仓储中心根据货物情况准备合适的仓库,最后由供应商将发货单通过互联网向仓储中心发送,货物则通过各种运输手段送至仓储中心,具体如图4-5所示。

(2)仓储作业流程。仓储作业流程是采购作业的延续。仓储中心受业务管理部门的统一管理,它的主要作业区是收货区、拣货区和发货区。当仓储中心收到供应商的送货单和货物后,在进货区对新进入的货物通过条码扫描仪验收货物,确认发货单与货物一致后,对货物进行进一步处理(如验收不合格应退货)。一部分货物直接放入发货区,进行暂时储存,属直通型货物,这仅仅适用于周转率大的商品,今天进仓明天出货的商品最适合于利用仓库首层暂存区放置。另一部分货物属于存放型货物,要进行入库储备处理,即进入拣货区,这是出于安全库存的考虑,按照一定时期配送活动的要求和到货周期,有计划地确定能够使配送活动持续进行的库存数量和形式,这适用于在仓库存放一段时间的商品。拣货是通过自动分拣输送系统、自动导向系统完成的。货物进入自动化仓库后,当需要发货时,根据发货单上的显示,通过自动分拣输送设备将货物送到相应的装车线,对货物进行包装处理后,装车送货。仓储作业流程具体如图4-6所示。

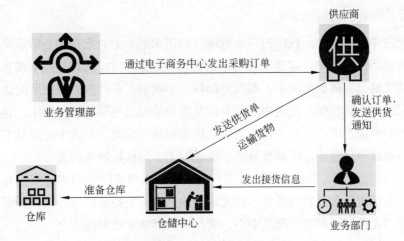

图 4-5 采购作业流程

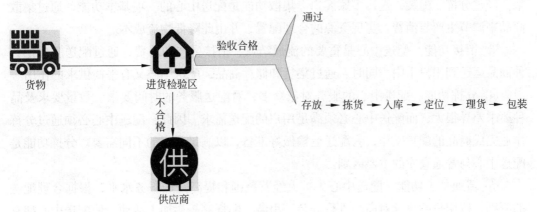

图 4-6 仓储作业流程

(3)配送作业流程。配送作业是物流配送的核心环节。配送部门由业务管理部门进行统一配送调度,根据客户的具体要求打印相应的送货单,在运输途中通过地理信息查询(GIS)系统、定位系统进行实时监控,及时沟通和反馈配送信息,并在货物到达目的地、经客户确认签字无误后,凭回单向业务管理部门确认。

(4)退货及后续处理作业流程。这是物流配送流程的最后一个环节。客户因某种原因可能请求退货,企业应制定相应的退货处理政策。

退货可集中由配送企业送回原仓储地点,由专人清理、登记、查明原因,如是产品质量问题应进行抽样检验,超出相应标准则及时通知采购作业流程停止订货,并通知网站管理部门将网页上有关货物的信息及时删除,尚未超标则作为验收不合格物品,进行退货处理;如退货还可继续使用,可进入库存,重新开始新的仓储管理配送过程。

除此之外,企业还应建立客户满意度调查和投诉反馈系统,对物流配送系统进行监督和考核。电子商务企业将物流配送业务外包给专业物流配送企业,如果缺少必要的监督和约束手段,物流配送往往会成为电子商务顺利运行的障碍。客户满意度调查一般包括客户请求的响应速度、满足时间和质量等。

4. 电子商务物流配送中心

(1) 配送中心的概念。我国的国家标准《物流术语》中对配送中心的定义为从事配送业务的物流场所或组织,应基本符合下列要求:主要为特定的客户或末端客户提供服务,配送功能健全,辐射范围小,提供多品种、小批量、多批次、短周期配送服务。

(2) 配送中心的功能。配送中心是专门从事商品配送活动的经济组织,是将集货中心、分货中心和加工中心合为一体的现代化物流基地,因此,配送中心除具有传统的储存、集散、衔接等功能外,还具有分拣、流通加工、信息处理等功能。

① 储存功能。配送中心必须按照用户的要求,在规定的时间和地点把商品送到客户手中,以满足生产和消费的需要。因此,必须储存一定数量的商品以保证配送服务所需要的货源。无论何种类型的配送中心,储存功能都是重要的功能之一。

② 集散功能。配送中心凭借其拥有的先进的物流设施和设备将分散的商品集中起来,经过分拣、配装,送达多家客户。集散功能是配送中心的一项基本功能,通过集散商品来调节生产与消费,实现资源的合理配置,并由此降低物流成本。

③ 衔接功能。配送中心是重要的流通结点,衔接生产和消费,通过配送服务把各种商品运送到用户手中。同时,通过集货和储存商品,配送中心又有平衡供求的作用。

④ 分拣功能。配送中心的服务对象众多,对配送服务的时间要求、数量要求及品种要求差异很大,而配送中心必须满足用户的配送需求。因此,配送中心必须通过分拣作业完成商品的配货工作,为配送运输做好准备,以满足用户的不同需要。分拣功能是配送中心与普通仓库的主要区别。

⑤ 流通加工功能。配送中心为扩大经营范围和提高配送服务水平,根据合理配送的原则,按用户的要求对商品进行分装、组装、贴标签等初加工活动,使配送中心拥有一定的加工能力。加工功能是配送中心提高经济效益和提高服务水平的重要手段,必须引起足够的重视。

⑥ 信息处理功能。配送中心不仅实现物的流通,也通过信息处理来协调各个环节的作业,协调生产与消费。信息化、网络化、自动化是配送中心的发展趋势,信息系统越来越成为配送中心的重要组成部分。

(3) 配送中心的分类。

① 按运营主体划分如下。

a. 以制造商为主体的配送中心。商品100%由制造商自己生产制造,用以降低流通费用、提高售后服务质量和及时将预先配齐的成组元器件运送到规定的加工和装配工位。这种配送中心从商品制造到生产出来后条码和包装的配合等多方面都较易控制,所以按照现代化、自动化的配送中心设计比较容易,但不具备社会化的要求。

b. 以批发商为主体的配送中心。商品来自各个制造商,它所进行的一项重要活动是对商品进行汇总和再销售，而它的全部进货和出货都是由社会配送的，社会化程度高。

c. 以零售业为主体的配送中心。零售商发展到一定规模后，就可以考虑建立自己的配送中心，为专业商品零售店、超级市场、百货商店、建材商场、粮油食品商店、宾馆饭店等服务，其社会化程度介于前两者之间。

d. 以仓储运输业者为主体的配送中心。它具有很强的运输配送能力，地理位置优越，如港湾、铁路和公路枢纽，可迅速将到达的货物配送给用户。它提供仓储储位给制造商或供应商，而配送中心的货物仍属于制造商或供应商所有，配送中心只是提供仓储管理和运输配送服务。这种配送中心的现代化程度往往较高。

② 按采用模式划分如下。

a. 集货型配送模式。它主要是针对上家的采购物流过程进行创新而形成的。其上家生产具有相互关联性，下家相互独立。上家对配送中心的依存度明显大于下家，上家相对集中，而下家分散且具有相当多的需求。同时，这类配送中心也强调其加工功能，适于成品或半成品物资的推销，如汽车配送中心。

b. 散货型配送模式。它主要是对下家的供货物流进行优化而形成的。上家对配送中心的依存度小于下家，而且配送中心的下家相对集中或有利益共享（如连锁业）。采用此类配送模式的流通企业，其上家竞争激烈，下家需求以多品种、小批量为主要特征，适于原材料或半成品物资配送，如机电产品配送中心。

课堂活动

活动题目	分析和对比国内知名快递公司
活动步骤	对学生进行教学分组，每3~5人为一个小组，以小组为单位进行讨论
	对国内比较知名的快递公司进行特点分析
	讨论、比较各个快递公司的优势，并将结果填入表4-2中
	每个小组将小组讨论结果形成PPT，派一名代表进行演示
	教师给予评价

表 4-2　比较不同快递公司的优势

快递公司名称	网点覆盖数量	费　用	速　度	拓展方式	口　碑

4.3 电子商务物流运输管理

运输是电子商务物流管理中不可或缺的一部分，实现运输合理化并做出正确的运输决策对电商企业来说至关重要。

> **课程思政**
>
> 从消费者下单付款到货物送到消费者手中，货物在运输过程中会经历比较长的旅途。在这个旅途中，因为一些操作不当或事故会导致货物损坏，这就有可能导致纠纷的产生。在遇到这些纠纷时，我们应该秉承理智的原则，找到源头，责任到人，而不应该草草了事或恶劣应付。

4.3.1 运输的概念与功能

1. 运输的概念

电子商务的迅猛发展离不开物流运输的支持，根据国家标准《物流术语》（GB/T 18354—2006），运输（transportation）：用运输设备将物品从一地点向另一地点运送。其中包括集货、分配、搬运、中转、装入、卸下、分散等一系列操作。运输和搬运的区别在于：运输一般指不同区域范围内的空间位移，如城市与城市之间等，是较大范围的活动；而搬运是在同一区域内的空间位移。

2. 运输的功能

运输是物流的主要功能之一，也是物流的基本活动要素。运输始终处于物流活动的中心环节，承担了物品在空间各个环节的位置转移任务，解决了供应者和需求者之间场所的分离，是创造空间效用的主要功能要素，具有以时间换空间的特殊功能。可以说，一切物体的移动都离不开运输环节。

（1）实现物品的空间位移。按物流的概念，物流是"物"的物理性运动。这种运动不但改变了物的时间状态，也改变了物的空间状态，而运输承担了改变空间状态的主要任务。运输是改变空间状态的主要手段，运输再配以搬运、配送等活动，就能圆满完成物品的空间位移任务。

（2）创造"场所效用"。同种物品由于所处空间场所不同，其使用价值的实现程度也不同。场所效用是指由于改变场所而最大限度地提高物品的使用价值和产出投入比。通过运输，可以把物品运到场所效用最高的地方，发挥物品的潜力，实现资源的最优配置，从这个意义上说，运输提高了物品的使用价值。

（3）临时储存商品。对物品进行临时储存是一个不太寻常的运输功能，即将运输工具临时作为储存设施，如在途运输中的物品，在运输工具中保持物品性质不变，运输工具既是位移工具也是临时储存工具。

4.3.2 运输设施与设备

1. 载货汽车

载货汽车汽车是公路运输的最基本运输工具，是专门用于运送货物的汽车。

（1）按载货汽车的载重量分类。按载货汽车的载重量的不同，载货汽车可分为微型、轻型、中型和重型四种。

① 微型：总质量 ≤1.8 吨。
② 轻型：1.8 吨 < 总质量 ≤6 吨。
③ 中型：6 吨 < 总质量 ≤14 吨。
④ 重型：总质量 >14 吨。

五类物品公路运输注意事项

轻型载货汽车服务于规模不大、批量很小的货物运输，通常用于城市运输；中型载货汽车适用范围比较广泛，既可在城市承担短途运输任务，也可承担中、长途运输；重型载货汽车多用于经常性的大批量货物运输。目前在我国，中型载货汽车是主要车型，数量较多。

（2）按载货汽车形式分类。按载货汽车形式分类，载货汽车一般可分为敞车、厢式车、牵引车和挂车。

① 敞车（见图4-7）。敞车是载货汽车车身的主要形式，即挂车顶部敞开，可装载高低不等的货物，它适用于运送各种货物。

② 厢式车（见图4-8）。厢式车的货厢封闭，可以提高货物安全性，多用于运送贵重货物，电子商务运输厢式车运用较多。

图 4-7　敞车　　　　　　　　　　图 4-8　厢式车

（3）牵引车和挂车（见图4-9）。牵引也称拖车，一般不设载货车厢，专门用于拖挂或牵引挂车。挂车本身无动力装置，而且通过杆式或架式拖挂装置，由牵引车牵引。挂车的车身通常也做成车厢的形式，可以运送货物，因此它必须与牵引车组合在一起，才能作为一个完整的运输工具。

图 4-9　牵引车和挂车

2. 铁路货车

为了适应不同货物的运送要求，铁路货车（见图 4-10）可以分为棚车、敞车、平车、罐车和保温车。

（1）棚车（P）主要装运怕湿及贵重货物。

（2）敞车（C）装运不怕湿的散装货物及一般机械设备。

（3）平车（N）装运长大货物与集装箱。

（4）罐车（G）装运液体/半液体或粉状货物。

（5）保温车（B）又称冷藏车，装运新鲜易腐货物。

铁路运输注意事项

图 4-10　铁路货车

3. 水运货船

水运货船是用于运输货物的船舶，按装载货种的不同有杂货船、集装箱船、散货船、驳拖船等类型。

（1）杂货船（见图4-11）用于装运箱、袋、桶等件杂货物，杂货装卸效率低、滞港时间长，对货物损害较大，成本高。

（2）集装箱船（见图4-12）是专用于装运集装箱的船舶。集装箱是一种规格统一的标准货箱，有10英尺、20英尺、40英尺等规格，将件杂货物装入货箱，装卸运输只对集装箱进行操作，极大地提高了装卸速度，加快船舶周转，减轻劳动强度。

图4-11 杂货船　　　　　　　　　　图4-12 集装箱船

（3）散货船（见图4-13）是用于装运大宗散装货物的船舶。散货船主要用于装运煤炭、矿石、粮食、化肥、盐等散装货物。散装船舱口宽敞，舱内平直，便于大型机械化装卸，起重机械一般布置在专门化的码头，船舶一般不再设置装卸设备。

（4）驳拖船（见图4-14）由驳船和拖船组成，是内河运输的常见运输方式，考虑到内河航道条件、风浪、经济性等特点，将载货舱和动力分开设计。驳船专用于装载货物，没有动力，不能自航，技术、设备要求不高。拖轮没有货舱，只为驳船组成的船队提供动力。驳船队可以根据货运量的大小由数个驳船编组而成。

图4-13 散货船　　　　　　　　　　图4-14 驳拖船

4. 航空运输

（1）航空港。航空港为航空运输的经停点，又称航空站或机场，是供飞机起飞、降落和停放及组织、保障飞机活动的场所。近年来，随着航空港功能的多样化，港内除了配有装卸客货的设施外，一般还配有商务娱乐中心、货物集散中心，满足往来旅客的需要，同时吸引周边地区的生产、消费。

航空港按照所处的位置分为干线航空港和支线航空港；按业务范围分为国际航空港和国内航空港。其中，国际航空港需经政府核准，可以用来供国际航线的航空器起降营运，空港内配有海关、移民、检疫和卫生机构。而国内航空港仅供国内航线的航空器使用，除特殊情况外不对外国航空器开放。

通常来讲，航空港内配有以下设施。

① 跑道与滑行道：前者供航空器起降，后者是航空器在跑道与停机坪之间出入的通道。

② 停机坪：供飞机停留的场所。

③ 指挥塔或管制塔：航空器进出航空港的指挥中心。其位置应有利于指挥与航空管制，维护飞行安全。

④ 助航系统：辅助安全飞行的设施，包括通信、气象、雷达、电子及目视助航设备。

⑤ 输油系统：为航空器补充油料。

⑥ 维护修理基地：为航空器归航以后或起飞以前做例行检查、维护、保养和修理。

⑦ 货栈。

⑧ 其他各种公共设施，包括给水、电、通信交通、消防系统等。

> **小链接**
> **飞机场目视助航设备**
>
> 飞机场目视助航设备是指飞机场所需的各项通信、导航设施的统称。航空通信有陆空通信和平面通信。陆空通信是飞机场空中交通管制部门和飞机之间的无线电通信，主要方式是用无线电话，远距离则用无线电报。平面通信飞机场和飞机场各业务部门之间的通信早期以人工电报为主。

（2）航空器。航空器主要是指飞机。常见的飞机有螺旋桨式飞机、喷气式飞机和超音速飞机。螺旋桨式飞机利用螺旋桨的转动将空气向机后推动，借其反作用力推动飞机前进。所以螺旋桨转速越高，飞行速度越快。但当螺旋桨转速高到某一程度时，会出现"空气阻碍"的现象，即螺旋桨四周已成真空状态，继续加快螺旋桨的转速，飞机的速度也无法提升。喷气式飞机最早由德国人在20世纪40年代制成，是将空气多次压缩后喷入飞机燃烧室内，使空气与燃料混合燃烧后产生大量气体以推动涡轮，然后于机后以高速度将空气排出机外，借其反作用力使飞机前进。它的结构简单，制造、维修方便，速度快，节约燃料费用，装载量大，使用率高（每天可飞行16小时），所以目前已经成为世界各国机群的主要机种。超音速飞机是指航行速度超过音速的飞机。

按照用途的不同，飞机也可分为客机、全货机和客货混合机。客机主要运送旅客，一般行李装在飞机的深舱。由于直到目前为止，航空运输仍以客运为主，客运航班密度高、收益大，所以大多数航空公司都采用客机运送货物。但是，由于舱位少，每次运送的货物数量十分有限。全货机运量大，可以弥补客机的不足，但经营成本高，只限在某些货源充足的航线使用。客货混合机可以同时在主甲板运送旅客和货物，并根据需要调整运输安排，是最具灵活性的一种机型。

（3）集装设备。航空运输中的集装设备主要是指为提高运输效率而采用的托盘和集装箱等成组的装载设备。为使用这些设施，飞机的甲板和货舱都设置了与其配套的固定系统。

由于航空运输的特殊性，这些集装设备无论从外形构造还是技术性能指标方面都具有自身的特点。以集装箱为例，就有主甲板集装箱和底甲板集装箱之分。海运中常见的40英尺和20英尺的标准箱只能装载在宽体飞机的主甲板上。

4.3.3 电子商务环境下的合理运输

1. 合理运输的概念

合理运输是指在运输组织工作和经营管理中，充分利用现有的运输网络和运输能力，按照货物的特点和合理流向，使某种货物及时、准确、安全、经济地从始发点运达终点。实现合理运输必须选择最适合的运载工具，确定合理的运输线路，减少中转环节，采取有效措施确保不发生货损、货差现象，以最少的运输劳动消耗，及时、准确、安全、经济地完成运输任务。

2. 合理运输的作用

物流过程的合理运输，就是从物流系统的总体目标出发，按照货物流通规律，运用系统理论和系统工程的原理与方法，合理利用各种运输方式，选择合理的运输路线和运输工具，以最短的路径、最少的环节、最快的速度和最少的劳动消耗，组织好货物的运输与配送。合理运输合理的重要作用可归结如下。

（1）合理组织货物运输有利于加速社会再生产的进程，促进国民经济持续、稳定、协调地发展。按照市场经济的基本要求，组织货物的合理运输，可以使物质产品迅速地从生产地向消费地转移，加速资金的周转，促进社会再生产过程的顺利进行，保持国民经济稳定、健康地发展。

（2）货物的合理运输能节约运输费用，降低物流成本。运输费用是构成物流费用（成本）的主要部分。合理运输会缩短运输里程、提高运输工具的运用效率，从而达到节约运输费用、降低物流成本的目的。

（3）合理运输缩短了运输时间，加快了物流速度。运输时间的长短决定着物流速度的快慢。所以，货物运输时间是决定物流速度的重要因素。合理组织运输活动，可使被运输货物的在途时间尽可能缩短，实现到货及时的目的，因此可以降低库存商品的数量，实现加快物流速度的目标。因此，从宏观角度讲，物流速度加快，减少了商品的库存量，节约了资金占用，相应地提高了社会物质产品的使用效率，同时也利于促进社会化再生产过程。

（4）合理运输可以节约运力，缓解运力紧张的状况，还能节约能源。合理运输克服了许多不合理的运输现象，从而节约了运力，提高了货物的通过能力，起到合理利用运输能力的作用。同时，由于货物运输的合理性，降低了运输中的能源消耗，提高能源利用率。这些对于缓解我国目前的运输和能源紧张情况具有重要作用。

3. 影响合理运输的因素

影响合理运输的因素很多，起决定作用的有五个，称作合理运输的"五要素"。

（1）运输距离。运输过程中，运输时间、运输运费等若干技术经济指标都与运输距离有一定的关系,运距长短是运输是否合理的一个最基本的因素。

(2)运输环节。每增加一个运输环节,势必要增加运输的附属活动,如装卸、包装等,各项技术经济指标也会因此发生变化,因此减少运输环节对合理运输有一定的促进作用。

(3)运输工具。各种运输工具都有其优势领域,对运输工具进行优化选择以最大限度地发挥运输工具的特点和作用,是合理运输的重要一环。

(4)运输时间。在全部物流时间中运输时间占绝大部分,尤其是远距运输,因此,运输时间的缩短对整个流通时间的缩短起决定性的作用。此外,运输时间缩短,加速运输工具的周转,充分发挥运力效能,提高运输线路通过能力,不同程度地改善运输不合理的状况。

(5)运输费用。运费在全部物流费用中占很大的比例,运费高低在很大程度上决定整个物流系统的竞争能力。实际上,运费的相对高低,无论对货主还是对物流企业都是运输是否合理的一个重要标志。运费的高低也是各种合理化措施是否行之有效的最终判断依据之一。

> **课堂活动**

活动题目	对比不同的电子商务运输方式
活动步骤	对学生进行教学分组,每3~5人为一个小组,以小组为单位进行讨论
	分别收集整理不同的电子商务物流运输方式,分析其各自的优势与劣势
	对比这些不同电子商务物流运输方式的优势和劣势,并将结果填入表4-3中
	每个小组将小组讨论结果形成PPT,派一名代表进行演示
	教师给予评价

表4-3 不同电子商务物流运输方式的优势和劣势

运输方式	速度	方便程度	费用

4.4 电子商务供应链管理

电子商务的发展使传统供应链管理模式受到了很大的冲击,形成了崭新的更高效率的供应链管理模式。

> **课程思政**
>
> 电子商务供应链的完整、畅通是保证电子商务活动顺畅进行的必要前提。在电子商务整个活动中,各个环节都要有序进行、互相配合,而不能因为觉得自己部门比其他部门重要就不好好配合,要有团队精神。

4.4.1 供应链管理认知

1. 供应链的概念

供应链是围绕核心企业,通过对信息流、物流、资金流的控制,从采购原材料开始,制成中间产品及最终产品,最后由销售网络把产品送到消费者手中,将供应商、制造商、分销商、零售商直到最终用户连成一个整体的功能网链结构模式。

2. 供应链管理的概念

供应链管理(supply chain management,SCM)是以提高企业个体和供应链整体的长期绩效为目标,对传统的商务活动进行总体战略协调,对特定公司内部跨职能部门边界的运作和在供应链成员中跨公司边界的运作进行战术控制的过程。

供应链管理就是要整合供应商、制造部门、库存部门和配送商等供应链上的诸多环节,减少供应链的成本,促进物流和信息流的交换,以求在正确的时间和地点,生产和配送适当数量的正确产品,提高企业的总体效益。

供应链管理通过多级环节,提高整体效益。每个环节都不是孤立存在的,这些环节之间存在错综复杂的关系,形成网络系统。同时这个系统也不是静止不变的,不但网络间传输的数据不断变化,网络的构成模式也在实时进行调整。

3. 供应链管理的特征

(1)以顾客满意为最高目标,以市场需求的拉动为原动力。
(2)企业之间关系更为紧密,共担风险,共享利益。
(3)把供应链中所有节点企业作为一个整体进行管理。
(4)对工作流程、实物流程和资金流程进行设计、执行、修正和不断改进。
(5)利用信息系统优化供应链的运作。
(6)缩短产品完成时间,使生产尽量贴近实时需求。
(7)减少采购、库存、运输等环节的成本。

以上特征中,(1)(2)(3)是供应链管理的实质,(4)(5)是实施供应链管理的两种主要方法,而(6)(7)则是实施供应链管理的主要目标,即从时间和成本两个方面为产品增值,从而增强企业的竞争力。

4. 供应链管理的内容

作为供应链中各节点企业相关运营活动的协调平台,供应链管理应把重点放在以下几个方面。

（1）供应链战略管理。供应链管理本身属于企业战略层面的问题，因此，在选择和参与供应链时，必须从企业发展战略的高度考虑问题。它涉及企业经营思想，在企业经营思想指导下的企业文化发展战略、组织战略、技术开发与应用战略、绩效管理战略等，以及这些战略的具体实施。供应链运作方式、为参与供应链联盟而必需的信息支持系统、技术开发与应用及绩效管理等都必须符合企业经营管理战略。

（2）信息管理。信息及对信息的处理质量和速度是企业在供应链中获益的关键，也是实现供应链整体效益的关键。因此，信息管理是供应链管理的重要方面之一。信息管理的基础是构建信息平台，实现供应链的信息共享，通过 ERP 和 VWI（visual work instruction，可视化作业指导书）等系统的应用，将供求信息及时、准确地传递到相关节点企业，从技术上实现与供应链其他成员的集成化和一体化。

> **小链接**
>
> **ERP**
>
> 企业资源计划即 ERP(enterprise resource planning)，由美国 Gartner Group 公司于 1990 年提出。企业资源计划是 MRP II（企业制造资源计划）下一代的制造业系统和资源计划软件。

（3）客户管理。客户管理是供应链的起点。如前所述，供应链源于客户需求，终于客户需求，因此供应链管理是以满足客户需求为核心来运作的。通过客户管理，详细地掌握客户信息，从而预先控制，在最大限度地节约资源的同时为客户提供优质的服务。

（4）库存管理。供应链管理就是利用先进的信息技术，收集供应链各方及市场需求方面的信息，减少需求预测的误差，用实时、准确的信息控制物流，减少甚至取消库存（实现库存的"虚拟化"），从而降低库存的持有风险。

（5）关系管理。通过协调供应链各节点企业，改变传统的企业间进行交易时的"单向有利"意识，使节点企业在协调合作关系基础上进行交易，从而有效地降低供应链整体的交易成本，实现供应链的全局最优化，使供应链上的节点企业增加收益，进而达到双赢的效果。

（6）风险管理。信息不对称、信息扭曲、市场不确定性及其他政治、经济、法律等因素，导致供应链上的节点企业运作风险，必须采取一定的措施尽可能地规避这些风险。例如，通过提高信息透明度和共享性、优化合同模式、建立监督控制机制，在供应链节点企业间合作的各个方面、各个阶段，建立有效的激励机制，促使节点企业间的诚意合作。

4.4.2 供应链的结构和设计

1. 供应链的结构

一般来说，构成供应链的基本要素如图 4-15 所示。

（1）供应链供应商。供应商是指给生产厂家提供原材料或零、部件的企业。

（2）供应链厂家。厂家即产品制造业，负责产品生产、开发、售后服务等。

（3）供应链分销企业。分销企业是为实现将产品送到经营地理范围而设的产品流通代理企业。

图 4-15 供应链的构成要素

（4）供应链零售企业。零售企业是将产品销售给消费者的企业。

（5）供应链消费者。消费者是供应链的最后环节，也是整条供应链的唯一收入来源。

2. 供应链的设计

供应链的设计是指以用户需求为中心，运用新的观念、新的思维、新的手段，从更广泛的四维空间——企业整体角度去勾画企业蓝图和服务体系。供应链设计通过降低库存、减少成本、缩短提前期、实施准时制生产与供销、提高供应链的整体动作效率，使企业的组织模式和管理模式发生重大变化，最终达到提高用户服务水平、实现成本和服务之间的有效平衡、提高企业竞争力的目的。

在设计供应链时，应遵循下面这些基本原则，确保在供应链的设计、优化乃至重建过程中能贯彻落实供应链管理基本思想。

（1）从上到下与从下到上相结合的原则。从上到下即从全局到局部，是系统分解的过程；从下到上则是从局部到全局，是系统集成的过程。在设计供应链系统时，一般先由企业战略决策层根据企业经营目标、发展规划和市场需求进行供应链规划，再由供、产、销等职能部门管理者进行相关职能领域的详细设计，并由中基层管理者组织实施。此外，还要从下到上不断进行信息反馈，并进行供应链优化、整合。因此供应链设计过程是从上到下和从下到上两种策略的有机结合。

（2）简洁性原则。为了能使供应链具有快速响应市场的能力，供应链的每个节点都应该是简洁且具有活力的，能实现业务流程的快速组合。合作伙伴的选择应该遵循"少而精"的原则，企业通过和少数贸易伙伴建立战略联盟，努力实现从精益采购到精益制造，再到精益供应链这一目标。

（3）集优原则。供应链节点的选择应遵循"强强联合"的集优原则，以实现企业内外资源的优化配置。每个节点企业都应该具有核心业务，在理想的情况下都应该具有核心能力，并且必须实施"归核化"战略，将资源和能力集中于核心业务，培养并提升本企业的核心竞争力。通过成员企业间的"强强联合"，将实现成员企业核心能力的协同整合和功能放大，全面提升整个供应链系统的核心竞争力。

（4）优势互补原则。供应链节点的选择还应遵循"优势互补"的原则。"利益相关，优势互补"是组织之间或个体之间合作的一条基本原则。尤其是对企业这种营利性的经济组织而言，合作的前提条件之一便是成员企业之间能实现"优势互补"。通过合作，可取长补短，这对合作各方都是有利的。因此，"优势互补"是供应链设计的一条基本原则。

（5）协调性原则。协调是管理的核心。成功的供应链管理者要协调好成员企业间的关系。因此，在设计供应链时必须体现协调性原则，这有利于日后的供应链管理。换言之，供应链运营的绩效主要取决于成员企业间的合作关系是否和谐，而上下游企业以及第三方物流企业建立战略联盟则是实现供应链最佳效能的根本保证。从协调性这一原则不难看出，供应链管理的成功对核心企业——供应链的规划者、设计者和管理者的要求很高。

（6）动态性原则。动态性是供应链的一个显著特征。一方面，企业经营环境是动态、复杂多变的；另一方面，由于成员企业间的相互选择，必然使供应链的构成发生变化。为了适应竞争环境，供应链的结构及节点企业往往需要动态更新。因此，供应链的设计应符合动态性原则，应根据企业发展的需要优化乃至重构供应链，以适应不断变化的竞争环境。此外，处于不同产业的企业，其供应链的类型与结构也有所不同，在设计、构建供应链时应体现权变、动态的原则，不可盲目照搬。

（7）创新性原则。市场竞争日益激烈，企业不创新便不能生存，更谈不上发展，因而创新是供应链设计的一条重要原则。要进行创新性设计，就要敢于突破现状、抛弃传统、破旧立新、标新立异，用新的思维审视原有的管理模式，进行大胆的创新设计。

4.4.3 电子商务在供应链管理中的实施

1. 快速有效的客户反应

这是在分销系统中为消除系统中不必要的成本和费用、给客户带来更大效益而进行密切合作的一种供应链管理策略。其最终目标是减少原材料到销售点的时间和整个供应链上的库存，建立一个具有高效反应能力和以客户需求为基础的系统，使零售商及供应商以业务伙伴方式合作，提高整个供应链的效率。

2. 应用电子商务实现集成化供应链管理

供应链管理模式要求突破传统的采购、生产、分销和服务的范畴及障碍，把企业内部及供应链节点企业之间的各种业务看作一个整体功能过程，通过有效协调供应链中的信息流、物流、资金流，将企业内部的供应链与企业外部的供应链进行有机地集成管理，形成集成化供应链管理体系，以适应新竞争环境下市场对企业生产和管理运作提出的高质量、高柔性和低成本的要求。

3. 电子商务与供应链管理整合，形成集成化的供应链管理

随着电子商务的推广和发展，供应链管理正在向着更高水平的集成化方向发展。为了能及时和快速地适应环境变化，供应链需要不断提高系统协调的敏捷性和灵活性。集成化的供应链管理能有效地解决这个问题。集成化的供应链管理的目标是进一步优化供应链管理系统的功能，使供应链的各链节、各功能实现最佳配合与完美协调，共同保证供应链整体效益的最大化。实现集成化的供应链管理一般要做到内部供应链集成化和外

部供应链集成化。供应链管理集成初级阶段的核心是内部集成化供应链的效率问题,重点是在优化资源、能力的基础上,以最低成本和最快速度生产最好的产品,快速满足用户的需要,以提高企业的反应能力和服务效率。在外部供应链集成过程中,管理要追求在产品、业务、组织、企业文化等多方面的稳定关系,相互之间保持一定的一致性,实现信息和利益共享。

在电子商务时代下建立供应链网络,借助电子商务的技术平台实现供应链管理,对每个企业都是十分便利和必要的事情。强化电子商务时代下的供应链管理具有十分重要的意义。

4. 其他管理思想的借鉴

准时制是指将必要的原材料、零部件以必要的数量在必要的时间送到特定的生产线生产必要的产品。准时制是电子商务条件下对生产领域物流的新要求。其目的是使生产过程中的原材料、零部件及制成品能高效率地在各个生产环节流动,缩短物质实体在生产过程中停留的时间,杜绝产品库存积压、短缺和浪费现象。准时制虽然是企业内部的一种管理模式,但它作为一种管理思想,在提高整个供应链对客户的响应时间、实现零库存生产、降低供应链的物流成本等方面仍然具有重要的作用。快速反应是在准时制思想的影响下产生的,是为了在以时间为基础的竞争中占据优势而建立起来的一整套对环境反应敏捷和迅速的系统。因此,快速反应是信息系统和准时制物流系统结合起来实现"在合适的时间和合适的地点将合适的产品交给合适的消费者"的产物。快速反应系统的目的在于减少原材料到消费者的时间,最大限度地提高供应链的运作效率,对客户的需求做出最快反应。

5. 降低供应链管理中牛鞭效应的策略

(1)采用适当的激励措施,使各节点企业的目标保持一致。供应链中相对强势的企业可以通过设计利益协调机制,促使供应链内的每个参与者的行为都以供应链整体利益最大化为目标,努力使每个参与者将供应链视为"相容性"利益集团,引导各结点企业将价值创新的着眼点放在"将蛋糕做大",只有这样才能保证整体利益和局部利益同步实现。

(2)提高信息的准确度。通过电子订货系统、电子数据交换等技术的应用,促进供应链内各企业的信息共享,提高供应链内不同节点企业之间所获得信息的准确度,既能实现供应链的有效管理,又能有效削弱牛鞭效应。

▶ 课堂活动

活动题目	分析企业的供应链情况
活动步骤	对学生进行教学分组,每3~5人为一个小组,以小组为单位进行讨论
	明确供应链的含义及其供应链在企业中的作用
	选择一个电子商务企业,分析其供应链的情况,并将整体结果写在下面
	每个小组将小组讨论结果形成PPT,派一名代表进行演示
	教师给予评价

拓展实训

【实训目标】

通过实训，使学生认知电子商务物流的相关知识，能够说出电子商务与物流的关系，熟悉电子商务物流运输的设施和设备有哪些。

【实训内容】

查阅相关资料，了解电子商务物流在整个电子商务过程中的地位，分析电子商务与物流的关系。收集资料，了解电子商务物流的运输设备和设施，搜索查看相关图片，并分析每种运输方式的优缺点，整理成表格。

【实训步骤】

（1）2~3 人组成一个团队。设负责人一名，负责整个团队的分工协作。

（2）团队成员分工协作，通过多渠道搜集相关资料。

（3）团队成员对搜集的材料进行整理，总结并分析这些材料。

（4）各团队将总结制作成 PPT，派出一人作为代表上台演讲，阐述自己团队的成果。

（5）教师对各团队的成果进行总结评价，指出不足与改进措施。

【实训要求】

（1）考虑到课堂时间有限，实训可采取"课外 + 课内"的方式进行，即团队组成、分工、讨论和方案形成在课外完成，成果展示安排在课内。

（2）每个团队方案展示时间为 10 分钟左右，教师和学生提问时间为 5 分钟左右。

思考与练习

1. 填空题

（1）物流是指物品从供应地到接收地的实体流动过程，主要包括_____、_____、装卸、搬运、包装、_____、配送、信息处理等环节。

（2）射频识别技术利用无线射频方式在阅读器和射频卡之间进行非接触双向数据传输，以达到_____和_____的目的。

（3）企业自营仓储包括_____和_____的自营仓储。

（4）载货汽车汽车是公路运输的最基本运输工具，是指专门用于_____的汽车。

（5）_____是供应链的起点。

2. 简答题

（1）什么是电子商务物流？

（2）简述仓储管理的概念。

（3）运输有哪些功能？

（4）什么是供应链管理？

（5）供应链设计的原则有哪些？

第 5 章
电子支付

学习目标

- ☑ 熟悉电子支付的含义、特征和分类
- ☑ 掌握网上银行的概念
- ☑ 熟悉网上银行的特点和功能
- ☑ 掌握网上银行的支付流程
- ☑ 掌握第三方支付的相关知识

 导入案例

微信支付亮相2021中国便利店大会

2021中国便利店大会在长沙国际会议中心拉开帷幕,围绕"打造便利店双循环新发展格局"的主题,5月13日,微信支付零售行业运营总监何伶俐在会上介绍了微信生态如何助力便利店行业数字化升级。

1. 助力会员运营升级,提升竞争力

做好会员生意是零售商家的基本盘,也是便利店保证客流销量源源不断的活水。但是随着会员运营逐渐成为行业共识,便利店行业在高竞争格局下如何运营自己的会员体系是行业普遍关注的问题。首先是提升会员拉新的效率。通过微信支付后的会员运营,可以快速拉新,会员有礼有效提升开卡成功率,开通会员后顾客权益感知也能一目了然。

便利店同样可以为会员提供更好的消费体验。会员刷脸即可登录,在支付前引导开卡或者加群,成功后就能享受开卡或加群礼赠,获得优惠。

与此同时,微信支付代金券的开放券体系还可提供商家券的会员营销玩法,丰富会员使用权益。借助微信支付的会员运营,便利店也得以将零售商、品牌方、支付服务商、品牌服务商的利益有效结合,连接起优质的品牌资源。

2. 助力私域运营升级,微信生态能力推动增长

为了精准触达用户,企业微信如今也是便利店不可或缺的线上工具。借助其高效而全面的社群管理功能,便利店可以轻松地实现促销提醒、产品预告等精准投放,在线上即可提供服务、形成转化,也扩大了店外场景的触达。

另外,视频号也是便利店商家眼下纷纷入局的全新阵地。自营爆品、新品上线、创意吃法等,这些"让顾客看见你"的小短片扩充了便利店在私域流量下的内容曝光和实时互动,从而为快速转化找到捷径。

3. 助力增长运营升级,获得更大生意增长

聚焦新私域的同时,微信团队也在关注新增长如何为便利店行业创造更多价值。从线上运营来看,通过与线下门店融合,叠加"预售+自提"的新销售模式,微信生态的多渠道用户运营将便利店业务延伸,通过店外销量与引客到店双管齐下,创造更多二次销售的机会。会员运营则是带动便利店生意增长的另一大核心要素。

与其他支付方式相比,微信支付的优势有哪些?

5.1 电子支付概述

电子支付是人们通过计算机或手机终端向银行发出支付指令，完成支付的目的。目前电子支付的安全性也比较高，受到企业和个人的追捧。

> **课程思政**
>
> 电子支付存在的一个安全威胁便是个人隐私的泄露，在进行电子商务活动，尤其是电子支付时，我们应该有意识地保护自己的隐私，不轻易泄露支付密码等信息，使自己的财产不受到损失。

5.1.1 电子支付的含义

电子支付是指电子交易的当事人，包括消费者、商家和金融机构，以计算机和通信技术为手段，通过计算机网络系统以电子信息传递形式实现的货币支付或资金结算。

通俗来说，电子支付是指单位、个人（以下简称"客户"）直接或授权他人通过电子终端向银行发出支付指令，实现货币支付与资金转移的行为。

电子支付 VS 现金支付

这里的电子终端是指客户可用来发起电子支付指令的计算机、电话、销售点终端、自动柜员机、移动通信工具或者其他电子设备等。也就是说，电子支付不仅仅是通过计算机实现"无纸化"，打电话通过电话银行进行支付也属于电子支付的范畴。

5.1.2 电子支付的特征

电子支付与传统的支付方式相比，具有自身的一些特征，如图 5-1 所示。

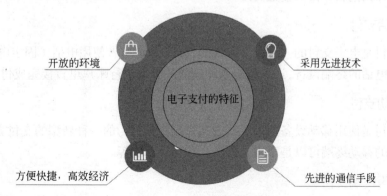

图 5-1 电子支付的特征

（1）电子支付的工作环境基于一个开放的系统平台（即互联网）；而传统支付则是在较为封闭的系统中运作。

（2）电子支付具有方便、快捷、高效、经济的优势。用户只要拥有一台能上网的计算机，便可足不出户，在很短的时间内完成整个支付过程。支付费用仅相当于传统支付的几十分之一，甚至几百分之一。

（3）电子支付是采用先进的技术通过数字流转来完成信息传输的，各种支付方式都是通过数字化进行款项支付的；而传统的支付方式则是通过现金的流转、票据的转让及银行的汇兑等物理实体来完成款项支付的。

（4）电子支付使用的是最先进的通信手段，如 Internet、Extranet，而传统支付使用的则是传统的通信媒介。电子支付对软、硬件设施的要求很高，一般要求有联网的微机、相关的软件及其他一些配套设施，而传统支付则没有这么高的要求。

表 5-1 清晰显示了电子支付与传统支付的区别。

表 5-1 电子支付与传统支付的区别

对比项目	支付方式	
	电子支付	传统支付
工作环境	基于开放的网络平台	较为封闭的系统
软、硬件要求	较高	较低
款项支付方式	先进的信息技术	物理实体
支付效率与费用	支付时间短，费用低	支付时间长，费用高

5.1.3 电子支付的方式

1. 网上支付

网上支付是电子支付的一种形式。广义地讲，网上支付是以互联网为基础，利用银行所支持的某种数字金融工具，发生在购买者和销售者之间的金融交换，而实现从买者到金融机构、商家之间的在线货币支付、现金流转、资金清算、查询统计等过程，为电子商务服务和其他服务提供金融支持。

2. 电话支付

电话支付是电子支付的一种线下实现形式，是指消费者使用电话（固定电话、手机）或其他类似电话的终端设备,通过银行系统就能从个人银行账户里直接完成付款的方式。

3. 移动支付

移动支付是使用移动设备通过无线方式完成支付行为的一种新型的支付方式。移动支付所使用的移动终端可以是手机、PDA、移动计算机等。

4. 销售终端支付

销售终端支付即通常所说的刷卡支付方式。

5. 自动柜员机支付

自动柜员机支付即到银行设的自动柜员机根据提示办理转账支付的方式。

6. 其他电子支付方式

其他电子支付方式是指除以上几种电子支付方式以外的支付方式，如微支付、第三方支付等。

5.1.4 电子支付的优缺点

电子支付的优点如图 5-2 所示。

电子支付的缺点如图 5-3 所示。

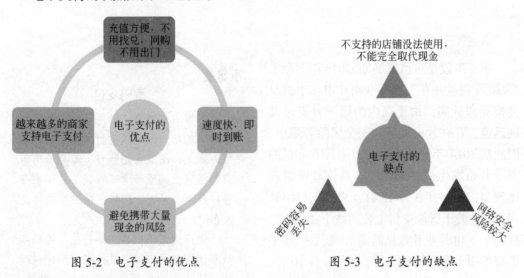

图 5-2　电子支付的优点　　　　图 5-3　电子支付的缺点

5.1.5 我国电子支付的发展阶段

1. 第一阶段

第一阶段是早期或自由发展期（1999—2004 年）。我国第三方支付企业的出现并不晚于美国，但是没有抓住前期的发展机遇，因此滞后于美国。早在 1999 年成立的北京首信和上海环迅两家企业是中国最早的第三方支付企业，由于电子商务在中国发展缓慢，其影响力一直不大。直到 2004 年 12 月阿里巴巴公司推出支付宝，在淘宝购物平台的强大影响下，其业务取得了突飞猛进的发展，第三方支付的交易规模也呈飞速增长趋势，仅用 4 年时间便以超过 2 亿使用用户的绝对优势胜过美国的 PayPal，成为全球最大的第三方支付平台。

此阶段由于第三方支付还处于早期发展阶段，其影响力和覆盖范围均有限，因此也没有相关政策措施出台。

2. 第二阶段

第二阶段是强力发展期（2005—2013年）。继阿里巴巴公司的支付宝推出后，国内相继出现了一系列类似的支付平台，如安付通、买卖通、微信支付、e拍通、网银在线等产品，均以较高的收益回报率和服务便捷性被亿万用户使用。此外，以拉卡拉为代表的线下便民金融服务提供商的出现，以及银联电子支付推出的银联商务等多项金融服务的衍生，使最近十余年中国的第三方支付平台呈现迅猛的发展态势，第三方支付企业进入了持续稳定的"黄金"增长期。

由于这一时期第三方支付企业集中发展且影响力逐渐增大，甚至对银行等实体金融造成了较大冲击，导致它们之间竞争相当激烈。因此，从2005年开始，国务院及相关部门陆续发布了一系列相关政策措施，用于规范电子商务市场的发展和网上支付环境的建设。

3. 第三阶段

第三阶段是审慎发展期（2014年至今）。"风险与利益并存"这一准则在市场中被反复检验和证实。由于国内的第三方支付发展迅速，存在片面发展和安全风险等隐患，因此从2014年开始，央行对第三方支付的态度开始发生微妙的转变。具体政策措施体现为：2014年3月13日，央行支付结算司发布《关于暂停支付宝公司线下条码（二维码）支付等业务意见的函》，紧急叫停了虚拟信用卡和二维码支付。同年4月10日，央行和银监会联合发布《关于加强商业银行与第三方支付机构合作业务管理的通知》（银监发〔2014〕10号）。尽管银监发〔2014〕10号文件中的二十条规定都是针对商业银行提出的，但事实上每一条都指向第三方支付机构。2015年，央行《网络支付业务管理办法》出台；2016年3月，央行颁布《完善银行卡刷卡手续费定价机制的通知》；2016年4月，央行出台《非银行支付机构分类评级管理办法》；2016年8月，央行《二维码支付业务规范（征求意见稿）》《银行卡受理终端业务准入规则》相继出台。

> **小链接**
>
> **二维码支付**
>
> 二维码支付是一种基于账户体系搭建起来的新一代无线支付方案。在该支付方案下，商家可把账号、商品价格等交易信息汇编成一个二维码，并印刷在各种报纸、杂志、广告、图书等载体上发布。
>
> 用户通过手机客户端扫拍二维码或商家使用电子支付工具扫描用户的付款码，便可实现与商家账户的支付结算。最后，商家根据支付交易信息中的用户收货、联系资料就可以进行商品配送，完成交易。

可见，第三方支付机构在移动支付体系中作为补充者的角色已被政府定位。同时，地方性区域性移动支付也和第三方支付机构一起充当补充者的角色。因此，第三方支付企业在未来的发展中也需看清形势，找准方向，抓住政策中的机遇，针对前期发展中出现的问题及时调整方向、亡羊补牢，对短期内会获利但长期会影响整体发展的潜在弊端要放长眼光、杜绝短利、未雨绸缪。

课堂活动

活动题目	对比电子支付与传统支付的不同及其各自的优势
活动步骤	对学生进行教学分组，每3~5人为一个小组，以小组为单位进行讨论
	搜集整理电子支付和传统支付方式各自的特点和优势
	讨论、分析、对比传统支付与电子支付，并将结果填入表5-2中
	每个小组将小组讨论结果形成PPT，派一名代表进行演示
	教师给予评价

表 5-2　电子支付与传统支付的对比

对比项目	电子支付	传统支付
便捷程度		
安全程度		
受限制程度		
国家支持程度		

5.2　网 上 银 行

随着经济和技术的发展，网上银行已经越来越融入人们的生活，起着越来越重要的作用。

> **课程思政**
>
> 网上银行无疑给人们的生活带来了很大的便利，但与此同时也存在一定的风险。在进行网上银行登录、转账、支付等活动时，很容易受到一些钓鱼软件、木马程序的入侵，从而导致自己的银行账号和密码丢失，从而给自己的财产造成损失。所以我们要提高保护个人隐私的意识，将自己的财产保护好。

5.2.1　网上银行的概念

网上银行（I-bank）又称网络银行、在线银行，是金融机构利用计算机和互联网技术在 Internet 上开设的银行，是一种不受时间、空间限制的全新银行客户服务系统。采用 Internet 数字通信技术，以 Internet 作为基础的交易平台和服务渠道，在线为公众提供办理结算、信贷服务的商业银行和金融机构,也可以理解为 Internet 上的银行柜台。用户可以通过个人计算机、掌上计算机、手机或者其他数字终端设备,采用拨号连接、专线连接、无线连接等方式,登录 Internet 享受网上银行服务。它用互联网上的虚拟银行代替银行大厅和营业网点,但没有改变传统银行作为信用中介和支付中介的根本性质。

与网上银行容易混淆的一个概念是电子银行(e-bank)。电子银行是指商业银行利用计算机技术和网络通信技术,通过语音或其他自动化设备,以人工辅助或自主的形式,向客户提供方便快捷的金融服务。呼叫中心、ATM、POS、无人银行等多种多样的金融服务形式都涵盖在电子银行的范畴内。而网上银行则主要指金融机构基于 Internet 而提供的各种金融服务,是电子银行的代表。流通的是执行支付"预付制服机制"即通常称为的"数字现金"的电子货币。

> **小链接**
>
> **ATM**
>
> 自动取款机又称 ATM(automated teller machine),意思是自动柜员机,大部分用于取款。它是一种高度精密的机电一体化装置,利用磁性代码卡或智能卡实现金融交易的自助服务,代替银行柜面人员的工作。它可完成提取现金、查询存款余额、进行账户之间资金划拨、余额查询等工作;还可以进行现金存款(实时入账)、支票存款(国内无)、存折补登、中间业务等工作。持卡人可以使用信用卡或储蓄卡,根据密码办理自动取款、查询余额、转账、现金存款、存折补登、购买基金、更改密码、缴纳手机话费等业务。

5.2.2 网上银行的特点

网上银行依托于传统银行业务,并为其带来根本性的变革,同时也拓展了传统电子银行的业务。与传统银行相比,网上银行在运行机制和服务功能方面都具有不同的特点。

1. 低运营成本

传统银行的销售渠道是开设分支机构和营业网点,需要大量的人力、物力、财力的投入,如场地租金、室内装修、照明及水电费,支点的人员工资等。而网上银行的销售渠道是互联网,只需在网络上开通相应的专业网站即可,所以网上银行的运营成本比传统银行低得多。

2. 开放性

传统电子银行,如 POS 系统和 ATM 等,都是在银行的封闭系统中运作的,而网上银行的服务器代替了传统银行的建筑物,网址就是地址,其分行是终端机和互联网虚拟化的电子空间。因此,网上银行是虚拟银行,利用网络技术将自己与客户连接起来,在相关安全措施的保护下,随时通过不同的计算机终端为客户办理所需的一切金融业务。

3. 无分支机构

网上银行利用互联网开展银行业务,打破了传统银行的地域、时空限制,将金融业务和市场延伸到全球每个网络，实现了在任何时间（anytime）、任何地点（anywhere）、以任何方式（anyhow）为客户提供金融服务。这既有利于吸引和保留优质客户，又能主动扩大客户群，开辟新的利润来源。

4. 个性化服务

传统银行的业务范围较为清晰，营销目标一般只能细分到某一类客户群，难以进行一对一的客户服务。网上银行的业务范围不断扩展，不仅能满足客户咨询、购买和交易多种金融产品的需求，还可以很方便地进行网上股票债券买卖等，而且能够为客户提供个性化的金融服务。

> **小链接**
>
> **POS**
>
> 销售终端——POS（point of sale）是一种多功能终端，把它安装在信用卡的特约商户和受理网点中与计算机联成网络，就能实现电子资金自动转账。它具有支持消费、预授权、余额查询和转账等功能，使用起来安全、快捷、可靠。

5.2.3 网上银行的功能

网上银行的功能随着互联网技术的发展与用户需求的变化而不断发展与创新，不同银行的网上银行的服务功能有所不同，但综合来看，一般都具有以下几项功能。

1. 信息类服务

网上银行是传统银行的网络化，其表现形式一般为网站、手机 APP 等平台。为了让用户了解网上银行的相关业务和服务，网上银行一般会在网站上提供基本的信息，主要包括银行的历史背景、企业文化、经营范围、网点分布、业务品质、经营状况，以及最新的国内外金融新闻和企业资讯。这些信息不仅能够让用户更加了解银行的相关业务和操作方法，还能很好地对银行起到宣传推广的作用，进一步树立银行的形象，加深银行在用户心中的印象。

2. 决策咨询类服务

网上银行与传统银行一样可以为用户提供决策咨询类服务。一般情况下，网上银行会以电子邮件或电子公告的形式提供银行业务的疑难咨询及投诉服务。这些都是建立在网上银行的市场动态分析反馈系统基础上的，通过该系统，网上银行可进行信息的收集、整理、归纳和分析活动，从而及时提供解决问题的方案。同时，它对市场动向进行关注和分析，以便为银行决策层提供新的经营方式和业务品种的决策依据，进一步为用户提供更加完善和周到的服务。

3. 账务管理类服务

网上银行能够提供完善的账务管理服务，包括用户的账户状态、账户余额、交易明细等查询服务；账户自主管理，如新账户追加、账户密码修改和账户删除等；账户挂失与申请等服务。通过网上银行，用户可以清楚地了解这些业务的办理方法并免除了去柜台办理的麻烦，通过在线填写信息、提交资料的方式简化了办理手续。

4. 转账汇款类服务

转账汇款是用户使用最频繁的网上银行的功能。通过网上银行，用户可以实现多种账户之间的转账汇款，收款人既可以是个人用户，也可以是企业用户，或者其他商业银行的个人用户等。同时，网上银行可记录用户的转账记录，可保存收款人的信息，通过收款人名册可以直接选择收款人信息，避免了信息重复输入造成的失误。

5. 网上支付类服务

网上支付功能是随着电子商务的发展应运而生的，是一种向用户提供的互联网上的资金实时结算功能。用户在进行电子商务活动时，需要使用网上支付功能来进行资金的转移，保证交易的完整与正常。除此之外，用户还能通过网上银行进行网上缴费服务，如为本人或他人缴纳水费、电费、煤气费、手机话费等各种日常生活费用，或预先约定缴费的交易时间和交易频率，由系统定时按设置的交易规则自动发起缴费交易。用户还可开通快捷支付业务，以实现对指定商户的直接支付功能。这样，用户无须登录网上支付页面就可完成支付交易。

思考题

网上银行对于现代人的生活改善起到了怎样的作用？

6. 金融创新类服务

网上银行的功能并非一成不变的，它随着互联网、科学技术的发展而逐渐向更全面和互动性更强的方向发展，以便为用户提供更加智能化、个性化的服务，如金融产品的网上销售、企业集团客户内部资金的调度与划拨、信贷资产证券化、互联网金融、小微金融和众筹金融等。

互联网金融是指传统金融机构与互联网企业利用互联网技术和信息通信技术实现资金融通、支付、投资和信息中介服务的新型金融业务模式。小微金融主要是指专门向小型和微型企业及中低收入阶层提供小额度的可持续的金融产品和服务的活动。众筹金融则通过在互联网上发布筹资项目来吸引资金支持，因此需要筹资项目有足够的吸引力。

需要注意的是，众筹不等于捐款，如果项目失败，众筹的资金需要退还给支持者；如果项目成功，支持者则会获得相应的回报。

小链接

众筹

众筹即大众筹资或群众筹资，一般利用互联网向网友募集项目资金，可以分为公益众筹和商业众筹。比如，网上流行的大病众筹，在用户意外患病时可以在网上发起众筹获得一定资金用于患者的治疗。

5.2.4 网上银行的分类

1. 按照有无实体网点分类

按照有无实体网点，可以将网上银行分为以下两类。

（1）完全依赖于互联网的电子银行，也称"虚拟银行"。所谓虚拟银行，是指没有实际的物理柜台作为支持的网上银行，这种网上银行一般只有一个办公地址，没有分支机构，也没有营业网点，采用国际互联网等高科技服务手段与客户建立密切的联系，提供全方位的金融服务。

（2）在现有的传统银行的基础上，利用互联网开展传统的银行业务交易服务，即传统银行利用互联网作为新的服务手段为客户提供在线服务，实际上是传统银行服务在互联网上的延伸。这是网上银行存在的主要形式，也是绝大多数商业银行采取的网上银行发展模式。

2. 按照服务对象分类

按照服务对象，可以将网上银行分为个人网上银行和企业网上银行两种。

（1）个人网上银行。个人网上银行主要适用于个人和家庭的日常消费支付与转账。客户可以通过个人网上银行服务，完成实时查询、转账、网上支付和汇款。个人网上银行服务的出现，标志着银行的业务触角直接伸展到个人客户的家庭计算机桌面上，方便使用，真正体现了家庭银行的风采。

（2）企业网上银行。企业网上银行主要针对企业与政府部门等企事业客户。企事业客户可以通过企业网上银行服务实时了解企业财务运作情况，及时在组织内部调配资金，轻松处理大批量的网上支付和工资发放业务，并可处理信用证相关业务。

> **小链接**
>
> **PC**
>
> PC 的英文全称为 Personal Computer，即个人计算机，是指一种大小、价格和性能适用于个人使用的多用途计算机。台式机、笔记本电脑、小型笔记本电脑、平板电脑及超级本等都属于个人计算机。

5.2.5 网上银行的支付流程

网上银行的支付流程如图 5-4 所示。

（1）客户接入因特网（Internet），通过浏览器在网上浏览商品，选择货物，填写网络订单，选择应用的网络支付结算工具，并且得到银行的授权使用，如银行卡、电子钱包、电子现金、电子支票或网络银行账号等。

（2）客户核对相关订单信息，对支付信息进行加密，在网上提交订单。

（3）商家服务器对客户的订购信息进行检查、确认，并把相关的、经过加密的客户支付信息转发给支付网关，直到银行专用网络的银行后台业务服务器确认，以期从银行等电子货币发行机构验证得到支付资金的授权。

（4）银行验证确认后，通过建立起来的经由支付网关的加密通信通道，给商家服务器回送确认及支付结算信息，给客户回送支付授权请求（也可没有）。

（5）银行得到客户传来的进一步授权结算信息后，把资金从客户账号转拨至开展电子商务的商家银行账号上，借助金融专用网进行结算，并分别给商家、客户发送支付结算成功信息。

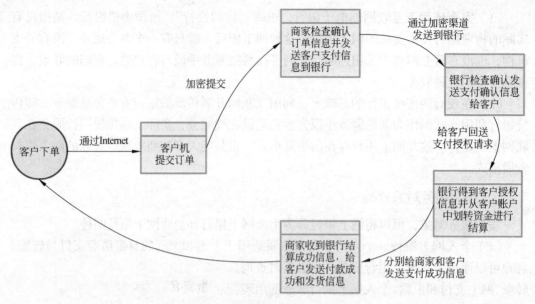

图 5-4 网上银行的支付流程

（6）商家服务器收到银行发来的结算成功信息后，给客户发送网络付款成功信息和发货通知。至此，一次典型的网络支付结算流程结束。商家和客户可以分别借助网络查询自己的资金余额信息，以进一步核对。

课堂活动

活动题目	开通网上银行，并写出开通网上银行的流程
活动步骤	对学生进行教学分组，每3~5人为一个小组，以小组为单位进行讨论
	分别针对不同的银行开通网上银行，体验各个银行开通网上银行的流程
	讨论、分析各个银行开通网上银行的流程，并将各个流程写在下面
	每个小组将小组讨论结果形成PPT，派一名代表进行演示
	教师给予评价

5.3　第三方支付

现阶段，第三方支付已经成为电子支付中的重要角色，以支付宝和微信支付为代表的第三方支付工具极大地方便了人们的生活，在日常生活中扮演着越来越重要的角色。

第三方支付平台

> **课程思政**
>
> 　　第三方支付工具的出现，无疑大大简化了支付流程，使人们的生活更加便利。随处可见的扫码支付更是极大地方便了人们的购物、支付。但是一些不法分子会将一些虚假二维码发送给消费者，使消费者上当受骗。在进行扫码支付时，一定要认真仔细鉴别，避免上当受骗。

5.3.1 第三方支付的概念与特点

1. 第三方支付的概念

　　第三方支付就是买卖双方在交易过程中的资金"中间平台"，这些平台与各大银行进行签约，具备一定的实力和信誉保障。随着各个电子商务平台的兴起，第三方支付现已成为中国电子商务活动中的主流支付方式。

2. 第三方支付的特点

　　（1）支付结算便捷。银行商业因本身系统安全等级的要求，支付体验相对较差，第三方支付为了争夺更多的用户，在商户接入、用户体验、产品易用性等方面做了大量优化，方便用户、商户支付体验。一方面，第三方支付和多家商业银行建立合作，统一多种支付端口方便交易结算，通过简单的流程引导，帮助消费者便捷的将多银行卡支付方式整合在同一操作界面，减少消费者的苦恼。另一方面，第三方支付整合了后端各大银行的不同支付端口，对外提供统一的接入平台，方便商户接入。

　　（2）交易成本降低。对成本角度出发，第三方支付平台降低了商户直连银行的成本，从收付方面为商户大力发展线上业务提供了方便，同时简化了支付上的转账流程，降低转账时间，提高了商户的资本流转率。第三方支付打破了传统支付的时间、空间的限制，大大节约了时间、人力、资本成本。

　　（3）信用保证。第三方支付已纳入央行的管理，并严格规定了准入门槛，其本身依附于大型的门户网站，且以与其合作的银行的信用作为信用依托，杜绝了非法机构从中获利的可能。这形成了健康的支付体系，使得交易双方在交易时不需担心欺诈的行为，在保证交易顺利进行的同时并提供了信用保证。为推动线上业务健康可持续发展提高良好的信用环境，降低线上交易双方因信息不对称而带来的巨大信用风险。

　　（4）边际效应递增。第三方支付本身依托于支付结算业务，逐渐发展更多的业务种类，形成一种平台经济，具有网络效应。第三方支付上述特征使用户黏性逐渐提高，越来越多的消费者使用第三方支付，而用户量的增加又反过来促进开发更多的业务和吸引商家，使总体的边际效应增加。

5.3.2 第三方支付的优缺点

1. 第三方支付的优点

（1）提供第三方信用担保，消除买卖双方的信用顾虑。第三方支付平台可以记录买卖双方的交易记录，在发生各类纠纷时便于提供相应的证据。而银行端是不提供中介认证类服务的，买家无法确定卖家在收款后能否履约，交易后的纠纷也难以处理。

（2）提供增值服务。第三方支付可以为卖家提供更加个性化的增值服务。

（3）第三方支付平台收费标准透明、统一，且结算期可根据商户实际需求设定。

（4）第三方支付成本低、手续简洁，给小额交易创造了发展的空间。

（5）第三方支付平台能让大众在线消费时打破银行卡壁垒的障碍。第三方支付平台会与国内多家银行进行合作，支持国内各大银行发行的银行卡和国际信用卡组织发行的信用卡，商户只需与其一次性接入打包好的支付接口，即可使用该支付平台上所支持的所有银行卡种进行网上收付款。同时，从银行的角度出发，还可以直接利用第三方支付平台的服务系统提供服务，有助于节约网关开发成本。

（6）由于第三方支付平台将各银行网银进行了统一整合，因此本身既拥有了银行网银系统的稳定、安全的功能，又充分发挥了第三方中介的作用。这不仅让企业商户将更多的资源投入自身的发展当中，而且还极大地促进了线上交易的发展。

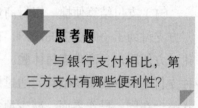

思考题

与银行支付相比，第三方支付有哪些便利性？

2. 第三方支付的缺点

（1）盈利能力有待提高。目前，大部分第三方支付企业还是依赖"手续费"等传统盈利模式来维持，因此企业之间的竞争在所难免，在一定程度上阻碍了第三方支付行业的快速发展。

（2）过于依赖银行。用户的资金通过第三方进行交易，但资金仍是在银行间流转；由于缺乏认证技术，第三方企业也需要借助银行的技术支持。

（3）结算周期相对较长。由于多种因素的制约，大部分厂商暂不能实现实时结算，这样会导致交易双方资金流转效率低下。

（4）用户信息安全性仍有待进一步提高。在交易过程当中，客户的交易信息难免在第三方支付平台留痕，而这就对第三方支付企业的系统安全性提出了更高的要求。

（5）银行的竞争威胁。目前银行尚未全面铺开第三方支付业务，但如果银行绕开第三方支付企业而直接开发与用户交易的平台，则在其专业、信誉、认可度高、资金技术实力强等优势的冲击下，第三方支付企业将面临较大的挑战。

5.3.3 第三方支付的盈利模式

1. 手续费

这里的手续费即第三方支付平台向用户收取手续费与向银行支付的手续费之差。无论是线上的支付宝还是先下的拉卡拉，手续费都是其传统的盈利模式之一。其中针对个人的主要有转账（至银行卡）、提现、缴费、短信安全提示及外币支付等；针对企业的主要有安放 POS 机，为企业提供查询、对账、追收及退款等清算交易相关的服务手续费。手续费的区间一般在 0.08%~1.25%。但是，这种盈利方式技术含量较低，边际利润也较低，第三方支付平台只能通过增大交易流量来增加收入。

2. 广告费

第三方支付平台拥有的互联网平台及移动客户端，都会收取各种商户的广告费用。

3. 沉淀资金的利息收入

这里的沉淀资金也就是《支付机构客户备付金管理办法》中所称的备付金，是指支付机构为办理客户委托的支付业务而实际收到的预收货币代付资金。其中，风险准备金比例不得低于其银行账户利息所得的 10%，这也就意味着第三方支付机构最多可以获得 90% 的利息收入。在以活期存款形式的客户备付金满足日常支付业务的需要后，其他客户备付金可以"以活期存款、单位定期存款、单位通知存款、协定存款或经中国人民银行批准的其他形式"存放，但"期限不得超过 3 个月"。这意味着，部分客户备付金可转成为期 3 个月的单位定期存款。支付宝的相关工作人员表示，这部分收入占支付宝平台收入的 5%。但是，如果拥有预付卡牌照的第三方支付平台将能够更好地实现资金沉淀，那么沉淀的资金可以占到当年发卡额的 70%~80%。按照 4%~5% 的协议存款率和 0.78% 的手续费来估算，这部分利润还是很可观的。

4. 服务费

这里的服务费是指第三方支付平台为其客户提出支付解决方案、提供支付系统及各种增值服务的费用。这也应该是第三方支付平台最核心的盈利模式。前三种盈利模式在不同的第三方支付平台之间具有同质性，无法将不同的平台区分开来，不能体现平台的竞争优势。因此，第三方支付平台企业必须通过为客户提供安全、便捷、高效、成本较低的支付解决方案来提升其产品溢价，吸引更多客户，获得企业核心竞争力。

5.3.4 典型的第三方支付平台

1. 支付宝

支付宝是中国最大的第三方支付平台，是由全球著名的 B2B 电子商务公司阿里巴巴针对网上交易而特别推出的安全付款服务，其运作的实质是以支付宝为信用中介，在买家确认收到商品前，由支付宝替买卖双方暂时保管货款的一种增值服务。

支付宝交易服务从 2003 年 10 月在淘宝网推出，迅速成为使用广泛的网上安全支付工具，用户覆盖了整个 C2C、B2C 和 B2B 电子商务领域。目前，支付宝活跃用户已经超过 10 亿。

目前，支付宝已与中国工商银行、中国建设银行、中国农业银行、招商银行等国内多家商业银行建立了合作伙伴关系。中国工商银行签发的个人网上银行客户证书"U 盾"已被支付宝认可，个人客户只需持"U 盾"在支付宝平台登记后即可成为支付宝证书客户，实行安全交易。中国工商银行还为支付宝公司提供客户交易资金账户的托管服务，保障了支付宝的资金安全，消除了客户的顾虑。招商银行为阿里巴巴提供"票据通"、网上国内信用证、多模式集团现金管理等多种国内领先的金融服务，并协助阿里巴巴建立安全、高效、便捷的资金结算网络，支付宝就是招商银行"一网通"支付的特约商户。

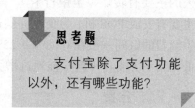

思考题

支付宝除了支付功能以外，还有哪些功能？

支付宝的特点如下。

（1）安全。支付宝作为网络支付平台，其最大的特点在于"收货满意后卖家才能拿钱"的支付规则，在流程上保证了交易过程的安全和可靠，如图 5-5 所示。为了更好地保障交易双方的账户安全及交易安全，支付宝公司推出了免费短信提醒功能，使客户能随时随地了解账户变动及安全情况。

图 5-5　支付宝担保交易流程

（2）方便。支付宝与国内各大银行建立了合作伙伴关系，支持国内主要的银行卡，实现了银行间的无缝对接，使交易双方的原有银行账户能顺利地利用支付宝完成交易。在交易过程中，支付宝用户可以实时跟踪资金和物流进展，方便、快捷地处理收付款业务和发货业务。

（3）快捷。对于买家来说，付款成功后，即时到账，卖家可以立刻发货，快速高效；对于卖家来说，可以通过支付宝商家工具将商品信息发布至多个网站、论坛或即时沟通软件，找到更多的买家；还可以根据需要将支付宝按钮嵌入自己的网站、邮件中，以方便交易用户更快捷地使用支付宝。

支付宝的收入方式丰富多样，得益于它不仅提供了便捷的支付服务，还提供了理财、借贷等服务，满足了用户各个方面的需求。

2. 财付通

财付通是腾讯公司于 2005 年 9 月正式推出的专业在线支付平台，致力于为互联网用户和企业提供安全、便捷、专业的在线支付服务。

财付通依靠腾讯公司拥有微信和 QQ 超过 10 亿活跃用户的优势，同时借助微信支付、

QQ 钱包两种新支付入口的快速发展，市场份额进一步扩大。现在财付通拥有的个人用户数量已超过 2 亿，覆盖的企业涉及腾讯游戏、网上购物、保险、物流和旅游等领域。

就微信支付而言，其实质是基于微信社交关系链延伸的功能，源自用户间彼此转账的社交需求。与支付宝兼具支付、储蓄、理财等服务相比，微信支付更像是一个简易、方便的钱包。支付宝一直是线上购物的重要支付工具，涉及的金额较大。而在线下支付场景中，微信支付率先进行了大规模的线下支付场景推广，线下支付涉及的金额小，用户不用过分担心受到损失，因此用户乐于接受微信支付这种便捷的支付方式。同时，微信培养了用户使用微信支付的习惯，在线下支付场景中人们习惯性地使用微信支付完成交易。在使用人数和支付数量上，微信支付是远超支付宝的。

另外，除了支付宝和财付通外，还有快钱、易宝等第三方支付平台。数据显示，各家第三方支付平台在用户方面的差异，决定了其不同的发展路径，总体上呈现两种发展模式：支付宝和财付通拥有庞大的用户规模，所以其业务拓展和产品创新非常注重个人用户的需求；快钱、易宝等第三方支付平台则把企业用户作为业务发展的重点，为企业提供一体化的解决方案。

5.3.5 第三方支付的流程

第三方支付平台结算支付模式的资金划拨是在平台内部进行，这种模式尽可能避免了网上交易存在的欺诈现象。第三方支付的流程如图 5-6 所示。

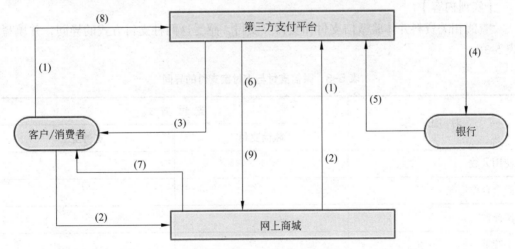

图 5-6　第三方支付的流程

（1）客户和商家都在第三方支付平台注册姓名、信用卡号等资料信息，并开设账号。

（2）客户在商家的网络商店进行购物，提交订单后，商家将客户在第三方支付平台的账号和支付信息传给第三方支付平台。

（3）第三方支付平台在收到商家信息后，向客户发出付款请求。

（4）客户通过第三方支付平台链接到客户的开户银行进行支付。

（5）通过银行支付确认认证后，资金转入第三方支付平台。

（6）第三方支付平台将客户已经付款的信息通知给商家。
（7）商家通过物流向客户发货。
（8）客户收到货物并验证同意付款后，通知第三方支付平台。
（9）第三方支付平台收到客户确认信息后，将货款支付给商家的账号。

课堂活动

活动题目	体验支付宝支付和微信支付
活动步骤	对学生进行教学分组，每3~5人为一个小组，以小组为单位进行讨论
	分别体验支付宝支付和微信支付
	讨论、分析支付宝支付和微信支付的不同，并将结果写在下面。除了支付宝支付和微信支付以外，你还知道哪些支付方式，一并写在下面
	每个小组将小组讨论结果形成PPT，派一名代表进行演示
	教师给予评价

拓展实训

【实训目标】

通过实训，使学生认知电子支付的相关知识，能够使用第三方支付平台进行网上支付。

【实训内容】

查阅相关资料并体验微信支付和支付宝支付，感受这两种支付方式的异同，并填写表5-3。

表5-3 微信支付与支付宝支付的异同

对比项	支付方式	
	微信支付	支付宝
使用人数		
商家合作情况		
便捷性		
手续费		
扩展服务		
分布城市		

【实训步骤】

（1）2~3人组成一个团队。设负责人一名，负责整个团队的分工协作。

（2）团队成员分工协作，通过多渠道搜集相关资料，并真实体验这两种支付方式的实际操作过程。

（3）团队成员对搜集的材料和体验感受进行整理，总结并分析这些材料。

（4）各团队将总结制作成 PPT，派出一人作为代表上台演讲，阐述自己团队的成果。

（5）教师对各团队的成果进行总结评价，指出不足与改进措施。

【实训要求】

（1）考虑到课堂时间有限，实训可采取"课外＋课内"的方式进行，即团队组成、分工、讨论和方案形成在课外完成，成果展示安排在课内。

（2）每个团队方案展示时间为 10 分钟左右，教师和学生提问时间为 5 分钟左右。

▶▶ 思考与练习

1. 填空题

（1）与网上银行容易混淆的一个概念是_____。

（2）_____的销售渠道是开设分支机构和营业网点，需要大量的人力、物力、财力的投入，如场地租金、室内装修、照明及水电费等。

（3）_____功能是随着电子商务的发展应运而生的，是一种向用户提供的互联网上的资金实时结算功能。

（4）第三方支付平台拥有的互联网平台以及移动客户端，都会收取各种商户的_____。

（5）支付宝作为网络支付平台，其最大的特点在于_____的支付规则，在流程上保证了交易过程的安全和可靠。

2. 简答题

（1）什么是电子支付？

（2）电子支付有哪些特点？

（3）简述网上银行的概念。

（4）网上银行的功能有哪些？

（5）什么是第三方支付？第三方支付的盈利模式有哪些？

第 6 章
电子商务客户关系管理

 学习目标

- ☑ 掌握客户关系管理的概念和内涵
- ☑ 掌握电子商务客户关系管理的内容与企业应用
- ☑ 了解客户关系管理系统的组成
- ☑ 能够运用客户关系管理的管理理念和技术解决企业管理问题
- ☑ 能够分析企业客户关系管理的应用情况,为企业的客户关系管理提出合理化建议

第 6 章 电子商务客户关系管理

 导入案例

大品牌客户关系管理系统案例研究

1. 亚马逊客户关系管理系统

亚马逊成功地将客户关系管理（customer relationship management，CRM）无缝链接为自己商业模式的一部分，提高客户满意度和保留率。

亚马逊使用 Oracle 公司提供的 CRM 服务：给客户发送电子邮件推荐商品，有针对性地向用户展示网页，推销客户可能感兴趣的项目；允许用户在不重新输入付款明细的条件下进行购买；提供促销商品和构建奖励机制；进行忠实客户忠诚度管理；管理定价（不同客户在购买相同商品时价格不同）；联系客户进行反馈和调查。

2. 麦当劳客户关系管理系统

作为一个拥有大量营销活动的全球品牌，麦当劳必须有针对性地进行自己的营销活动，这样才能最大限度地挖掘潜在客户，争取回头客。

为了实现这一目标，麦当劳开发了自己的应用程序，为不同地区的顾客精心设计服务：麦当劳的应用程序在各大应用商店均可下载；麦当劳的应用程序能帮助记录顾客的购买频率和常选购商品；麦当劳可以根据这些数据的分析结果直接将个性化的优惠和奖励推送到顾客的手机上；CRM 可以将通过应用程序完成的所有交易与餐厅的销售点系统相匹配。

CRM 不仅适用于大型企业，小企业也可以获益于有效的 CRM 系统。最好的方法是比较多个 CRM 供应商，直到找到符合预算和需求的供应商。

思 考

分析以上内容，讨论并思考客户服务在企业发展过程中的重要性。

分析提示：这些大品牌能够获得如今的成就，离不开其优质的客户服务。这些品牌在客户服务方面，有着坚持原则、体系完善和跟随时代发展的优点。

6.1 客户关系管理概述

随着市场经济的进一步发展和物质产品的日益丰富，市场形态已经明显转向买方市场，企业之间的竞争更加激烈，竞争手段更加多元化。但是，各个企业有一个共同的趋势：对客户的研究将更加深入，更注意从客户的需求出发，与客户形成一种持久的良好关系。

如何建立客户关系

> **课程思政**
>
> 从事电子商务客服工作的人员应具备以下素质：具有严谨的工作作风；具有敏锐的洞察力和热情的服务态度；具有很强的信息识别能力和理解能力；具有较强的学习能力和应变能力。

6.1.1 客户关系管理的认知

在电子商务时代，信息技术革命极大地改变了企业的商业模式，对企业与客户之间的互动产生了巨大的影响，客户可以极其方便地获取企业和商品信息，并且更多地参与商业过程。这表明我们已经进入了客户导向时代，企业要深入了解客户需求，及时将客户的意见反馈到产品和服务设计中，为客户提供更加个性化的服务。在这种环境下，现代企业的客户关系管理应运而生。

1. 客户关系管理的概念

客户关系管理的概念最早产生于美国，由高德纳咨询公司（Gartner Group）提出，当时称为"接触管理"（contact management），专门收集客户与公司联系的所有信息并进行管理。20世纪90年代以后，随着互联网和电子商务的发展，客户关系管理得到了迅速发展。1999年，高德纳咨询公司结合当时的经济发展与市场需求，又提出了现代企业客户关系管理的新概念。不同的学者或商业机构对客户关系管理的概念都有不同的看法。

可以从以下三个层面理解客户关系管理。

（1）客户关系管理是一种管理理念，以客户为中心，将客户视为最重要的企业资产（客户资产），构建一个信息畅通、行动协调、反应灵活的客户沟通系统。企业通过与客户交流来掌握其个性化需求，并在此基础上为其提供个性化的产品和服务，不断提高企业带给客户的价值，实现企业和客户的双赢，而不是千方百计地从客户身上为自己谋取利益。

客户关系管理是管理有价值客户及其关系的一种商业策略。客户关系管理吸收了"数据库营销""关系营销""一对一营销"等新的管理思想的精华，通过满足客户的特殊需求，特别是满足最有价值客户的特殊需求，来与其建立和保持长期、稳定的关系，从而使企业在与客户的长期交往中获得更多的

> **小链接**
>
> 客户关系管理中的"客户"可以是企业客户，也可以是个人客户。

> **小链接**
>
> **数据库营销、关系营销、一对一营销**
>
> 数据库营销是指企业以与客户建立一对一的互动沟通关系为目标，依赖庞大的客户信息库开展长期促销活动的一种全新的销售手段。
>
> 关系营销是把营销活动看成一个企业与消费者、供应商、分销商、竞争者、政府机构及其他客户产生互动行为的过程，其核心是建立和发展与这些客户的良好关系。
>
> 一对一营销是指企业先进行客户分类，然后针对每个客户采取个性化的营销沟通方式，从而建立互动式、个性化沟通的业务流程。

利润。

（2）客户关系管理是一种管理系统和技术。客户关系管理要取得成功，必须有强大的技术和工具支持。客户关系管理系统是实施客户关系管理必不可少的支持平台。客户关系管理系统基于网络、通信、计算机等信息技术，能实现企业前台、后台不同职能部门的无缝连接，能够协助管理者更好地完成企业的客户管理。

（3）客户关系管理并非单纯的信息技术或管理技术，而是一种企业商务战略。客户关系管理的目的是使企业根据客户特征进行分类管理，强化使客户满意的行为，加强企业与客户、供应商之间的连接，从而优化企业的可赢利性，提高利润并改善客户的满意度水平。

企业在引入客户关系管理的理念和技术时，不可避免地要对原来的管理方式进行变革，业务流程重组为企业的管理创新提供了具体的思路和工具。通过对营销、销售、服务和技术支持等与客户相关领域业务流程的全面优化，企业可以从企业管理模式和经营机制的角度优化管理资源配置、降低成本、增加市场份额。

2. 客户关系管理的核心思想

客户是企业的一项重要资产，客户关怀是 CRM 的中心。客户关怀的目的是与所选客户建立长期有效的业务关系，在与客户的每一个"接触点"上都更加接近和了解客户，最大限度地增加企业的利润和提高利润占有率。

6.1.2 客户关系管理解决的主要问题

随着工业经济社会向知识经济社会的过渡，经济全球化和服务一体化成为时代的潮流。客户对产品和服务满意与否，成为企业发展的决定性因素。通过客户关系管理，企业可以不断完善客户服务，提高客户满意度，从而留住更多客户，吸引新的客户，增加利润。

1. 完善客户服务

客户关系管理的核心理念是以客户为中心，通过改进对客户的服务水平提高企业核心竞争力。市场是由需求构成的，满足客户需求是企业生存的本质，客户需求的满足状态制约着企业的获利水平。

很多公司逐步认识到，在售后服务方面做得好的公司，其市场销售水平往往处于上升的趋势；反之，那些不注重售后服务的公司，其市场销售水平则会处于下降的趋势。客户服务正由售后客户关怀变为使客户在从购买前、购买中到购买后的全过程中获得良好体验。购买前向客户提供产品信息和服务建议；购买期间向客户提供企业产品质量符合的有关标准，并照顾到客户与企业接触时的体验；购买后则集中于高效跟进和完成产品的维护与修理。这种售前的沟通、售后的跟进和提供有效的客户关怀，可完善客户服务。

> **思考题**
>
> 沃尔玛是如何利用供应链信息系统实现客户关系管理的？

2. 提高客户满意度

在客户关系管理中,对客户全面关怀的最终目的是提高客户满意度。客户关怀能够很好地促进企业和客户之间的交流,协调客户服务资源,对客户做出最及时的反应。对客户资源进行管理和挖掘,不仅有助于现有产品的销售,还能够满足客户的特定需求,真正做到"以客户为中心",从而赢得客户的忠诚。

3. 挖掘最有价值的客户

挖掘企业最有价值的客户,利用企业有限的资源和能力服务最有价值的客户是客户关系管理的主要目标之一。高德纳咨询公司认为,客户关系管理就是通过对客户详细资料进行深入分析,来提高客户满意度,从而提高企业竞争力的一种手段。

▶ **课堂活动**

活动题目	学会运用电子商务客户关系管理理论分析相应案例
活动步骤	对学生进行教学分组,每3~5人为一个小组,以小组为单位实施活动
	小组成员通过给定的相关材料,将分析所得的答案列于表6-1中
	谈一谈你对电子商务客户关系管理的理解,并填写表6-2
	每个小组将结果提交给教师,教师对结果予以评价

表 6-1 生活中常见的网络广告形式及其特点

情境描述	小曼是某花店的网络客服,工作经验丰富,在日常工作中表现得非常不错。一天,在接待一位客户的过程中,小曼发现该客户较为挑剔,对商品的品质和价格提出了自己的顾虑,因此小曼将该客户确定为挑剔型客户。在耐心听取了该客户的意见后,小曼回复:"您好!首先非常感谢您关注我们的商品!我们的鲜花都是从鲜花种植基地采摘的,采摘下来的鲜花会迅速地泡水、包装,有品质保障。此外,我们的价格虽然高了一些,但品质好,而且会返给您相应的积分,并且还有赠品。还有,您在我店消费满300元,就可以成为我们店铺的VIP,享受优惠价格。您的积分还可在下次购买时当现金用!"该客户听完小曼的回答后,不一会儿就下单并付款了。 小叶是小曼的同事,刚刚大学毕业,在工作中虽然缺乏经验,但十分热情细心,也经常获得客户的好评。一天,小叶收到了一条客户申请退货的系统消息,原来该客户收到鲜花后发现其中有一朵花的花头掉了,要求退货。小叶了解具体情况之后,先道歉并安抚了客户的情绪,同时让客户拍摄了照片。从照片来看,确实有一朵花的花头有点儿蔫,快掉了,其他花朵都非常娇艳。看到此种情况,小叶再次致以歉意,并与客户协商通过给予8元现金补偿来解决该问题。由于小叶态度良好,该客户很快同意了这个解决方案,并对小叶的服务态度留下了良好印象,且给予了好评。

续表

问题1	小曼是怎样对待挑剔型客户的,小曼的回复体现了店铺的哪些客户关系管理策略,试简单分析。
答案	
问题2	案例中小叶的工作属于网络客户服务的哪一部分内容?小叶是怎样处理客户退货申请的?
答案	

表 6-2　谈一谈你对电子商务客户关系管理的理解

序号	你对电子商务客户关系管理的理解
1	
2	
3	

6.2　电子商务客户关系管理概述

> **课程思政**
>
> 在我国传统文化中,"利他"思想占据重要的地位。"利他"与个人的修养有密切联系,如果一个人能把"利"给予没有血缘关系的陌生人,那他就具备了很高的道德修养。

电子商务的迅速发展给企业的客户关系管理带来了无限的发展空间。电子商务客户关系管理不同于传统的客户关系管理,它主要借助网络环境下信息获取和交流的便利,对客户信息进行收集和整理;充分利用数据仓库和数据挖掘等先进的智能化信息处理技术,将大量客户资料加工成有用的信息;以信息技术和网络技术为平台开展客户服务管理,从而提高客户满意度和忠诚度。客户关系管理与电子商务进行整合,提取电子商务中的客户信息、交易信息和服务信息,对消费者行为进行分析,然后进行有针对性的营销。

电子商务客户关系管理是一个系统工程,既需要以客户关系管理理论为指导,又需要现代信息技术做支撑,还要结合电子商务新环境的特征,将这三者有效结合才能取得良好效益。

电子商务客户信息管理是客户关系管理各部分运作的基础,电子商务客户满意与忠诚管理是客户关系管理的目标和核心,电子商务客户服务管理是客户关系管理的关键内容,如图 6-1 所示。

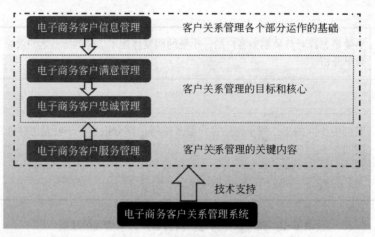

图 6-1 电子商务客户关系管理的内容

6.2.1 电子商务客户信息管理

电子商务客户信息管理是客户关系管理的一个重要组成部分。电子商务客户信息管理主要包括客户基本资料、档案管理，客户消费信息管理，客户信用度管理，客户黑名单管理，客户流失信息管理，客户分类信息管理，大客户信息管理及潜在大客户信息管理等内容。

电子商务客户信息管理的过程及内容主要包括电子商务客户信息的收集、客户资料数据库的建立、客户信息整理、客户信息分析等。

小链接

客户关系管理系统可以让企业员工共享客户资源，从而为企业搭建一个完善的客户信息资源数据库共享平台。管理层可以通过客户关系管理系统设置哪些客户资源能在员工之间共享，哪些客户资源只授权于指定的员工管理。这样，既提高了企业资源共享的有效性，同时也提高了企业重要资源的保密性，能够更加合理地划分各个部门的权限和职责，避免了出现遇到问题互相推卸责任的现象。

6.2.2 电子商务客户满意度与忠诚度管理

忠诚客户是企业利润的主要来源，是企业的重要"客户资产"。维护忠诚客户是实施客户关系管理的核心内容。一般认为，客户忠诚度是由客户满意度驱动的。盖尔认为，客户满意是客户价值理论的重要组成部分。企业首先要做好内部质量控制管理，生产出质量一致、使客户满意的产品，然后在市场上不断提高客户满意度，以达到客户忠诚的目的，形成客户价值。客户价值驱动模型如图 6-2 所示。

1. 电子商务客户满意度管理

客户满意度是指客户对自己明示的、隐含的或商家必须履行的需求或期望被满

小链接

数字证书

客户感知价值是变动的，取决于参照系统。也就是说，在不同的购买地点、购买时间，客户对价值的感知是不一样的。

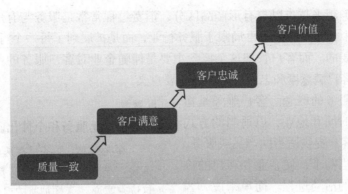

图 6-2 客户价值驱动模型

足的程度的感受。简单而言,客户满意度是客户满意的程度,是客户在购买和消费相应的产品或服务时的满足状态。

当产品或服务的实际感知效果达到消费者的预期时,会使消费者满意,否则就会使消费者不满意。如果客户感知效果大于客户期望值,则客户高度满意,可能会重复购买。如果客户感知效果小于客户期望值,则客户不满意,可能会产生抱怨或投诉。如果客户感知效果近似于客户期望值,则客户基本满意或一般满意,可能会持观望态度。

有研究表明:客户的不满通常与核心产品、服务、支持系统及表现关联度小,而企业与客户的互动及客户的感受通常起决定性作用。

电子商务环境下,客户满意度管理的内容、衡量指标、方法都发生了一定的变化。电子商务环境下,企业不仅需要注重传统的客户满意度管理,还需要结合网络环境的方便、快捷优势,合理把握客户期望,提高客户感知效果,以达到维持和提升客户满意度的目标。

2. 电子商务客户忠诚度管理

客户忠诚度是指客户对某一特定产品或服务产生好感,形成"依附性"偏好,进而重复购买的一种趋向。客户忠诚度也是在企业与客户长期互惠的基础上,使客户对企业与品牌形成信任和情感依赖。

客户忠诚是需要维护和强化的。电子商务的发展提供了多种与客户沟通的技术,电商企业可以通过很多的工具与客户进行有效、充分的沟通,及时挖掘他们潜在的需求,使他们的满意度提高,从而提升客户对企业的忠诚度。

> **思考题**
>
> 结合自己的理解,说说应如何让满意的客户转变为忠诚的客户。

6.2.3 电子商务客户服务管理

销售或市场部门是企业的重要部门,因为这些部门的工作是围绕客户展开的。

1. 客户服务管理的概念

在传统观念看来,服务仅仅是服务行业所特有的劳务过程,只有服务行业才需要提供各种不同形式的服务,而制造行业只需做好生产和质量管理就行。但随着市场经济的不断发展,服务越来越难以与有形产品区分,消费过程常常是服务与有形产品的结合。在现代管理学中,客户服务不再局限于服务行业,而是扩展到了每一个行业,因此客户服务是相当重要的。而客户管理这个概念主要是伴随企业对客户服务的关注而产生的,在对企业提升客户满意度和忠诚度方面有重要意义。

（1）客户服务的概念。客户服务是指企业在适当的时间和地点,以适当的方式和价格为目标客户提供适当的产品或服务,满足客户的适当需求,使企业和客户的价值都得到提升的活动过程。简单来说,客户服务是指致力于使客户满意并继续购买企业产品或服务的一切活动的总称。

客户服务的核心是帮助企业维护与客户短期或长期的良好商业关系,让客户对企业的产品、服务或形象留下较好的印象。客户服务的本质是企业向客户传达的一种关爱和感激,意味着企业真心实意为客户提供更好的产品或服务。

> **小链接**
> **标准化服务和个性化服务示例**
>
> 在飞机上,乘务员在送水时对一位乘客说:"先生,您好！您需要点儿什么？"这位乘客说:"来杯加冰的橙汁。""好,您稍等。"这种服务就是标准化服务。
>
> 标准化服务不足以使所有的客户都感到满意,有些客户还需要个性化服务。
>
> 例如,头等舱乘客的水不应等到飞机起飞后再送。另外,头等舱乘客还会有一条擦脸毛巾和一双拖鞋可用,他们所接受的就是个性化服务。
>
> 客户感知价值是变动的,取决于参照系统,也就是说,在不同的购买地点、购买时间,客户对价值的感知是不一样的。

（2）客户管理的概念。客户管理是指经营者在现代信息技术的基础上收集和分析客户信息,把握客户需求特征和行为偏好,有针对性地为客户提供产品或服务,发展和管理与客户之间的关系,从而培养客户长期忠诚度,以实现客户价值最大化和企业收益最大化之间的平衡的一种企业经营战略。

客户管理的核心思想是将客户（包括终端客户、分销商及合作伙伴）视为企业最重要的资产之一,凭借深入的客户分析和完善的客户服务来满足客户的个性化需求,提升客户的满意度和忠诚度,进而使企业获取更多的利润。

2. 电子商务客户服务管理的内容

电子商务环境下的客户服务管理是在传统客户服务管理的基础上,以信息技术和网络技术开展的客户服务管理,是一种新兴的客户服务管理理念与模式。电子商务客户服务管理包括售前客户服务、售中客户服务、售后客户服务等。

（1）售前客户服务。售前阶段是商品信息发布和客户进行查询的阶段。在这个阶段,客户服务应主要做好以下工作。

① 提供商品的搜索和比较服务。每一个网店中都有许多商品,为了方便客户选择商品,网店应该提供搜索服务。同时,网店还应该提供一些对比功能和有关商品的详细信息,以方便客户比较商品,做出购买决策。如图6-3所示为京东商城的搜索、对比功能和某一商品的信息。

② 建立客户档案,为老客户提供服务。客户在网站注册时会填写自己的基本资料,这时网站应把客户资料保存在档案库中。当客户再次光顾时,也要把其浏览或购买的信息存入档案库。以此为依据,可以有针对性地开发或刺激其潜在需求。

第 6 章 电子商务客户关系管理

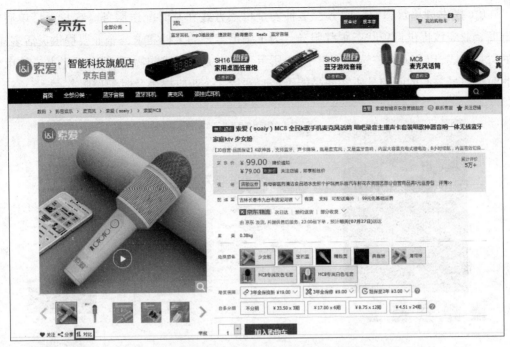

图 6-3　京东商城的搜索、对比功能和某一商品的信息

（2）售中客户服务。售中客户服务主要需要做好以下两方面的工作。

① 提供定制产品服务。根据客户的个性化需求及时生产产品或提供服务，这样不仅可以提高客户的满意度，还可以及时了解客户需求。如图 6-4 所示为某天猫店的商品定制功能。

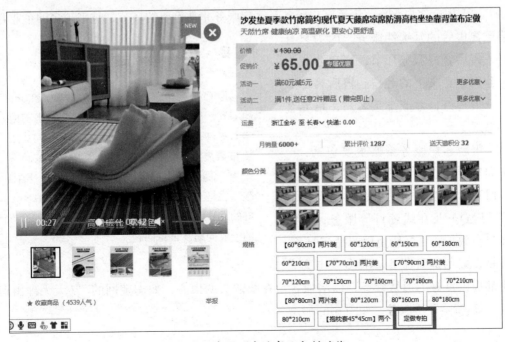

图 6-4　某天猫店的商品定制功能

161

② 提供订单状态跟踪服务、多种安全付款方式和及时配送服务。客户下订单后，电商企业应该提供订单状态跟踪服务。为了满足客户的多种需求，企业要提供灵活多样的付款方式，以方便客户选择，如图6-5所示。客户完成在线购物后，商务活动并未结束，此时客户最关心的问题是所购商品能否准时到货，企业应提供及时配送服务。

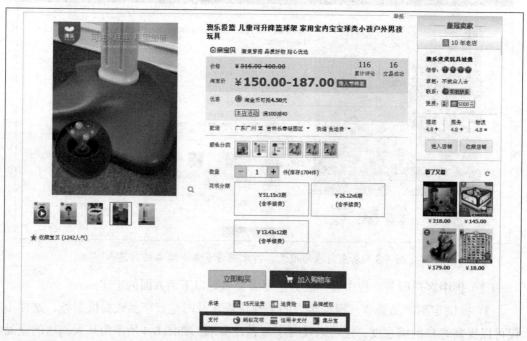

图6-5 淘宝网的多种支付方式

（3）售后客户服务。售后客户服务是客户服务非常重要的环节，越来越多的企业开始重视售后的延续性服务。因为只有到了售后客户服务环节，客户才成为企业真正意义上的客户。售后客户服务开展得好，才能维系客户，培养客户忠诚度。

售后客户服务策略主要包括：一是向客户提供持续的支持服务。企业可以通过在线技术交流、常见问题解答（FAQ）及在线续订等服务，帮助客户在购买后更好地使用产品或服务。二是良好的退货服务。大多数电商企业都提供良好的退货服务，以增强客户在线购买的信心，如淘宝网的"7天无理由退货""运费险"等服务，如图6-6所示。

> **小链接**
>
> **FAQ**
>
> FAQ是英文Frequently Asked Questions的缩写，即"常见问题解答"。FAQ是当前网络上提供在线帮助的主要手段，通过在网页上发布事先组织好的一些可能遇见的常见问答为用户提供咨询服务。在电子商务中，FAQ被认为是一种常用的在线顾客服务手段。一个好的FAQ系统，应该至少可以回答用户80%的一般问题及常见问题。

第6章 电子商务客户关系管理

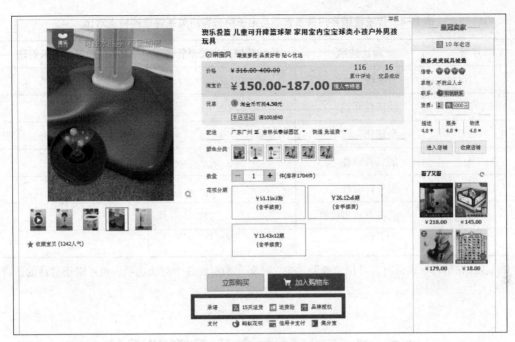

图6-6 淘宝网的"7天无理由退货""运费险"等服务

课堂活动

活动题目	搜集并比较电子商务客户关系管理方式与传统营销客户关系管理方式的异同
活动步骤	对学生进行教学分组,每3~5人为一个小组,以小组为单位进行讨论
	讨论并收集生活中常见的客户关系管理方式,并将结果填入表6-3中
	讨论、对比电子商务客户关系管理与传统营销客户关系管理的特点,并将结果填入表6-4中
	每个小组将小组讨论结果形成PPT,派一名代表进行演示
	教师给予评价

表6-3 收集结果

序号	客户关系管理方式	所属类型(直接在方框中打"√")	
1		□传统营销	□电子商务
2		□传统营销	□电子商务
3		□传统营销	□电子商务
4		□传统营销	□电子商务
5		□传统营销	□电子商务
6		□传统营销	□电子商务
7		□传统营销	□电子商务
8		□传统营销	□电子商务

表 6-4 传统营销客户关系管理与电子商务客户关系管理的特点对比

序号	对比选项	传统营销客户关系管理	电子商务客户关系管理
1	节奏性		
2	经济性		
3	全球化		
4	信息共享性		
5	服务针对性		
6	交流方式多样性		
7			

注：在填写该表格时，可用"强""中""弱"来形容各个对比选项，也可以用自己的语言形容。

6.3 电子商务客户关系管理系统

客户关系管理的实现可以从两个层面考虑：一是树立管理理念；二是为这种新的管理模式提供信息技术的支持。客户关系管理系统是以最新的信息技术为手段，充分利用数据仓库和数据挖掘等先进的智能化信息处理技术，将大量客户资料加工成有用的信息，运用先进的管理思想，通过业务流程与组织的深度变革，帮助企业最终实现以客户为中心的管理模式的管理系统。

> **课程思政**
>
> 《忠经》有言:忠者、中也，至公无私。忠诚是指对国家、对人民、对事业、对上级、对朋友等真心诚意、尽心尽力，没有二心。

6.3.1 客户关系管理系统的分类

根据客户关系管理系统功能和运行方式的不同，美国的调研机构 Meta Group 把客户关系管理系统分为操作型、协作型和分析型三种类型。

1. 操作型客户关系管理系统

操作型客户关系管理系统主要通过业务流程的定制实施，让企业员工在营销和提供服务时得以用最佳方法提高效率。如销售自动化（SFA）、营销自动化（MA）、客户服务支持（CSS），以及移动销售（Mobile Sales）与现场服务（Field Service）软件工具，都属于操作型客户关系管理系统。操作型客户关系管理系统对于第一次使用客户关系管理系统的企业尤为适合。

2. 协作型客户关系管理系统

协作型客户关系管理系统是主要通过提高客户服务请求的响应速度来提升客户满意度的管理系统。客户除了通过传统的信件、电话、传真或直接登门造访等形式与企业接触外，还可通过电子邮件(E-mail)、呼叫中心(Call Center)等新的信息手段来达到与企业进行信息交流和商品交易的目的。

> **小链接**
>
> **呼叫中心**
>
> 呼叫中心又称客户服务中心，是一种基于计算机电话集成技术，充分利用通信网络和计算机网络的多项功能集成，与企业连为一体的综合信息服务系统。呼叫中心利用现有的各种先进通信手段，有效地为客户提供高质量、高效率、全方位的服务。现代呼叫中心包括人工话务处理、自动语音处理、计算机同步处理、统计查询、知识库支持、互联网操作、录音、分析统计、定时自动呼叫服务等功能模块。如中国移动的10086、中国南方航空公司的95539等都是呼叫中心系统。

3. 分析型客户关系管理系统

分析型客户关系管理系统通过企业资源计划、供应链管理等系统，以及操作型客户关系管理系统、协作型客户关系管理系统等不同渠道收集各种与客户相关的资料，然后通过报表系统地分析有关规律，帮助企业全面地了解客户的分类、行为、满意度、需求、购买趋势等，为决策提供客观的数据支持。企业可利用上述资料制定正确的经营管理策略。可以说，分析型客户关系管理系统就是根据对客户信息的分析帮助企业"做正确的事，做该做的事"，其特点是智能化，适合管理者使用。

> **思考题**
>
> 客户面对的客户关系管理系统一般是哪种类型？对收集的客户资料进行分析并做出决策，可利用哪种客户关系管理系统实现？

6.3.2 客户数据的类型

客户关系管理系统的核心是客户数据管理。根据数据的形式和来源不同，企业关注的客户数据通常可分为客户描述性数据、客户交易性数据和市场促销性数据三类。

1. 客户描述性数据

客户描述性数据即通常所说的客户数据，用于描述客户的详细信息。通常可以将客户分为个人客户和团体客户两类。个人客户的描述性数据通常包括客户的基本信息（姓名、性别、出生日期、工作类型、收入水平等）、信用信息（忠诚度指数、信用卡号、信贷限额等）及行为信息（客户的消费习惯、对促销活动的反应等）。团体客户的描述性数据通常包括客户的名称、规模，主要联系人姓名、

> **思考题**
>
> 客户数据可以分为哪几类？分析这些数据会给企业带来什么样的机会？

头衔及联系渠道，企业的基本状况、企业类型、信用情况和购买过程等。客户数据不但包括现有客户信息，还包括潜在客户、合作伙伴、代理商的信息等。

2. 客户交易性数据

描述企业和客户相互作用的所有数据都属于客户交易性数据。这类数据和促销活动的数据一样都会随着时间变化而变化。客户交易性数据包括与客户的所有联系活动、购买商品类数据（历史购买记录、购买频率和数量、购买金额、付款方式等）、商品售后类数据（售后服务内容、客户对产品或服务的评价、对企业提出的建议和要求等）。

3. 市场促销性数据

市场促销性数据描述企业对每个客户进行了哪些促销活动，主要包括销售人员现场推销、展览会产品宣传单发放、报纸杂志的宣传报道、电话直销、服务支持人员在服务过程中所提的各种建议、分销商对客户的宣传与承诺、用户对产品的使用情况调查等。这类数据反映了客户对促销活动的响应程度。

6.3.3 客户关系管理系统的应用

随着人们对客户关系管理认知程度的加深，客户关系管理系统逐渐被越来越多的企业所熟悉和接受。

1. 客户关系管理系统在零售业中的应用

随着经济的发展，绝大部分零售市场已进入了供过于求的买方市场，而零售业的顾客绝大多数是单个消费者，数量大、分布广、结构复杂，对服务的要求各不相同，需求也日益提高，且易受环境影响，变化不定。因此，对最终消费者消费心理的关注就显得越发重要。

基于以上情况，毫无疑问，客户关系管理对于零售企业来说有着非常重要的作用。发达国家零售企业对于客户关系管理都非常重视，如沃尔玛超市、麦德龙等都建立起了完善的客户关系管理系统。国内的零售企业近年来对客户关系管理也有所重视，但和发达国家相比还存在一定的差距。例如，对于 VIP 会员卡的管理，国内很多零售企业还仅停留在对 VIP 会员的优惠政策方面，而很少会对 VIP 会员所带来的贡献率进行分析。

2. 客户关系管理系统在物流业中的应用

传统的物流企业普遍存在规范化程度低、客户沟通渠道狭窄、信息透明度低、客户智能管理缺乏、客户信息的分析能力不足、客户关系数据库维护难等问题。在整个物流过程中，各个环节

> **小链接**
>
> 客户关系管理离不开软件的帮助。客户关系管理软件种类繁多，优势也各不相同。XTools 超兔 CRM 软件是适用于中小企业的一款网络版软件，无须安装客户端，通过浏览器登录即可使用，在其官网上注册后可免费试用一个月。推荐读者课外通过其演示界面，简要了解其操作要点并试用。

分散在不同的区域,需要一个信息平台将整个物流环节连接起来,及时把握客户的订货需求,进行车辆的调度管理、库存管理及票据管理等,力求用最少的库存、最短的运输时间满足客户的需求。

现代物流企业普遍采用了信息化管理技术,呼叫中心、客户关系管理技术的运用有效结合了传统的物流信息化手段,将遍布在各地的物流中心与客户连接起来,形成一个效率更高的物流配送网络。物流企业客户关系管理系统可实现客户资料的存储与管理、客户行为分析与理解及客户价值的最大化等。

3. 客户关系管理系统在电子商务中的应用

目前,电商行业处于买方市场,商品供大于求,而卖家的营销思路同质化严重,不少卖家通过打价格战来赢得客户,导致卖家利润微薄,甚至亏本。面对这些境况,卖家要做的就是把已有的客户变成自身的忠诚客户,这就需要卖家做好客户关系管理。电子商务运营者们已不再是只将客户关系管理软件当作客户关系管理工具,而更多地将其作为管理一切与客户有关的商业信息的统一体系。

客户关系管理不仅可以帮助电商企业更方便、及时、准确地管理客户,还可进行更为复杂的客户信息分析。随着移动电商的普及,移动客户关系管理系统让端到端的打通成为可能,可以更方便地帮助企业做好人性化客户关系管理。

▶ 课堂活动

活动题目	分析某一品牌产品的电子商务客户关系管理策略
活动步骤	对学生进行教学分组,每3~5人为一个小组,以小组为单位实施活动
	小组成员登录淘宝网、京东商城,以某一品牌为调查分析对象,分析该品牌的电子商务客户关系管理策略,并填写表6-5
	每个小组将结果提交给教师,教师予以评价

表6-5 某一品牌电子商务客户关系管理策略

品牌名称			
该品牌包含的客户类型			
列举三款该品牌不同产品的目标客户群画像对比			
列举三款该品牌产品在淘宝网和京东商城采取的客户服务管理策略			

▶▶ 拓展实训

对比分析小米和华为的客户忠诚度管理

【实训目标】

通过实训,使学生理解电子商务客户关系管理的基本概念和理念,培养学生初步的自主学习能力。

【实训内容】

通过多渠道搜集整理"小米手机"和"华为手机"的客户满意及客户忠诚情况,并对其整个客户关系管理体系进行分析,总结出其客户关系管理的方式,并分析这些客户关系管理方式的优势和劣势。

【实训步骤】

(1) 2~3人组成一个团队。设负责人一名,负责整个团队的分工协作。

(2) 团队成员分工协作,通过多渠道搜集"小米手机"和"华为手机"的客户关系管理素材,包括客户关系管理方案、客户关系管理案例、客户关系管理成果等。

(3) 团队成员对搜集的材料进行整理,总结并分析"小米手机"和"华为手机"的客户关系管理的各种方式中哪些属于客户服务策略,并阐释这些客户服务策略的优势和劣势。

(4) 各团队将总结制作成PPT,派出一人作为代表上台演讲,阐述自己团队的成果。

(5) 教师对各团队的成果进行总结评价,指出不足与改进措施。

【实训要求】

(1) 考虑到课堂时间有限,实训可采取"课外+课内"的方式进行,即团队组成、分工、讨论和方案形成在课外完成,成果展示安排在课内。

(2) 每个团队方案展示时间为10分钟左右,教师和学生提问时间为5分钟左右。

思考与练习

1. 填空题

(1) "客户关系管理"这个词的核心主体是_____。

(2) 电子商务客户服务管理包括_____服务、售中客户服务、_____服务等。

(3) _____第一个提出了客户关系管理。

(4) 著名的"二八"理论是指_____。

(5) 客户满意中,超出期望的表达式是_____ > 预期服务。

2. 简答题

(1) 简述客户关系管理的内涵及需要解决的主要问题。

(2) 简述电子商务客户关系管理包括哪几个部分。

(3) 客户关系管理系统一般分为哪几类?各有何特点?

(4) 客户关系管理系统一般有哪些模块?各模块的功能是什么?

(5) 调查分析京东商城、沃尔玛的客户关系管理应用情况,谈谈它们是如何运用客户关系管理的管理理念和技术解决管理问题的。

第 7 章
电子商务安全管理

 学习目标

- ☑ 了解电子商务安全的概念
- ☑ 知道电子商务面临的安全威胁
- ☑ 熟悉电子商务安全技术
- ☑ 了解必要的电子商务安全管理规范

导入案例

中消协指二维码暗藏陷阱 "扫一扫"当心扣费

拿手机对准二维码"扫一扫",带给人们便捷的同时也隐藏了不小的安全风险。昨天,中消协发布消费警示,揭露二维码暗藏病毒、扣费、窃取通讯录和银行卡号信息等陷阱,提醒消费者别轻易"见码就扫",手机二维码在线购物、支付时更要谨慎。

二维码支付陷阱:随意扫描风险

1. 扫描二维码可能染病毒

二维码在购物、查询信息等方面越来越被广泛运用,甚至街头小广告也用上了二维码。

中消协指出,借助二维码传播恶意网址、发布手机病毒等不法活动也开始逐渐增多。很多消费者防范意识不足,看到二维码就拿起手机拍一拍、扫一扫。殊不知,一旦通过手机扫描二维码直接下载的应用中染有病毒,手机就会遭遇麻烦;扫描的内容是被挂上木马的网址,则可能窃取消费者手机通讯录、银行卡号等隐私信息,甚至被乱扣话费、消耗上网流量。天津的一位刘女士在扫描二维码参加团购时,由于二维码中含有手机病毒,导致手机被扣除了百元话费。

2. 手机最好装上二维码检测工具

对此,中消协特别提示,最好在手机上安装一个二维码的检测工具,自动检测二维码中是否包含恶意网站、手机木马或恶意软件的下载链接等安全威胁,并提醒消费者谨慎下载和安装。建议消费者选择来自安全可靠渠道的二维码进行读取,对来历不明的二维码,特别是路边广告、电梯内广告、广告宣传单、不明网站的二维码,不要盲目扫描,如果扫码确有必要,则要提前检测。

另外,在使用手机支付功能时,务必看清网站域名,不要轻易单击反复自动弹出的小窗口页面,如用手机和银行卡绑定,不要在银行卡内储存过大数额的资金,避免发生连锁反应。

3. 二维码生成方式简单,内容无人监管

据中消协介绍,二维码之所以会发生恶意吸费、诈骗等行为,是因为二维码生成方式简单,内容无人监管。目前,网络上有大量的二维码软件、在线生成器方便人们制作二维码,几乎不存在制作门槛,也为手机木马或恶意软件制造者打开方便之门,通过这种途径他们也能瞬间完成恶意下载链接到二维码的转制。

另外,二维码暗藏木马等病毒,不法分子会将有毒或带插件的网址生成一个二维码,对外宣称为优惠券、软件或视频等,以诱导用户进行扫描。而这种专门针对

手机上网用户的诈骗手段，多是采用强制下载、安装应用软件，达到获取推广费用或恶意扣费的目的。

> **思 考**
>
> 二维码为人们生活带来便利的同时，还带来了哪些威胁？在日常生活中应该如何防范这些威胁？

7.1 电子商务安全概述

电子商务的安全是一个复杂的系统工程，仅从技术角度防范是远远不够的，还必须完善电子商务方面的立法，以规范飞速发展的电子商务现实中存在的各类问题，从而引导和促进我国电子商务快速健康发展。

> **课程思政**
>
> 电子商务活动存在各种安全威胁，如何有效地防范这些威胁，是每一位电商行业的从业人员都应该考虑和关注的问题。我们应该掌握一些必要的手段来规避这些威胁，应该不断学习新的技术和知识，让自己变成"铜墙铁壁"。

7.1.1 电子商务安全的概念

1. 电子商务安全的定义

电子商务是利用 Internet 进行的各项商务活动，主要包括非支付型和支付型两种业务类型。电子商务改变了传统的交易方式，它通过网络使企业面对整个世界，所带来的商机是巨大而深远的。目前，随着 Internet 的迅猛发展，电子商务已成为国际商务活动的一种崭新模式。这种新型的贸易方式以其特有的成本低、易于参与、对需求反应迅速等优势，已被越来越多的国家及不同行业所接受和使用。由于电子商务所依托的 Internet 的全球性和开放性，电子商务的影响也是全面的，它不仅在微观上影响企业的经营行为和消费者的消费行为，而且在宏观上也影响国际贸易关系和国家未来竞争力。

然而，互联网所固有的开放性与资源共享性使电子商务成为一把双刃剑，它在给人类带来经济、便捷、高效的交易方式的同时，也使商务活动的安全性受到严重挑战。电子商务的安全问题已成为全球电子商务活动的焦点问题，如何保证网上交易的有效性、机密性、完整性、可靠性和不可否认性是电子商务可持续发展的关键。

综合来看，电子商务安全是指采用一定的方法和措施，对电子商务系统进行有效的管理和控制，确保电子商务信息数据和交易环境受到有效的保护。

2. 电子商务安全性要求

目前,电子商务存在信息在传输过程中被窃取、被篡改、伪造电子邮件干扰正常交易、假冒他人身份、抵赖已经发生的业务等多种安全威胁。针对这些安全威胁,电子商务安全性要求如图 7-1 所示。

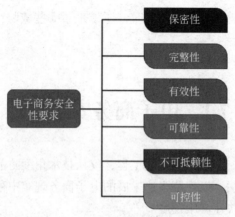

图 7-1 电子商务安全性要求

(1)保密性。电子商务作为贸易的一种手段,其信息直接代表个人、企业或国家的商业机密,因此,必须保证数据不被非授权方非法访问,加密的信息不会被破译。保密性主要分为数据存储的保密性和数据网络传输的保密性。

(2)完整性。完整性是指保证电子交易过程中所有存储和管理的信息不被非法篡改,保证目的信息和源信息相一致。保护电子支付完整性的主要途径有:协议、纠错编码方法、密码校验、数字签名、公证等。

(3)有效性。有效性是指有效防止延迟和拒绝服务情况的发生,保证交易数据在确定的时刻、确定的地点是真实、有效的。

(4)可靠性。可靠性是指保证合法用户对信息和资源的使用不会被不正当地拒绝。电子支付系统通过提供对用户身份的鉴别方法,实现系统对用户身份的有效确认,确保用户身份信息的合法、可靠。

(5)不可抵赖性。不可抵赖性是指通过建立有效的责任机制,使交易双方对于自己已经发送或者接收的数据不能事后否认,从而有效防止支付欺诈行为的发生。

(6)可控性。可控性是指交易发生的整个过程都是可控的,有明确的责权关系和相互制约关系,能够切实保障各方利益不受损害。

7.1.2 电子商务面临的安全威胁

1. 威胁电子商务安全的主要因素

在网上交易过程中,买卖双方都可能面临的安全威胁主要有如下几个方面。

(1)信息泄露。电子商务中的商业机密的泄露主要包括两个方面:交易双方进行交易的内容被第三方窃取;交易一方提供给另一方使用的文件被第三方非法使用。

（2）信息篡改。这是指商务信息在网络传输的过程中被第三方获得并非法篡改，或者黑客非法入侵电子商务系统篡改商务信息，从而使商务信息失去真实性和完整性。

（3）信息破坏。信息破坏要从两个方面来考虑。一方面是非人为因素，如网络硬件和软件等计算机系统故障，可能会使商务信息丢失或发生错误等，对交易过程和商业信息安全所造成的破坏；另一方面则是人为因素，主要指计算机网络遭一些恶意行为（如计算机病毒、黑客等）的攻击而使电子商务信息遭到破坏。

思考题

你能举出一些电子商务安全威胁方面的实例吗？

（4）抵赖行为。传统商务活动是建立在商业信用基础上才得以顺利进行的，而网上交易的双方通过计算机的虚拟网络环境进行谈判、签约、结账，当一方发现交易对自己不利时，可能会产生抵赖行为，从而给另一方带来损失。

2. 电子商务面临的攻击

电子商务发展至今面临的攻击主要有以下两种类型。

（1）非技术型攻击。这类攻击也被称为社会型攻击，主要是指那些不法分子利用欺骗或者其他诱惑的手段使人们泄漏敏感信息或执行一个危及网络安全的行为。非技术型攻击主要利用的是人们的一些心理因素，如好奇心、渴望得到帮助、恐惧、信任、贪便宜等。"网络钓鱼"最初就是以非技术型攻击形态存在的。

（2）技术型攻击。技术型攻击是指利用软件和系统知识或专门技术实施的攻击，如拒绝服务攻击、分布式拒绝服务攻击和恶意代码攻击。

① 拒绝服务攻击。拒绝服务（denial of service，DoS）攻击是指攻击者使用某些特定软件向目标计算机发送大量的数据包，使其资源过载而无法提供正常服务。这是黑客常用的攻击手段之一。其实对网络带宽进行的消耗性攻击只是拒绝服务攻击的一小部分，只要能够对目标造成麻烦，使某些服务被暂停甚至使主机死机，都属于拒绝服务攻击。

② 分布式拒绝服务攻击。分布式拒绝服务（distributed denial of service，DDoS）攻击是指借助于客户/服务器技术，将多个计算机联合起来作为攻击平台，对一个或多个目标发动 DDoS 攻击，从而成倍地提高拒绝服务攻击的威力。通常，攻击者使用一个偷窃账号将 DDoS 主控程序安装在一个计算机上，再与大量代理程序通信，代理程序被安装在 Internet 上的许多计算机上。代理程序收到指令时就发动攻击。利用客户/服务器技术，主控程序能在几秒钟内激活成百上千次代理程序的运行。

③ 恶意代码攻击。恶意代码（unwanted code）攻击是通过一定的传播途径将非法的、具有一定破坏性的程序安放在个人计算机或某个网络服务器上，当触发该程序运行的条件满足时，如果打开个人计算机或访问该网络服务器，就会使程序运行，从而产生破坏性结果。恶意代码主要有病毒、蠕虫、特洛伊木马等。

a. 病毒（virus）。计算机病毒是附着于程序或文件中的一段计算机代码，可以从一台计算机传播到另一台计算机上，并在传播途中感染计算机。它会破坏或删除计算机上的软件、硬件和文件，不会单独运行，但激活方式多种多样，也有很多病毒种类，如引导区病毒、文件型病毒、宏病毒、脚本病毒等。

b. 蠕虫（worm）。蠕虫是一段以消耗主机资源维持其独立运行，并能通过网络在不同计算机之间进行传播的程序代码。它是病毒的一个子类，但一般不会破坏软、硬件和文件。蠕虫与病毒的主要差别在于：蠕虫是在系统上直接复制（一般通过网络），而病毒是在本地计算机上复制。蠕虫是一段能独立运行，为了维持自身存在会消耗主机资源，并且能复制一个自身的安全工作版本到另一台机器上的程序。它攻击一台计算机，接管计算机，并将其作为一个分段传输区域，搜寻并攻击其他机器。

在网络上,蠕虫的蔓延是不需要人为干预的。红色代码（code red）和SQL Slammer 是两个典型的蠕虫。

c. 特洛伊木马（Trojan horse）。特洛伊木马是一种看似有用却隐含安全风险的计算机程序，是一种秘密潜伏的能够通过远程网络进行控制的恶意程序。控制者可以控制被秘密植入木马的计算机的一切动作和资源，是恶意攻击者进行窃取信息等的工具。特洛伊木马主要通过电子邮件传播，有时也通过网页传播。

思考题

我们应该如何防范病毒和木马的入侵？

3. 移动端受到的威胁

随着移动电子商务的普及，移动端也同样会面临各种各样的威胁。

（1）手机系统漏洞。手机系统和计算机系统一样，难免存在一些漏洞，有一些别有用心的人会利用这些漏洞从事不法之事。

（2）钓鱼无线网。钓鱼无线网是一个虚假的无线热点。当用户的无线终端设备接入这个虚假的无线热点之后，就会被对方反复扫描，并通过网络监听、密码攻击、会话劫持、脚本注入和后门植入等方式进行攻击。

（3）手机病毒。手机病毒是一种具有传染性、破坏性的手机程序，可用杀毒软件查杀，也可以手动卸载。手机病毒可能会导致用户手机死机、关机、个人资料被删、对外发送垃圾邮件泄露个人信息、自动拨打电话等，甚至会损毁SIM卡、芯片等硬件，导致用户无法正常使用手机。

小链接

SIM 卡

SIM（subscriber identity module，用户识别模块）卡是GSM系统的移动用户所持有的IC卡。GSM系统通过SIM卡来识别GSM用户。同一张SIM卡可在不同的手机上使用。GSM手机只有插入SIM卡后才能入网使用。SIM卡是GSM手机连接到GSM网络的钥匙，一旦SIM卡从手机上拔出，除了紧急呼叫外，手机将无法享受网络运营者提供的各种服务。

7.1.3 电子商务安全体系结构

电子商务的安全体系结构是保证电子商务中数据安全的一个完整的逻辑结构，同时它也为交易过程的安全提供了基本保障。电子商务安全体系结构如图 7-2 所示。

电子商务安全体系结构由网络服务层、加密技术层、安全认证层、安全协议层、电子商务应用系统层 5 个层次组成。从图 7-2 中可以看出，下层是上层的基础，为上层提供技术支持，上层是下层的扩展与递进。各层之间相互依赖、相互关联，构成统一整体。电子商务安全问题可归结为网络安全和商务交易安全两个方面。网络服务层保障网络安全，加密技术层、安全认证层、安全协议层、电子商务应用系统层保障商务交易安全。

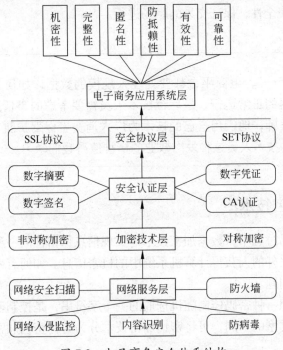

图 7-2 电子商务安全体系结构

计算机网络安全和商务交易安全是密不可分的，两者相辅相成、缺一不可。没有计算机网络安全作为基础，商务交易安全无从谈起；没有商务交易安全，即使计算机网络本身再怎么安全，也无法满足电子商务所特有的安全要求，电子商务安全也无法实现。

课堂活动

活动题目	讨论现阶段我国电子商务安全状况
活动步骤	对学生进行教学分组，每3~5人为一个小组，以小组为单位实施活动
	小组成员搜集有关我国电子商务安全的发展情况
	讨论现阶段我国电子商务安全状况，总结出未来我国电子商务安全的发展方向，并将总结结果写在下面
	每个小组将结果提交给教师，教师予以评价

7.2 电子商务安全技术

一直以来,电子商务的安全问题是一个十分受人关注的问题,频频爆发的电子商务安全事件也提醒人们应该更多地关注安全问题。电子商务安全技术的应用,能够有效提升电子商务活动的安全性,保证交易的顺畅进行。

> **课程思政**
>
> 每年的"双十一",电商平台都要处理大规模的数据,如何保证这些数据不被窃取,保证服务器的正常运行,是后台技术人员需要考虑的事情。而这些技术人员大多为年轻的工程师,他们用自己的技术为广大消费者保驾护航,确保交易的顺利进行。电商平台的技术人员这种爱岗敬业的精神值得我们学习。

7.2.1 数据加密技术

在电子商务交易过程中,数据加密技术是实现信息保密性的一种重要手段,可以有效防止合法接收者之外的人获得计算机系统中的机密信息。如何有效地对信息进行保密是商务安全的核心问题。

密钥是用户按照一种密码体制随机选取的一个字符串,是控制明文和密文变换的唯一参数。根据密钥类型的不同,可将密钥加密技术分为对称密钥加密技术和非对称密钥加密技术。

1. 对称密钥加密技术

(1)对称密钥加密的概念。对称密钥加密又称单钥密码算法,是指加密密钥和解密密钥均采用同一密钥算法,而且通信双方必须都要获得这把密钥并保持密钥的秘密。当给对方发信息时,用自己的加密密钥进行加密,接收方收到数据后,用对方所给的密钥进行解密。故此技术也称为密钥加密技术或私钥加密技术。图7-3显示了对称密钥加密过程。

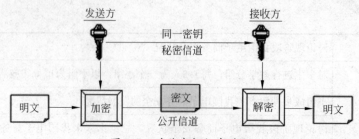

图7-3 对称密钥加密过程

(2)加密算法。实现对称密钥加密的加密算法主要有以下两种。

① DES 算法。DES（data encryption standard）即数据加密标准，是对称密钥加密的一种典型算法。该标准是美国国家安全局与 IBM 公司长期合作的结果，1976 年被美国国家标准局采纳为美国数据加密标准。DES 是一种分组加密算法，它使用 64bit 位长的密钥，将二进制序列的明文分成每 64bit 位一组，对明文进行 16 轮迭代和置换加密，最后形成密文。在 DES 使用的 64bit 位的密钥中，实际密钥长度只有 56bit 位，其余 8bit 位用于奇偶校验，以便发现和纠正传输错误。

② IDEA 算法。IDEA（international data encryption algorithm）是一种国际数据加密算法。它是由中国学者来学嘉和瑞士学者 James Massey 联合提出的，是一个分组大小为 64 位、密钥为 128 位、迭代轮数为八轮的迭代型密码体制。此算法使用长达 128 位的密钥，有效地消除了任何试图穷尽搜索密钥的可能性。

（3）对称密钥加密技术的优缺点如下。

① 对称密钥加密技术的优点是加密、解密速度快，适合对大量数据进行加密，能够保证数据的机密性。

② 对称密钥加密技术的缺点是密钥使用一段时间后就要更换，而在密钥传递过程中要保证不能泄密。另外，由于交易对象较多，使用相同的密钥就没有安全意义，而使用不同的密钥则密钥量太大，难以管理。为了弥补对称密钥加密技术的不足，出现了非对称密钥加密技术。

2. 非对称密钥加密技术

（1）非对称密钥加密的概念。非对称密钥加密也称为公开密钥加密。它是指对信息加密和解密时，所使用的密钥是不同的，即有两个密钥：一个是可以公开的，称为公开密钥（Public Key）；另一个是由用户自己保存的，称为私有密钥（Private Key），这两个密钥组成一对密钥对。如果用其中一个密钥对数据进行加密，则只有用另外的一个密钥才能解密；由于加密和解密时所使用的密钥不同，这种加密技术称为非对称密钥加密技术。图 7-4 显示了非对称密钥加密过程。

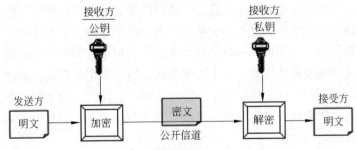

图 7-4 非对称密钥加密过程

（2）加密算法。公开密钥加密算法主要是 RSA 加密算法。此算法是美国 MIT 的 Rivest、Shamir 和 Adleman 于 1978 年提出的。它是第一个成熟的、迄今为止理论上最为成功的公开密钥密码体制。它的安全性基于数论中的 Euler 定理和计算复杂性理论中的下述论断：求两个大素数的乘积是容易的，但要分解两个大素数的乘积，求出它们的素因子则是非常困难的。

（3）非对称密钥加密技术的优缺点如下。

① 非对称密钥加密技术的优点：密钥少，便于管理，用户只需保存自己的私有密钥，公钥加密系统允许用户事先把公钥发表或刊登出来；密钥分配简单，用户可以把用于加密的公钥，公开地分发给任何需要的其他用户，不需要秘密的通道和复杂的协议来传送密钥；利用公钥加密技术可以实现数字签名和数字鉴别，并确定对方身份。

② 非对称加密技术的缺点是加、解密速度慢，时间长。它适合对少量数据进行加密。

7.2.2 数字认证技术

数字认证技术主要分为两种，即身份认证和消息认证。

1. 身份认证

身份认证是鉴别某一身份真伪的技术，是防止冒充攻击的重要手段，用于鉴别用户的身份是否合法。身份认证过程只在两个对话者之间进行，涉及被认证方出示的身份凭证信息和与此凭证有关的鉴别信息。实现身份认证的物理基础主要包括如下三种。

（1）用户所知道的。最常用的方法是密码和口令。这种方法简单，但是也是最不安全的。

（2）用户所拥有的。依赖于用户拥有的信息（如身份证、护照、密钥盘等）来实现身份认证。这种方法相对复杂，但是安全性比较高。

（3）用户所具有的特征。这是指用户的生物特征，如指纹、虹膜、DNA、声音、脸部特征等，也包括下意识的行为。这种方法安全系数最高，但是涉及更复杂的算法和实现技术。

2. 消息认证

消息认证又可以分为两种，即数字签名和数字时间戳。消息认证可用于验证所收到的消息确实来自真正的发送方且未被修改，也可以用于验证消息的顺序性和及时性。

（1）数字签名。数字签名又称公钥数字签名、电子签章，类似于写在纸上的普通的物理签名，但是使用了公钥加密领域的技术实现，是用于鉴别数字信息的方法。一套数字签名通常定义两种互补的运算，一个用于签名，另一个用于验证，如图 7-5 所示。

① 数字签名的特点。在书面文件上签名是确认文件的一种手段，其作用有两点：因为自己的签名难以否认，从而确认了文件已签署这一事实；因为签名不易仿冒，从而确定了文件是真的这一事实。

数字签名与书面文件签名有相同之处，采用数字签名也能确认以下两点：信息是由签名者发送的；信息自签发后到收到为止未曾做过任何修改。

数字签名与书面文件签名的区别：书面文件签名易伪造；数字签名是基于数学原理的，更难伪造。

② 数字签名的处理过程。数字签名的处理过程（采用双重加密）为：使用 SHA 编码将发送文件加密产生 128bit 的数字摘要；发送方用自己的专用密钥对摘要再加密，形成

数字签名；将原文和加密的摘要同时传给对方；接受方用发送方的公共密钥对摘要解密，同时对收到的文件用 SHA 编码加密产生同一摘要；将解密后的摘要和收到的文件在接受方重新加密产生的摘要相互对比。如果两者一致，则说明在传送过程中信息没有破坏和篡改；否则，则说明信息已经失去安全性和保密性。数字签名的处理过程如图 7-6 所示。

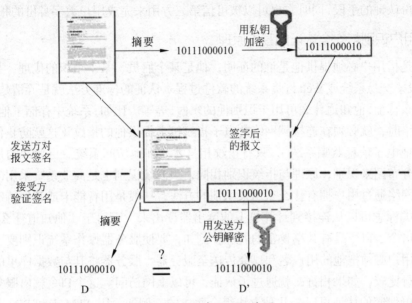

图 7-5 数字签名示意图

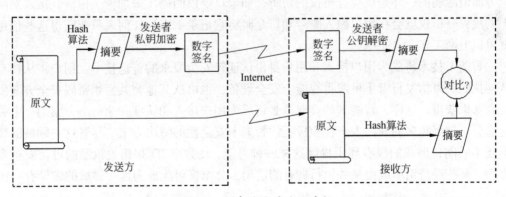

图 7-6 数字签名的处理过程

（2）数字时间戳。在电子商务交易中，需要对交易文件的事件信息采取安全措施。数字时间戳（digital timestamp services，DTS）能够提供电子文件发送时间安全保护的服务。数字时间戳服务由专门的机构提供。数字时间戳是一个经加密后形成的凭证文凭，包括以下三个部分：需加时间戳的电子文件；数字时间戳发送和接收文件的时间；数字时间戳服务的数字签名。

7.2.3 用户识别与安全认证

仅仅加密是不够的，全面的保护还要求进行用户识别与安全认证。它确保参与加密对话的人确实是其本人。厂家依靠许多机制来实现认证,从安全卡到身份鉴别:前者能确保只有经过授权的用户才能通过个人计算机进行 Internet 网上的交互式交易;后者则提供一种方法,用它生成某种形式的口令或数字签名,交易的另一方据此来认证他的交易伙伴。用户管理的口令通常是前一种安全措施;硬件／软件解决方案则不仅正逐步成为数字身份认证的手段,同时它也可以被可信第三方用来完成用户数字身份的相关确认。

1. 用户识别与安全认证的基本原理

认证是指用户必须提供他是谁的证明,他是某个雇员、某个组织的代理、某个软件过程(如股票交易系统或 Web 订货系统的软件过程)。认证的标准方法就是弄清楚他是谁,他具有什么特征,他知道什么可用于识别他的东西,等等。比如,系统中存储了他的指纹,他接入网络时,就必须在连接到网络的电子指纹机上提供他的指纹(这就防止他以假的指纹或其他电子信息欺骗系统),只有指纹相符才允许他访问系统。更普通的是通过视网膜血管分布图来识别,原理与指纹识别相同,声波纹识别也是商业系统采用的一种识别方式。网络通过用户拥有什么东西来识别的方法,一般是用智能卡或其他特殊形式的标志,这类标志可以从连接到计算机上的读出器读出来。而对于"他知道什么",最普通的就是口令,口令具有共享秘密的属性。例如,要使服务器操作系统识别要入网的用户,那么用户必须把他的用户名和口令传送至服务器。服务器将其与数据库里的用户名和口令进行比较,如果相符,就通过了认证,可以上网访问。这个口令就由服务器和用户共享。更保密的认证可以是几种方法组合而成的。例如,用 ATM 卡和 PIN 卡。在安全方面最薄弱的一环是规程分析仪的窃听,如果口令以明码(未加密)传输,接入到网上的规程分析仪就会在用户输入账号和口令时将它记录下来,任何人只要获得这些信息就可以上网工作。

智能卡技术将成为用户接入和用户身份认证等安全要求的首选技术。用户将从持有认证执照的可信发行者手里取得智能卡安全设备,也可从其他公共密钥密码安全方案发行者那里获得。这样,智能卡的读取器必将成为用户接入和认证安全解决方案的一个关键部分。越来越多的业内人士在积极提供智能卡安全性的解决方案。尽管这一领域的情形还不明朗,但我们没有理由排除这样一种可能:在数字 ID 和相关执照的可信发行者方面,某些经济组织或由某些银行拥有的信用卡公司将可能成为这一领域的领导者。

2. 用户识别与安全认证的主要方法

为了解决安全问题,一些公司和机构正千方百计地解决用户身份认证问题,主要有以下几种方法。

(1) 双重认证。如波士顿的某公司和意大利一家居领导地位的电信公司正采用"双重认证"办法来保证用户的身份证明。也就是说它们不是采用一种方法,而是采用有两种形式的证明方法,这些证明方法包括令牌、智能卡和仿生装置,如视网膜或指纹扫描器。

(2) 数字证书。这是一种检验用户身份的电子文件,也是企业现在可以使用的一种工具。这种证书可以授权购买,提供更强的访问控制,并具有很高的安全性和可靠性。

(3) 智能卡。这种解决办法可以持续较长的时间,并且更加灵活,存储信息更多,并具有可供选择的管理方式。

（4）安全电子交易（secure electronic transaction，SET）协议。这是迄今为止最为完整和权威的电子商务安全保障协议。

7.2.4　安全协议

安全协议是网络安全的一个重要组成部分，是以密码学为基础的消息交换协议，可用于保障计算机网络信息系统中秘密信息的安全传递与处理，确保网络用户能够安全、方便、透明地使用系统中的密码资源。目前，安全协议在金融系统、商务系统、政务系统、军事系统和社会生活中的应用日益普遍。电子商务领域中常见的安全协议有安全套接层协议和安全电子交易协议等。

（1）安全套接层（secure socket layer，SSL）协议指使用公钥和私钥技术相组合的安全网络通信协议，是网景公司（Netscape）推出的基于互联网应用的安全协议。安全套接层协议指定了一种在应用程序协议（如 HTTP、Telnet、FTP 等）和 TCP/IP 之间提供数据安全性分层的机制。

（2）安全电子交易协议是由万事达卡（Master Card）和维萨（Visa）联合网景、微软等公司，于 1997 年 6 月 1 日推出的。该协议主要是为了实现更加完善的即时电子支付。安全电子交易协议是 B2C 基于信用卡支付模式而设计的，它在保留对客户信用卡认证的前提下，增加了对商家身份的认证；凸显客户、商家、银行之间通过信用卡交易的数据完整性和不可抵赖性等优点，因此，它成为目前公认的信用卡网上交易国际标准。

电子支付无论采取哪种支付协议，都应该考虑安全因素、成本因素和使用的便捷性这三方面的因素。由于这三者在安全电子交易协议和安全套接层协议中的任何一个协议里无法全部体现，就造成现阶段安全套接层协议和安全电子交易协议并存使用的局面。因此，不是说一个完善的安全支付协议就能解决网上支付的安全性问题，更重要的是除了安全协议以外，还需要其他安全技术及其相应的管理制度才能保证电子商务的安全，保证电子商务快速有序的发展。

7.2.5　防火墙技术

防火墙是硬件和软件的结合体，它将一个机构的内部网络和整个因特网隔离开，允许一些数据分组通过而阻止另外一些数据分组通过。防火墙允许网络管理员控制外部世界和被管理网络内部资源之间的访问，这种控制是通过管理流入和流出这些资源的流量实现的。

1. 防火墙的目标

防火墙具有以下 3 个目标。

（1）从外部到内部和从内部到外部的所有流量都通过防火墙。图 7-7 显示了一个防火墙，它位于被管理网络和因特网区域部分之间的边界处。

图 7-7 防火墙

（2）仅允许被批准的流量通过。随着进入和离开机构网络的所有流量经过防火墙，该防火墙能够限制对授权流量的访问。

（3）防火墙自身免于渗透。防火墙本身是一种与网络连接的设备，如果设计或安装得不适当，就不能发挥防火墙本身的作用，但是给人一种安全的假象，这种情况比没有防火墙更加危险。

2. 防火墙的种类

从实现原理上分，防火墙包括4大类：网络级防火墙（也叫包过滤型防火墙）、应用级网关、电路级网关和规则检查防火墙。它们之间各有所长，具体使用哪一种或是否混合使用，要看具体需要。

（1）网络级防火墙。一般是基于源地址和目的地址、应用或协议及每个 IP 包的端口来做出通过与否的判断。一个路由器便是一个"传统"的网络级防火墙，大多数的路由器都能通过检查这些信息来决定是否将所收到的包转发，但它不能判断出一个 IP 包来自何方、去向何处。

防火墙检查每一条规则直至发现包中的信息与某规则相符。如果没有一条规则能符合，防火墙就会使用默认规则。一般情况下，默认规则就是要求防火墙丢弃该包。其次，通过定义基于 TCP 或 UDP 数据包的端口号，防火墙能够判断是否允许建立特定的连接，如 Telnet、FTP 连接。

（2）应用级网关。应用级网关能够检查进出的数据包，通过网关复制传递数据，防止在受信任服务器和客户机与不受信任的主机间直接建立联系。应用级网关能够理解应用层上的协议，能够做较为复杂的访问控制，并做精细的注册和稽核。它针对特别的网络应用服务协议即数据过滤协议，能够对数据包进行分析并形成相关的报告。应用级网关对某些易于登录和控制所有输出输入的通信的环境给予严格的控

> **小链接**
> **Internet 和 Intranet 的区别**
>
> Internet 是互联网，即广域网、局域网及单机按照一定的通信协议组成的国际计算机网络。
>
> Intranet 是企业内联网，是利用因特网技术建立的可支持企事业内部业务处理和信息交流的综合网络信息系统，通常采用一定的安全措施与企业事业外部的因特网用户相隔，对内部用户在信息使用的权限上也有严格的规定。
>
> Internet 是面向全球的网络，而 Intranet 则是 Internet 技术在企业机构内部的实现，它能够以极少的成本和时间将一个企业内部的大量信息资源高效合理地传递到每个人。Intranet 为企业提供了一种能充分利用的通信线路、经济而有效地建立企业内联网的方案。

制,以防有价值的程序和数据被窃取。在实际工作中,应用级网关一般由专用工作站系统来完成。但每一种协议需要相应的代理软件,使用时工作量大,效率不如网络级防火墙。

应用级网关有较好的访问控制,是目前最安全的防火墙技术,但实现困难,而且有的应用级网关"透明度"不高。在实际使用中,用户在受信任的网络上通过防火墙访问Internet时,经常会发现存在延迟并且必须进行多次登录(login)才能访问Internet或Intranet的情况。

(3)电路级网关。电路级网关用来监控受信任的客户或服务器与不受信任的主机间的TCP握手信息,以此来决定该会话(session)是否合法。电路级网关在OSI模型中会话层上过滤数据包,这样比包过滤防火墙要高二层。

电路级网关还提供一个重要的安全功能:代理服务器(proxy server)。代理服务器是设置在Internet防火墙网关上的专用应用级代码。这种代理服务准许网管员允许或拒绝特定的应用程序或一个应用的特定功能。包过滤技术和应用级网关是通过特定的逻辑判断来决定是否允许特定的数据包通过,一旦判断条件满足,防火墙内部网络的结构和运行状态便"暴露"在外来用户面前,这就引入了代理服务的概念,即防火墙内外计算机系统应用层的"链接"由两个终止于代理服务的"链接"来实现,这就成功地实现了防火墙内外计算机系统的隔离。同时,代理服务还可用于实施较强的数据流监控、过滤、记录和报告等功能。代理服务技术主要通过专用计算机硬件(如工作站)来承担。

(4)规则检查防火墙。该防火墙结合了包过滤防火墙、电路级网关和应用级网关的特点。同包过滤防火墙一样,规则检查防火墙能够在OSI网络层上通过IP地址和端口号过滤进出的数据包。它也像电路级网关一样,能够检查SYN(synchronize sequence numbers,同步序列编号)和ACK(acknowledge character,确认字符)标记和序列数字是否逻辑有序。当然它也像应用级网关一样,可以在OSI参考模型应用层上检查数据包的内容,查看这些内容是否能符合企业网络的安全规则。

> **小链接**
>
> **OSI 参考模型**
>
> OSI 参考模型(open system interconnection reference model,开放式系统互联通信参考模型)是一个7层的分层结构。该模型是按逻辑组合功能来分层的,每层各自执行自己的功能。上层建立在下一层的基础上,下层为上层提供一定的服务。层间的相互作用是通过层间接口实现的。只要保证层间接口不变,任何一层实现技术的变更均不会影响其他各层的功能和提供的服务。

规则检查防火墙虽然集成前三者的特点,但是不同于一个应用级网关的是,它并不打破客户机/服务器模式来分析应用层的数据,它允许受信任的客户机和不受信任的主机建立直接连接。规则检查防火墙不依靠与应用层有关的代理,而是依靠某种算法来识别进出的应用层数据,这些算法通过已知合法数据包的模式来比较进出数据包,这样从理论上就能比应用级代理在过滤数据包上更有效。

> **课堂活动**

活动题目	讨论生活中遇到的交易陷阱及"避坑"策略
活动步骤	对学生进行教学分组,每3~5人为一个小组,以小组为单位实施活动 小组成员分别说说自己在进行网上交易时所遇到的一些交易陷阱(如果没有遇到过,可以搜集一些交易陷阱类型),然后说出自己的应对策略,并填写表7-1 每个小组将结果提交给教师,教师予以评价

表 7-1 交易陷阱及其应对策略

交易陷阱描述	应对策略描述

7.3 电子商务安全管理规范

电子商务信息的安全性是电子商务健康发展的基础,有效有序的管理可以促进电子商务活动安全顺利地进行,因此,制定相关的规范势在必行。

> **课程思政**
>
> 遵守电子商务安全管理规范,防范风险的发生,避免各种损失,应该做好日常安全防范工作,按规范处理事情,不能逾越规矩,随便处置,否则会扰乱整个秩序,造成不必要的麻烦和损失。规则性是为人处世的一种规范,每个人都应该遵守规则。

7.3.1 风险制度规范

电子商务风险管理就是跟踪、评估、监测和管理整个电子商务实施过程中所形成的电子商务风险,尽量避免电子商务风险给企业造成经济损失、商业干扰及商业信誉丧失等,以确保企业电子商务的顺利进行。在面对电子商务面临的各种安全风险时,电子商务企业应该主动采取措施维护电子商务系统的安全,并监视新的威胁和漏洞,而不能被动、消极地应付。这就需要电子商务企业制定完整高效的电子商务安全风险管理规则。

1. 电子商务的安全风险

（1）信息风险。信息风险主要是指由于信息滞后、虚假、过滥、垄断或者不完善而造成损失的风险。信息传递中，若市场主体接收到的信息不完备或不准确，就无法正确分析或者判断信息，也就无法做出合理的应对决策。电子商务开展过程中，信息资源起着决定性作用，然而信息过滥的现象也经常出现。网络欺诈是信息风险最为直接的表现，这种行为不仅会使消费者与厂商蒙受损失，更为严重的是使人们丧失对电子商务的信心。

（2）信用风险。信用风险主要表现为以下三个方面。

① 买方导致的信息风险。消费者网上购物时伪造信用卡用于骗取货物、信用卡，在使用时恶意透支或者对付款期限故意拖延，这些行为均会增加卖方风险。

② 卖方导致的信用风险。卖方导致的信用风险包括货物难以保证质量，或者延时寄送货物；电商厂家发布信息不准确或者不完全，欺骗式宣传自身产品。由于网络交易具有虚拟性，消费者不能直接看到真实货物，为欺骗行为创造条件。

③ 买卖双方均可能导致的风险。网络交易具有易修改性，买卖双方若都有抵赖行为，其风险不可避免。

（3）管理风险。管理风险主要是指交易技术、交易流程与人员管理的不完善性而导致的风险。网络商品交易过程中，交易中心一方面需要监督买方做到按时付款，另一方面需要监督卖方根据合同要求按时提供货物。这些环节中均存在诸多管理问题，若其中一环管理不善则可能会造成难以估量的潜在风险。工作人员的安全教育、职业素质难以保证，管理松懈情况下会导致众多网络犯罪行为的出现。部分企业采用不正当手段窃取竞争对手的用户密码、识别码或传递方式，会造成人员管理方面的风险。

（4）投资风险。投资风险主要表现为以下三个方面。

① 固定资产更新快，运营成本增加。电子技术发展日新月异，与电子商务有关的打印机、计算机等硬件设施的经济寿命大大缩短，具有较差的变现能力，后续投资持续不断，使企业运营成本增加。

② 无形资产的投资所占比重大。电子商务必须在信息技术上跟上行业发展步伐，稍微落后就有可能淘汰，因此，企业需要持续性地投入资金开发新技术，导致投资风险增加。

③ 电子商务所获得的收益是长期性的，企业难以短时间收回投资，收益同样具有不可预估性。这些因素导致电子商务的具体回报不能确定，增加投资风险。

2. 电子商务风险管理的应对策略

（1）缩短项目周期。将电子商务的项目周期大大缩短是减轻安全风险的直接措施，由于电子商务所处的外界环境变化太快，如竞争环境与技术环境，若企业拥有过大的电子商务项目，即使项目本身获得成功，但是由于周围环境发生改变，这个项目所能带来的收益未必能够达到预期标准，可能会给企业带来一定的经济损失。

（2）风险意识自上而下。部分企业认为，电子商务仅是一种技术项目，技术部门直接参与即可。根据调查显示，在电子商务进程时，绝大多数企业没有高度重视其运作管理，致使电商项目普遍成功率低下。而阿里巴巴等电商企业之所以获得成功，是因为在运行电商项目时企业管理层都给予了高度关注，即使普通员工也明确企业的电商目标。这种自上而下地全面了解电商知识，也是企业电子商务运作成功的根本原因之一。因此，企业应要求全体员工充分了解电商知识，同时明晰电商风险，从而形成全民重视并且全民参与的局面。

（3）改变企业运作流程。目前，仍有部分企业认为，电子商务就是建立一个售货网站，怀有此种想法的企业在电商运营中无一不遭遇失败。若企业不对其运作流程进行改革而直接进入到电商的洪流中，不仅会投资失败，而且会对企业整体信誉造成影响。因此，企业在加入电商行列前，改造内部流程是非常必要的，使之能更好地适应现代电商的要求。

（4）战略计划具有滚动性。电子商务变化快速并且具有不确定性，常规的战略计划所发挥的作用逐渐减小。成功的电商企业一般都是这样，五年计划中只有第一年的安排是较为详细的，剩余年份的计划则比较粗略，这是因为制订的计划可能尚未实施，但是周围环境已经千变万化。因此，实际经营中，保持计划的滚动性尤为重要，根据环境变化定期修改战略计划。

综合来看，企业要做好电子商务风险管理，需要做到以下两点。

（1）要提高企业内部对电子商务风险的管理意识，掌握电子商务风险管理知识。

（2）电子商务是商务过程的信息技术实现，因此应将企业商务战略与信息技术战略整合在一起，形成企业的整体战略，这是电子商务管理成功的关键。

7.3.2 法律制度规范

电子商务安全管理不完善是电子商务安全的重要隐患。安全管理在整个网络安全保护工作中的地位十分重要。任何先进的网络安全技术都必须在有效、正确的管理控制，以及合理的法律保障下才能得到较好的实施。近年来，国家和行业相继出台了一些针对电子商务安全方面的法律制度规范，如表 7-2 所示。

表 7-2 国家和行业相继出台的电子商务安全法律制度规范

法律制度名称	出台时间
中华人民共和国电子签名法	2004年
电子认证服务管理办法	2005年
电子银行业务管理办法	2005年
关于加强银行卡安全管理预防和打击银行卡犯罪的通知	2009年
网络商品交易及有关服务行为管理暂行办法	2010年
非金融机构支付服务管理办法	2010年
关于加强电信和互联网行业网络安全工作的指导意见	2014年
中华人民共和国网络安全法	2016年
电子商务法	2018年

7.3.3 日常安全防范规范

随着技术的不断发展,在进行电子商务活动时,除了使用PC端外,更多地会使用移动端进行。因此,在进行日常安全防范时需要注意两方面,即PC端和移动端。

1. PC端安全防范

电子商务活动是在PC联网的情况下进行的,因此应该注重PC端网络安全的防护和个人信息的保护,主要如下。

(1)PC端要安装必要的杀毒软件,定期扫描PC,以防止PC遭到病毒、木马等的侵入和攻击。

(2)平时上网,尤其是在进行网络交易时,要注意保护好个人信息不泄露,删除网页中的Cookies,避免在网络上留下重要信息(如密码等)。

(3)安装必要的防火墙软件,可有效抵御黑客、木马等的入侵。

(4)定期安装系统补丁。不管是Windows系统还是其他系统,开发企业都会不定期地发布一些补丁文件或系统更新文件,及时更新这些系统漏洞,有助于系统的安全维护。

(5)在接收文件(如QQ传送文件、电子邮件附件等)时,要注意使用杀毒软件检查文件,以防文件中有木马和病毒嵌入。

(6)对于一些重要的密码(如银行卡密码、QQ密码等)应使用复杂性高的密码,这样被破解的可能性会降低。

(7)经常备份重要的文件,以防止系统崩溃或在文件被误删时能够及时找到备份文件。

(8)不浏览一些非法网站或不良网站,因为这些网站往往会被不法之徒嵌入一些病毒和木马。

2. 移动端安全规范

移动端用户应注意以下一些日常安全规范。

(1)谨慎下载无认证的手机APP。

(2)一些莫名其妙的手机短信、彩信尽量不要打开,尤其是其中的链接,更不要打开。

(3)公共场所不能识别安全性的Wi-Fi不要连接。

(4)及时更新手机系统。

(5)对一些涉及财务的APP应设置复杂性较高的支付密码。

(6)不要随便扫描二维码。

课堂活动

活动题目	总结电子商务安全日常规范
活动步骤	对学生进行教学分组,每3~5人为一个小组,以小组为单位实施活动
	小组成员讨论我们应该如何保证电子商务安全,并将讨论结果写在下面
	每个小组将结果提交给教师,教师予以评价

拓展实训

【实训目标】

通过实训,使学生认知电子商务安全在整个电子商务交易活动中的重要性,能够掌握必备的电子商务安全防范措施,并能够认知一定的电子商务安全技术。

【实训内容】

查阅相关资料,整理出3个近年来因为不注重电子商务安全而导致损失的案例,分析这些损失是否是不必要产生的,以及应该如何避免这样的损失。

【实训步骤】

(1)2~3人组成一个团队。设负责人一名,负责整个团队的分工协作。

(2)团队成员分工协作,通过多渠道搜集相关资料,采用头脑风暴的方法,组员充分发散自己的思维,发表自己的看法。

(3)团队成员对搜集的材料进行整理,总结并分析这些材料。

(4)各团队将总结制作成PPT,派出一人作为代表上台演讲,阐述自己团队的成果。

(5)教师对各团队的成果进行总结评价,指出不足与改进措施。

【实训要求】

(1)考虑到课堂时间有限,实训可采取"课外+课内"的方式进行,即团队组成、分工、讨论和方案形成在课外完成,成果展示安排在课内。

(2)每个团队方案展示时间为10分钟左右,教师和学生提问时间为5分钟左右。

思考与练习

1. 填空题

(1)电子商务是利用Internet进行的各项商务活动,主要包括_____和_____两种业务类型。

(2)_____是指利用软件和系统知识或专门技术实施的攻击。

(3)_____和商务交易安全是密不可分的,两者相辅相成、缺一不可。

(4)_____是指加密密钥和解密密钥均采用同一密钥算法,而且通信双方必须都要获得这把密钥并保持密钥的秘密。

(5)_____是硬件和软件的结合体,它将一个机构的内部网络和整个因特网隔离开,允许一些数据分组通过而阻止另外一些数据分组通过。

2. 简答题
(1) 什么是电子商务安全?
(2) 简述电子商务面临的安全威胁。
(3) 防火墙有哪些种类?
(4) 什么是数字签名?
(5) 什么是安全协议?

第 8 章
新兴电子商务模式

学习目标

- ☑ 了解跨境电商、移动电商、直播电商、农村电商的含义
- ☑ 掌握跨境电商、农村电商的分类
- ☑ 熟悉移动电商、直播电商的模式
- ☑ 能够列举跨境电商、移动电商、直播电商、农村电商的特点
- ☑ 了解跨境电商、移动电商、直播电商、农村电商的主流平台

 导入案例

2021跨境电商实现巨幅成长，CBEC跨博会看点颇多

2020年因新冠肺炎疫情导致我国传统外贸发生较大萎缩的情况下，跨境电子商务却一路逆势增长。据商务部发布的最新消息显示，2021年上半年，中国跨境电商进出口实现8 867亿元，同比增长28.6%。其中，出口6 036亿元，增长44.1%；进口2 831亿元，增长4.6%。我国跨境电商已成为外贸发展新亮点。在这样的背景下，于2021年10月14日—16日在福州海峡国际会展中心召开的"CBEC 2021中国跨境电商及新电商交易博览会"（简称"CBEC跨博会"）备受业内瞩目。

CBEC跨博会共设四大展区，分别是跨境电商生产厂家展区、跨境电商平台展区、跨境服务商展区、创客区，汇聚跨境电商全产业链。作为本届展会一大亮点的创客区，是主办方为支持具有创新性的初创企业而特别设立的。任何行业都需要新鲜血液，扶持初创企业就是为整个跨境电商行业储备力量。跨境电商生产厂家展区，则是以生产型企业为主，将集聚智能科技、美妆个护、日用百货、母婴玩具、跨境食品、一次性卫生用品等众多热门板块。跨境电商平台展区将邀请亚马逊、Wish、eBay、速卖通、Lazada及新市场专场美客多、NewEgg、Allegro等国际电商平台，实现买卖双方无缝对接，开拓国外市场。跨境服务商展区则相当于"大后勤"，所有跨境电商业务所涉及的物流仓储、金融支付、培训、知识产权等企业在这里集中展示，免除跨境电商发展的后顾之忧。

本届展会同期举办跨境电商高峰论坛，引领行业发展方向。以"2021跨境电商新生态创新发展高峰论坛"为主题的主论坛，邀请相关领导及行业专家解读国家政策，共同探讨行业发展趋势。此外，还以卖方需求为重点开设分论坛，围绕品牌出海、独立站、全球开店、平台运营及新市场等热门话题进行讨论，助力中国品牌顺利出海，实现全球运营。

为提升企业品牌知名度，打响企业名号，本届展会还设立了品牌廊，通过讲述品牌故事来展示企业发展史。同时，特设直播区，邀请老陈聊跨境、外贸团长、烨哥聊跨境等抖音跨境电商大卖家现场直播供应商产品，引爆线上询盘，助力参展商业绩提升。

思考

分析以上内容，讨论并思考未来的跨境电子商务会是怎样的。

8.1 跨境电子商务

> **课程思政**
>
> 　　随着人工智能等新技术的兴起，业内人士纷纷认为新一轮的技术革命已经到来。其实，每次技术革命都会淘汰一部分过时的职业，但同时也会催生新的职业，对于当代大学生而言，这既是挑战也是机遇。在这样的大背景下，大学生的学习能力尤为重要，大学生只要能保持较好的灵活性，积极主动地应对各种变化，加强自己的综合素质，使自己成为复合型人才，就能够在社会竞争中占据一席之地。

8.1.1 跨境电子商务的含义

　　跨境电子商务简称跨境电商，是分属不同关境的交易主体，通过电子商务平台达成交易、进行支付结算，并通过跨境物流送达商品、完成交易的一种国际商业活动。其实质是把传统国际贸易进行网络化、电子化。

跨境电商市场蓬勃发展

　　跨境电子商务把原来传统的销售、购物渠道转移到互联网上，打破了国家与地区间的壁垒。制造厂家也实现了工厂全球化、网络化、无形化、一体化服务。从概念上来看，跨境电子商务有广义和狭义之分。广义的跨境电子商务，指的是分属不同关境的交易主体，通过电子商务的方式完成进出口贸易中的展示、洽谈和交易环节，并通过跨境物流送达商品、完成交割的一种国际商业活动。从狭义上看，跨境电子商务基本等同于跨境零售，指的是分属于不同关境的交易主体，借助计算机网络达成交易、进行支付结算，并采用快件、小包等方式，通过跨境物流将商品送达消费者手中的交易过程。跨境电子商务在国际上被流行称为跨境零售。而现实中，由于对小型商家用户与个人消费者进行明确区分界定的难度较大，所以跨境零售交易主体中往往还包含一部分碎片化、小额买卖的商家用户。跨境电子商务系统要素联动关系模型有助于总览跨境电子商务的总体框架，如图 8-1 所示。

　　与传统国际贸易相比，跨境电子商务依托于互联网技术而存在，在物流方式、

思考题

跨境电商与传统对外贸易之间有什么区别？

小链接

代工工厂

　　代工工厂是指代工生产的工厂。作为世界的工厂，还有许多不被消费者了解的，只代工生产，做 OEM[original equipment manufacturer，原始设备生产商（不设计只生产）] 和 ODM[original design manufacturer，原始设计制造商（既设计又生产）] 的工厂。

交易流程、结算方式等方面都大不相同,如图 8-2 所示。一方面,跨境电子商务让传统国际贸易实现了电子化、数字化和网络化,无论是订购,还是支付环节,都可以经由互联网完成,甚至数字化产品的交付都可以通过网络完成。在跨境电子商务交易过程中,运输单据、交易合同及各种票据都是采用电子文件的形式。因此,跨境电子商务贸易实际上是包含货物的电子贸易、在线数据传递、电子资金划拨、电子货单证等多环节与内容的一种新型国际贸易方式。另一方面,由于信息在互联网上流动的便捷和快速,跨境电子商务使国际贸易卖方可以直接面对来自不同国家的消费者,因而最大限度地减少了传统国际贸易所必须涉及的交易环节,避免了供需双方之间的信息不对称。这也是跨境电子商务最大的优势所在。现在,跨境电子商务已在全球范围内蓬勃发展。

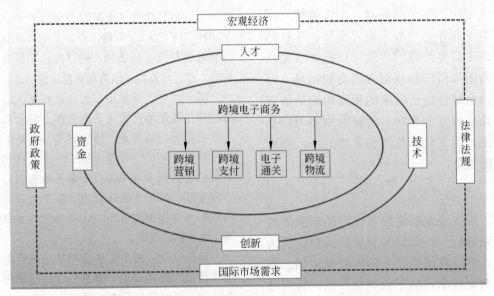

图 8-1 跨境电子商务系统要素联动关系模型

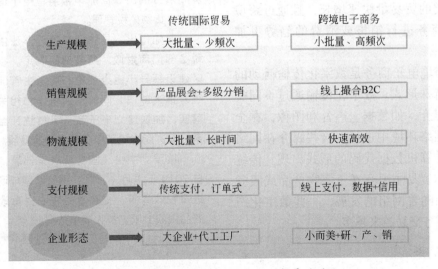

图 8-2 跨境电子商务与传统国际贸易的对比

8.1.2 跨境电子商务的特点

跨境电子商务以网络为依托，网络空间的特性深刻地影响跨境电子商务的发展。与传统的交易方式相比，跨境电子商务具有自己的特点。

1. 全球性

网络是一个没有边界的媒介体，具有全球性和非中心化的特征。依附于网络发生的跨境电子商务也因此具有了全球性和非中心化的特性。与传统的交易方式相比，电子商务的一个重要特点在于电子商务是一种无边界交易。互联网用户不需要跨越国界就可以把产品尤其是高附加值产品和服务提交到市场。网络的全球性特征带来的积极影响是信息的最大程度的共享，消极影响是用户必须面对因文化、政治和法律的不同而产生的风险。

2. 数字化

网络的发展使数字化产品和服务的传输盛行。传统国际贸易以实物贸易为主，而随着网络技术的发展和应用，贸易对象逐渐趋向于数字化产品，特别是影视作品、电子书籍、应用软件、游戏等品类的贸易量快速增长，且通过跨境电子商务进行销售或消费的趋势更加明显。

跨境电子商务是数字化传输活动的一种特殊形式。数字化传输通过不同类型的媒介，如数据、声音和图像，在全球化网络环境中进行，这些媒介在网络中以计算机数据代码的形式出现。传统的国际贸易主要存在于实物产品或服务中，而随着网络的发展，一些数字化产品和服务交易越来越多。

3. 多边性

传统的国际贸易以双边贸易为主，即使有多边贸易，也是通过多个双边贸易实现的，

> **小链接**
>
> **跨境电子商务免税新规**
>
> 2018年10月1日起，财政部、国家税务总局、商务部、海关总署日前联合发文明确，对跨境电子商务综合试验区（以下简称"综试区"）电商出口企业出口未取得有效进货凭证的货物，同时符合下列条件的，试行增值税、消费税免税政策。
>
> 第一，电子商务出口企业在综试区注册，并在注册地跨境电子商务线上综合服务平台登记出口日期、货物名称、计量单位、数量、单价、金额。第二，出口货物通过综试区所在地海关办理电子商务出口申报手续。第三，出口货物不属于财政部和税务总局根据国务院决定明确取消出口退（免）税的货物。
>
> 通知明确，海关总署定期将电子商务出口商品申报清单电子信息传输给国家税务总局。各综试区税务机关根据国家税务总局清分的出口商品申报清单电子信息加强出口货物免税管理。
>
> 通知指出，具体免税管理办法由省级税务部门商财政、商务部门制定。各综试区建设领导小组办公室和商务主管部门应统筹推进部门之间的沟通协作和相关政策落实，加快建立电子商务出口统计监测体系，促进跨境电子商务健康快速发展。
>
> 按照党中央、国务院决策部署，中国自2019年1月1日起，调整跨境电商零售进口税收政策，提高享受税收优惠政策的商品限额上限，扩大清单范围。

通常呈线状结构。跨境电子商务可以通过一国的交易平台，实现与其他国家的直接贸易，贸易过程相关的信息流、商流、物流、资金流由传统的双边逐步向多边方向演进，呈现出网状结构。简单来说，跨境电子商务可以通过A国的交易平台、B国的支付结算平台、C国的物流平台实现多个国家间的直接贸易。

4. 直接性

传统的国际贸易要通过中介环节，即通过境内流通企业经过多级分销，才能到达需求的终端企业或消费者。通常情况下进出口环节多、耗时长、成本高，会导致效率降低。跨境电子商务则免去了中介环节，可以通过电子商务交易与服务平台，实现多国企业之间、企业与最终消费者之间的直接交易。与传统国际贸易相比，其进出口环节少、耗时短、成本低、效率高。

5. 小批量

小批量是指跨境电子商务相对于传统贸易而言，单笔订单大多是小批量的，甚至是单件的，单次交易额较少，这是由于跨境电子商务实现了单个企业之间或单个企业与单个消费者之间的交易。跨境电子商务更具有灵活性和即时性，因而一般是即时按需采购、销售和消费，相对于传统贸易而言，呈现出小批量特点，交易的次数和频率通常也较高。

6. 匿名性

由于跨境电子商务的全球性和数字化，交易双方主体可以随时随地利用网络进行交易，而且利用电子商务平台进行交易的消费者出于规避交易风险的目的，通常不暴露自己的真实信息，如真实姓名和确切的地理位置等，但这丝毫不影响双方顺利地进行交易。

7. 即时性

对于网络而言，传输的速度和地理距离无关。传统国际贸易中，交易双方的信息交流方式多数是通过信函、邮件、传真等，在信息的发送与接收间存在不同的时间差，而且传输过程还可能遇到一定的障碍，使信息无法流畅即时地进行传递，这在一定程度上会影响国际贸易的进行。不同于传统国际贸易模式，跨境电子商务对信息的传输是即时的，也就是说无论实际时空距离远近，卖家发送信息与买家接收信息几乎是同时进行的，不存在时间差，就如同生活中面对面的交谈。对于一些数字化商品（如音像制品、软件等）的交易，还可以即时结清，订货、付款、交货都可以在瞬

> **小链接**
>
> **无货源铺货**
>
> 顾名思义，无货源铺货就是没有货源就大量地铺货，不需要囤货。这大幅地降低了成本，然后通过ERP软件系统，采集国内电商网站如京东、淘宝1688、速卖通等上面的商品，编辑修改翻译过后，一键批量上传到自己的亚马逊店铺，把商品卖到国外去，国外买家看到这个产品拍下之后，通过ERP后台订单系统，找到此产品的来源店铺，然后卖家再去此店铺拍下产品，发货到国际中转仓，拆封检查无误后进行二次打包，后出口报关清关，交由国际物流或第三方物流公司进行国际运输至目的国家后，接着运输至终端买家。

间完成，给交易双方带来极大的便利。

8. 无纸化

在传统国际贸易中，从询价议价、磋商、订立合同到货款结算都需要一系列的书面文件，并作为交易的依据。而在电子商务中，交易主体主要使用无纸化的操作形式，这是跨境电子商务不同于传统贸易的典型特征。卖方通过网络发送信息，买方通过网络接收信息，整个电子信息的传输过程实现了无纸化。无纸化的交易方式使信息传递摆脱书面文件的限制，更加有效率。跨境电子商务以"无纸化"交易方式代替了传统国际贸易中的书面文件（如书面合同、结算单据等）进行贸易往来。

9. 快速演进

互联网无时无刻不在发生变化，而依托于互联网发展起来的电子商务活动在短短的几十年中经历了从兴起到稳定发展的过程，给人们的生活带来了翻天覆地的变化。网民在家里动动手指就可以买到国外的产品，享受到国外的服务。为了满足人们日益丰富的需求，数字化产品和服务更是层出不穷、花样百出。

8.1.3 跨境电子商务的分类

跨境电子商务按照不同标准划分，有不同的模式类型。按交易模式分类，跨境电子商务主要可以分为 B2B 跨境电子商务、B2C 跨境电子商务、C2C 跨境电子商务和 O2O 跨境电子商务。按商品流向分类，跨境电子商务可以分为进口跨境电子商务和出口跨境电子商务。

1. 按交易模式分类

（1）B2B 跨境电子商务。B2B 跨境电子商务是商家对商家的跨境电子商务，即分属不同关境的企业，通过电商平台达成交易，进行支付结算，并通过跨境物流送达商品、完成交易的一种国际商业活动。从广义层面来看，B2B 跨境电子商务是指互联网化的企业对企业跨境贸易活动，也即"互联网+传统国际贸易"。从狭义层面来看，B2B 跨境电子商务是指基于电子商务信息平台或交易平台的企业对企业的跨境贸易活动。我们平时谈论的 B2B 跨境电子商务一般都是使用狭义概念。常见的 B2B 跨境电子商务有以下几种模式。

思考题

查找相关资料，说说跨境电商的发展趋势。

① 垂直模式。面向制造业或面向商业的垂直 B2B 模式可以分为两个方向，即上游和下游。生产商或商业零售商可以与上游的供应商之间形成供货关系；生产商或商业零售商与下游的经销商可以形成销货关系。

② 平台模式。面向中间交易市场的平台模式，将各个行业中相近的交易过程集中到一个场所，为企业的采购方和供应方提供一个交易的机会，这一类网站自己既不是拥有产品的企业，也不是经营商品的商家。它只提供一个平台，在网上将销售商和采购商

汇集在一起，采购商可以在其网上查到销售商的有关信息和销售商品的有关信息。

③ 自建模式。自建模式是指跨国公司或全球龙头企业基于自身的信息化建设程度，搭建以自身产品供应链为核心的行业化电子商务平台。行业龙头企业通过自身的电子商务平台，串联起行业整条产业链，供应链上下游企业通过该平台实现资讯发布、沟通和交易。

④ 关联模式。关联模式是指行业为了提升电子商务交易平台信息的广泛程度和准确性，整合平台模式和垂直模式而建立起来的跨行业电子商务平台，其目的是为同一客户提供一套整合的行业解决方案，这种模式也可以称为大垂直模式，而这种模式也将成为未来B2B行业的主流模式。

（2）B2C跨境电子商务。B2C跨境电子商务是跨境电子商务中一种非常重要的商业模式，是指分属不同关境的企业直接面向消费者个人开展在线销售产品和服务，通过电商平台达成交易进行支付结算，并通过跨境物流送达商品、完成交易的一种国际商业活动。这是一种新型的国际贸易形式，同传统国际贸易交易过程相似，包括交易前的准备、交易谈判和签订合同、合同的履行和后期服务等整个过程。B2C跨境电子商务又称外贸B2C、小额外贸电子商务，依据跨境电子商务平台或者自建的跨境电子商务网站，采用国际航空小包和国际快递等方式将国内的产品或服务直接销售给国外消费者。常见的B2C跨境电子商务有以下几种模式。

① 直发/直运平台模式。直发/直运平台模式又称Drop shipping模式，在这一模式下，电子商务平台将接收的消费者订单信息发给批发商或厂商，后者则按照订单信息以零售的形式向消费者发送货物。由于供货商是品牌商、批发商或厂商，因此直发/直运平台模式是一种典型的B2C模式，可以将其理解为第三方B2C模式（参照国内的天猫商城）。直发/直运平台的部分利润来自商品零售价和批发价之间的差额。该模式的代表性企业有天猫国际（综合）、洋码头（北美）、跨境通（上海自贸试验区）、苏宁全球购、海豚村（欧洲）、一帆海购网（日本）和走秀网（全球时尚百货）等。

② 自营B2C模式。在自营B2C模式下，大多数商品都需要平台自己备货，因此这应该是所有模式里最重要的一类。自营B2C模式分为两种：一种是综合型自营跨境B2C平台，代表性平台有亚马逊和1号店的"1号海购"等；另一种是垂直型自营跨境B2C平台，垂直型自营跨境B2C平台是指平台在选择自营品类时会集中于某个特定的范畴，如食品、奢侈品、化妆品或服饰等，代表平台有中粮我买网（食品）、密芽宝贝（母婴）、寺库网（奢侈品）、莎莎网（化妆品）和草莓网（化妆品）等。

（3）C2C跨境电子商务。C2C跨境电子商务是指分属不同关境的个人卖方对个人买方开展在线销售产品和服务，主要通过第三方交易平台实现个人对个人的电子交易活动，也有人称为"海代"（即海外代购）。C2C的平台效应可以满足碎片化的用户个性化需求，并形成规模。从业务形态上看，C2C模式大致可以分为以下两类。

① 海外代购平台。海外代购平台的运营重点在于尽可能多地吸引符合要求的第三方卖家入驻，自身不会深度涉入采购、销售及跨境物流环节。入驻平台的卖家一般都是有海外采购能力或者跨境贸易能力的小商家或个人，它们会定期根据消费者订单集中采购特定商品，在收到消费者订单后通过转运或直邮模式将商品发往消费者手中。海外代

购平台走的是典型的跨境C2C平台路线。海外代购平台通过向入驻卖家收取入场费、交易费和增值服务费等获取利润。该模式的优势是为消费者提供了较为丰富的海外产品品类选项,用户流量较大。其典型代表是洋码头、淘宝全球购、美国购物网和易趣全球集市等。

② 微信朋友圈海外代购。微信朋友圈海外代购是依靠熟人或半熟人社交关系从移动社交平台自主生长起来的原始商业形态。虽然社交关系对交易的安全性和商品的真实性有一定的影响,但受骗的例子并不在少数。随着海关政策的收紧,监管部门对朋友圈个人代购的定性很可能会从灰色贸易转为走私性质。在

思考题

跨境电商与海外代购相比有哪些优势?

海外代购市场格局完成未来整合后,这种原始模式恐怕难以为继。

（4）O2O跨境电子商务。O2O跨境电子商务主要用于商品消费领域,将线下的商业机会与互联网结合,让互联网成为线下交易的前台,实现实体资源和虚拟资源的互通互用。O2O跨境电子商务模式分为两大类：B2B跨境电子商务O2O和B2C跨境电子商务O2O。前者以出口为主,后者又分为跨境电子商务进口O2O和跨境电子商务出口O2O,B2C跨境电子商务O2O主要集中于进口电商领域,顾客到实体店体验商品,然后在网上下单。B2C跨境电子商务进口O2O模式主要有以下几种。

① 线上下单,机场提货。该模式主要面向出国旅游购物者。消费者看中了海外机场免税店的商品后,可以在相关购物平台下单,回国时直接到机场免税店或就近地点自提货物,轻松实现旅行。采用该模式的主要企业有天猫国际、乐天免税店、携程网旗下的"随行购"平台、中国免税集团旗下的中免网等。

② 前店后仓（保税仓库）。设立跨境贸易O2O前店后库,通过在每个区设立保税仓储,与电子商务、海关、国税、外管、物流、快递等相连接,使整个购物过程可以在10分钟内完成。商店展示最新进口商品,仓库可以储存商品。采用该模式的主要企业有美市库、海岛网。

③ 在闹市区开体验店,线下展示,线上购买。企业在闹市区开设门店、展示商品,顾客对有意向的商品可以网上下单,甚至扫码完成线上购物。采用该模式的主要企业有Choice西选、洋码头、美悦优选、聚美优品、步步高等。

④ 与线下实体商家合作。电商平台利用线下实体商家的品牌影响力和客流量实现引流,顾客进入合作实体商家后,可以通过手机扫码的方式直接下单,采用该模式的主要企业有蜜芽宝贝等。

⑤ 利用自身物流渠道设立社区便利店。企业借助自身在物流行业的庞大渠道,在各地设立社区便利店,用户可以在便利店中选购商品,通过扫描二维码订购商品,选择快递自提服务提取货物。采用该模式的典型企业是顺丰嘿客等。

对于B2C跨境电子商务出口O2O模式来说,由于跨境电子商务的市场在海外,因此,电商公司需要在海外设立线下体验店,采用该模式的主要企业有大龙网和苏宁易购等。

2. 按商品流向分类

跨境电子商务渐渐成为外贸增长新引擎。按商品流向分类,跨境电子商务可以分为

进口跨境电子商务和出口跨境电子商务。我国目前跨境出口电商发展较快,而跨境进口电商还处于稳步发展阶段,这种进出口结构集中反映了我国目前仍然是以出口为主、进口为辅的经济结构。

(1)进口跨境电子商务。进口跨境电子商务是海外卖家将商品直销给国内的买家,一般是国内消费者访问境外商家的购物网站选择商品,然后下单,由境外卖家发国际快递给国内消费者。近年来,进口跨境电子商务的不断发展开拓出一个新兴的蓝海市场。由于货源组织供应、国际仓储物流、国内保税清关、模式选品等环节的不同选择,使进口跨境电子商务形成了众多商业模式。

① M2C 模式。M2C 模式即 manufacturers to consumers(生产厂家对消费者)模式,是生产厂家通过网络平台直接对消费者提供自己生产的产品或服务的商业模式。采用这种模式的典型企业如天猫国际。

② 保税自营+直采模式。采用该模式的电商平台直接参与货源的组织物流仓储买卖流程,采购商品主要以爆款商品为主,物流配送方面采用在保税区自建仓库的方式。采用这种模式的典型企业如京东、聚美、蜜芽等。

③ 海外买手制。该模式中,海外买手(个人代购)入驻平台开店,品类以长尾非标品为主。采用这种模式的典型企业如淘宝全球购、洋码头、海蜜等。

④ 内容分享/社区资讯模式。该模式借助海外购物分享社区和用户口碑提高转化率,以内容引导消费,实现自然转化。采用这种模式的典型企业如小红书等。

(2)出口跨境电子商务。出口跨境电子商务是国内卖家将商品直销给境外的买家,境外买家通过访问跨境电子商务交易平台与境内生产商或供应商磋商,在线下单购买,并完成支付,由国内的商家发国际物流至国外买家。按照交易流通环节中我国跨境电子商务企业的地位作用及商业模式的分类,出口跨境电子商务模式可以划分为以下三类。

① 跨境大宗交易平台(大宗 B2B)模式。跨境大宗交易平台模式主要是依托自主网络营销平台,传递供应商或采购商等合作伙伴的商品或服务信息,最终达成交易的一种模式,典型的代表平台主要有阿里巴巴、中国制造网、环球资源网等。跨境大宗交易平台模式如图 8-3 所示。

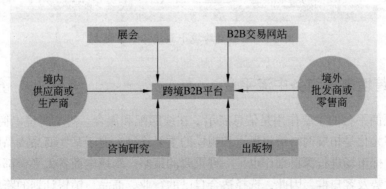

图 8-3 跨境大宗交易平台模式

② 综合类跨境小额交易平台(小宗 B2B 或 C2C)模式。在此模式下,网站平台仅

仅是一个独立的第三方销售平台，买卖双方通过平台提供的商品信息下单成交。这种模式多属于直接面向消费者的情况，订单比较分散，典型的代表网站有阿里速卖通、敦煌网等。综合类跨境小额交易平台模式如图8-4所示。

③ 垂直类跨境小额交易平台（独立B2C）模式。在此模式下，独立的跨境B2C平台可以通过自建的交易平台，利用自己广大的资源优势联系境内外企业，寻求供货商，独家代理或买断货源，将商品放在平台上销售，主要代表有兰亭集势、帝科思、米兰网等。垂直类跨境小额交易平台模式如图8-5所示。

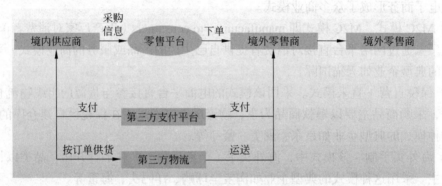

图8-4　综合类跨境小额交易平台模式

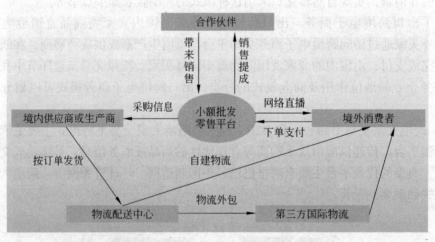

图8-5　垂直类跨境小额交易平台模式

8.1.4　跨境电子商务主流平台

跨境电商平台的主要作用是信息展示、在线匹配和撮合。对于跨境电商卖家来说，在线渠道多元化是拓展网络销售渠道和规模的重要途径。对于某些商品或品牌来说，选择合适的目标市场进行深耕细作也是一种重要的策略。跨境电商各大平台都有自己的特点、行业优势及客户群，因此，选择适合自己的行业、商品、销售计划的跨境电商平台显得尤为重要。典型的跨境电商平台有全球速卖通、Wish、eBay、亚马逊等。

1. 全球速卖通

全球速卖通简称速卖通，是阿里巴巴为帮助中小商家接触终端批发零售商，以拓展利润空间为目的，全力打造的融合订单、支付、物流于一体的外贸在线交易平台，被称为"国际版淘宝"。在速卖通上，商家可以将产品信息发布到境外，供广大消费者查看并购买，然后商家可以通过国际快递进行货物运输，完成交易。

> **小链接**
>
> 速卖通的销售模式是 B2B+B2C 垂直类销售，主要针对企业客户，侧重于新兴市场，其 75% 的海外市场分布在俄罗斯、巴西、美国、西班牙和土耳其。速卖通是阿里巴巴系列的平台产品，整个页面简单整洁，适合初级卖家上手。

速卖通于 2010 年 4 月正式上线，目前已经发展为覆盖 220 多个国家和地区的全球跨境交易平台，每日在线境外消费者也已超过 5 000 万人。在俄罗斯、巴西、以色列、西班牙、乌克兰和加拿大等地，速卖通都是非常重要的购物平台。

速卖通无线交易占比超过 55%，网站日均浏览量超过 2 亿次。速卖通具有入驻简单便捷、不懂专业英语也能轻松操作、物流配送全程无忧、报关无须亲自动手、国际支付宝担保交易等优势。满足条件的商家还可以成为"中国好卖家"，享受流量支持、营销资源、品牌保护、申诉保障、提前放款和服务升级等多项专属权益。

2. Wish

Wish 于 2011 年成立于硅谷，目前平台上 90% 的商家来自我国，是北美和欧洲最大的移动电商平台。Wish 目前拥有的移动用户超过 3 亿人，日活跃用户超过 1 000 万人。

> **思考题**
>
> Wish 适合贸易商、工厂转型作 B2C、品牌经销商等。

成立之初，Wish 只负责向消费者推送消息，不进行产品交易。2013 年，Wish 才开始正式升级为购物平台。与其他电商平台不同的是，Wish 的消费者更倾向于无目的地浏览而不是搜索关键字。Wish 使用优化算法大规模获取数据，结合消费者的浏览和购买行为，判断消费者喜欢和感兴趣的产品信息，为每个消费者展示其近段时间感兴趣的产品，让消费者在移动端便捷购物的同时享受购物的乐趣。这种方式比较受北美洲消费者的喜爱，这也是 Wish 超过 60% 的消费者都来自美国和加拿大的原因。

3. eBay

1995 年 9 月 4 日，皮埃尔·奥米迪亚（Pierre Omidyar）在加利福尼亚州创立了 Auctionweb 网站，在全美寻找 Pez 糖果爱好者。但令人意外的是，该网站非常受相关爱好者的欢迎，网站也随之发展了起来。1997 年 9 月，Auctionweb 正式更名为 eBay，并逐渐发展为让全球消费者在网上买卖产品的线上拍卖及购物网站。

> **小链接**
>
> eBay 适合贸易商、有一定 B2C 经验的工厂、品牌经销商等。

目前，eBay 已经成为全球最大的电子交易市场之一，是美国、英国、澳大利亚、德国和加拿大等地的主流电子商务平台。eBay 只有两种销售方式：一种是拍卖，另一种是一口价。平台一般按照产品发布费用和成交佣金的方式收取费用。

eBay 开辟了全球直销渠道，为商家提供了低投入、零风险、高利润的境外直销模式，具体有以下优势：一是市场巨大，eBay 在 40 个国家和地区开设了站点，拥有超过 5 万个产品门类、3.8 亿境外消费者；二是购买力强，消费者在 eBay 的平均购买力强；三是平台成熟，eBay 有超过 1 亿件产品在全球销售，并且 15 年的平台运营经验让 eBay 形成了严格的消费者及商家保护政策，能保障交易安全及消费者体验，同时能为通过审核的入驻商家提供客户经理支持，方便商家快速开展业务。

4. 亚马逊

亚马逊成立于 1995 年，是美国最大的电子商务公司之一，也是最早开始经营电子商务的公司之一。

> **小链接**
> 亚马逊定位的核心理念就是：以创造长期价值为核心，长远思考才能做到不可能的事。

亚马逊一开始只涉及图书品类的销售业务，现在涉及范围广泛的产品品类业务，主要包括图书、影视、音乐和游戏、数码下载、电子和计算机、家居园艺用品、玩具、婴幼儿用品、食品、服饰、鞋类和珠宝、健康和个人护理用品、体育及户外用品、汽车及工业产品等。亚马逊已成为全球产品品种最多的网上零售商和全球第二大互联网企业。

课堂活动

活动题目	跨境电子商务平台比较
活动步骤	对学生进行教学分组，每3~5人为一个小组，以小组为单位进行讨论
	讨论并查阅资料分析比较中美消费市场的特点，并将结果填入表8-1中
	调研对中国卖家开放的美国跨境电商平台主要有哪些，列举三个并将结果填入表8-2中
	每个小组将小组讨论结果形成PPT，派出一名代表进行演示
	教师给予评价

表 8-1 中国消费市场与美国消费市场的特点对比

序号	消费市场特点	所属类型（直接在方框中打"√"）	
1		□中国消费市场	□美国消费市场
2		□中国消费市场	□美国消费市场
3		□中国消费市场	□美国消费市场
4		□中国消费市场	□美国消费市场
5		□中国消费市场	□美国消费市场
6		□中国消费市场	□美国消费市场
7		□中国消费市场	□美国消费市场
8		□中国消费市场	□美国消费市场

表8-2 针对中国市场开放的美国跨境电子商务平台

序号	平台名称	平台特点	平台优势、劣势
1			
2			
3			

8.2 移动电子商务

课程思政

> 当前的移动电商中的社群虽然是指互联网社群,但其实我国古代也有类似的兴趣组织,如清代嘉庆、道光年间北京文人组成的宣南诗社。而更为人们所熟知的是《红楼梦》中的"海棠诗社"。在诗社中,成员聚在一起作诗谈诗,趣味高雅,文化意蕴深厚。

8.2.1 移动电子商务的概念

移动电子商务(Mobile e-Commerce)是由电子商务的概念衍生出来的,电子商务以计算机为主要界面,是有线的电子商务;而移动电子商务则是通过智能手机、平板电脑这些可以装在口袋里的终端,无论何时、何地都可以开始。有人预言,移动商务将决定21世纪新企业的风貌,也将改变生活与旧商业的地形地貌。移动电子商务就是利用智能手机、平板电脑等无线终端进行的 B2B、B2C、C2C 或 O2O 的电子商务。它将因特网、移动通信技术、短距离通信技术及其他信息处理技术完美地结合,使人们可以在任何时间、任何地点进行各种商贸活动,实现随时随地、线上线下的购物与交易、在线电子支付及各种交易活动、商务活动、金融活动和相关的综合服务活动等。

小链接

> 手机淘宝属于由 PC 端转型而来的移动综合电商平台,同类平台包括京东、苏宁易购等,微店属于专注于移动端的移动电商平台,同类平台包括拼多多等。

8.2.2 移动电子商务的特点

随着移动电子商务的迅猛发展,有人预言,移动电子商务将引领21世纪电子商务市场,也将极大地改变人们的生活方式。相比使用传统的计算机、利用互联网进行电子商务交易,使用移动设备和移动网络进行电子商务活动在互动性、便利性、个性化等方面更有优势。移动电子商务的特征主要表现在以下几个方面。

1. 商务广泛化

商务广泛性是相对于传统电子商务而言的,移动电子商务可以让任何人在任何地点、任何时间得到符合用户需求的贴身网络服务。

随着智能手机的普及,智能手机用户越来越依赖于各种手机应用软件,而APP开发的市场需求与发展前景也逐渐呈"红海市场"。

手机移动客户端能为用户提供拍摄、互联网冲浪、搜索、Wi-Fi、短信等服务,满足用户的实际需求,而移动电子商务的商务广泛性也得到了充分的体现。

2. 服务个性化

服务个性化是指用户可以根据自己的需求和喜好来定制移动电子商务的子类服务及信息,并根据需要灵活选择访问和支付方法,设置个性化的信息格式。

移动电子商务的发展带动了各类APP的爆发式增长,APP应用也彰显了移动电子商务的个性化服务,很多APP都能为用户提供特定的个性化服务,更重要的是为用户解决了实际问题。

移动电子商务所提供的产品或服务,都是从用户的实际需求出发的。移动电子商务在推动企业迅速转型和发展的同时,也为人们的生活带来了便利。

3. 定位精准性

定位精准性是指能够获取和提供手机终端的位置信息,目前与位置相关的商务应用已经成为移动电子商务领域中的一个重要组成部分。

移动电子商务中的定位精准性主要是通过电子地图来实现的,电子地图通过GPS全球定位系统对用户当前所在的位置进行精准定位,帮助用户在一个陌生环境快速辨认出方向,并且还支持用户查询所在的位置周围的街道、商场、楼盘等不同的地理位置信息。

手机地图正是移动电子商务领域的产物。用户在使用手机上的地图APP时,系统会自动定位当前位置,用户只需输入目的地,地图APP就能在几秒内为用户导航,无论是公交路线、驾车路线还是步行路线,地图APP都能为用户提供真实可靠的参考信息。而对于那些没有方向感的用户来说,系统还提供语音播报的功能,用户只需要拿着移动设备、戴上耳机就能识别任何陌生场所。

4. 支付便捷性

支付便捷性是指用户可以根据不同情况使用多种方式进行付费,如通信账户支付、手机银行支付或第三方支付工具等。

许多大型超市的收银台都出现过这样的场景:顾客推着满满的购物车,排着长队等待结账,收银员点钞找零钱。这样的付款效率让许多顾客看着都心急。目前,许多大型超市先后和支付宝合作,采取"扫描付款码"的方式结账。

顾客在使用支付宝结账时,打开支付宝客户端的首页,会出现一个"付款码"的条形码标识。顾客只需要单击付款码,收银员用扫描枪扫描了商品条码之后,再扫手机客户端的付款码即可付款。这种付款方式节省了顾客排队等候的时间,同时也省去找零的麻烦，极受年轻人欢迎。

5. 营销精准化

营销精准化对于移动电子商务企业而言，是指手机对用户的随身携带和较高的使用黏度使企业可以更加精准地对目标客户进行营销推广与服务关怀。

在移动电子商务营销中，企业通常会直接接触来自不同行业的客户，不同客户的需求点和喜好不同，有的客户注重品牌，有的客户看重产品的价格，有的客户在意效果。所以，企业在执行营销推广方案的过程中需要更加注重营销精准化。

影响消费者消费行为的渠道主要有三种，即移动终端、TV 终端和 PC 终端。移动终端将成为企业最有价值的营销投放渠道。

营销精准化主要体现在用户通过互联网浏览网页时，后台根据用户平时的浏览习惯"猜测"用户的需求而做出的推广营销。营销精准化能够使企业迅速抢占市场，优先获得更加优质的客户资源，通过对不同客户资源的分析筛选出目标客户、意向客户，再实行有效的营销方案。

6. 社交便利化

社交便利化是指手机最基本的通信功能满足了用户的社交和沟通需求，特别是智能手机的各种社交软件应用，更充分凸显了手机终端的社交属性。将各个领域的用户互联起来，对企业而言，可通过多渠道进行营销；而对个人而言，可随时随地扩大交际圈，结交志同道合的朋友等。

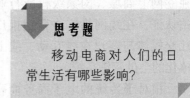

思考题

移动电商对人们的日常生活有哪些影响？

互联网的高速发展直接推动了移动电子商务的发展，也相应地引起了各种移动社交应用软件的爆炸式增长。社交应用软件凭借触屏、高清、便于携带等优质的用户体验，使以 iPhone 和 Android 为代表的手机移动设备正在悄然改变着企业的商务运行模式，对于原本被定义运用于商务领域的产品，企业应用生产商也逐渐把研发中心转移到移动终端平台。

7. 时间碎片化

时间碎片化是指智能终端的发展打破了时间的限制，用户可以利用碎片化的时间享受网络服务。有调查显示，手机用户的上网高峰期主要分布在 12—13 点和 18—22 点。一般，在 10 点左右就开始进入上网高峰期，新闻、设计、电子商务等网站的流量逐渐增长；21 点左右，各类网民开始进入睡前休闲时段，社交、网购、视频、游戏等网站的流量再次进入增长模式。

手机移动终端满足了广大网民随时随地上网的需求，这更说明了移动电子商务正在逐渐渗透到人们的日常生活中。

移动终端的不断改革创新使用户的上网时间越来越碎片化，从起床到睡觉、从上下班路途中到午休时间，甚至是在餐桌上用户的手机都不离手。然而，用户使用移动终端产品的时间碎片化并不代表工作的效率会降低，如用户在上下班的路途中可以登录手机客户端发送和查收工作邮件，在午休的时间可以选择网购，在睡前可以关注当天的时事新闻，等等。

8.2.3 移动电子商务的模式

为了提升平台价值和聚集客户，移动电子商务的模式针对其目标市场进行准确的价值定位，以平台为载体，有效整合企业内外部各种资源，建立起产业链各方共同参与、共同进行价值创新的生态系统，形成一个完整的、高效的、具有独特核心竞争力的运行系统，并不断满足客户需求、提升客户价值、建立多元化的盈利模式，使企业达到持续盈利的目标。

1. O2O 模式

O2O 模式是指将线下的商务机会与互联网结合。O2O 模式需具备五大要素：独立网上商城、国家级权威行业可信网站认证、在线网络广告营销推广、全面社交媒体与客户在线互动、线上线下一体化的会员营销系统。

相对于传统的电子商务而言，移动电子商务 O2O 真正实现了随时随地的信息交流和贴身服务，"任何人在任何地点、任何时间可以进行任何形式的"电子商务。O2O 倡导将线上的消费者带到现实商店中，让互联网成为线下交易前台的模式成为一种潮流。以手机扫码购物为代表的新型购物模式已成为一种流行的消费方式，通过"快拍二维码"扫描商品条形码即可找到线上商城和线下超市、便利店的所有商品信息，实时手机扫码比价，省时、省心、省钱，备受时尚购物群体的青睐。

> **小链接**
> **手机微信购票**
>
> 伪满皇宫博物院在吉林省内率先启用手机微信购票，扫描二维码即可进入伪满皇宫博物院，方便快捷。
>
> 每年旅游高峰期，伪满皇宫博物院游客服务中心排队购票的游客很多，为了解决这一难题，提高游客购票效率，避免发生安全事故，伪满皇宫博物院早在 2018 年十一黄金周前夕就引入了新型智能售票系统，更换了原有的验票设备，并对网络售票各项措施进行了全面的测试，游客用手机扫描伪满皇宫博物院提供的二维码即可进入选择界面，单击"微信购票"程序，按提示步骤操作，手机购票全程仅需 50 秒；游客在验票口扫描收到的验证二维码即可进入伪满皇宫博物院参观。
>
> 伪满皇宫博物院在实现网络快捷售票的同时，在游客服务中心还为游客提供了自助售票机，游客按照界面提示，通过微信、支付宝或银联卡支付方式可自助打印门票。

2. 信息服务模式

信息服务模式是指对信息服务的组成要素及其基本关系进行描述的模式，主要包括提供各种实时信息服务（如新闻、天气、股票信息等）、各种基于位置的信息服务（如移动用户附近酒店信息、娱乐场所信息等），以及各种紧急信息服务等。信息服务是移动电子商务中一种比较常见的服务。

在这种商业模式中，主要的参与者是内容和应用服务提供商、无线网络运营商和用户；主要的服务是信息服务；主要的利润来源是用户交纳的服务预订费。内容服务提供商通过无线网络运营商向移动用户提供各种信息服务。用户通过交纳一定的服务费获得这些服务，无线网络运营商通过传输信息获得通信费。另外，根据与内容服务提供商签订的协议，无线网络运营商还会以佣金的形式获得内容服务提供商的利润分成。在这种模式中，移动用户是服务的享受者，也是利润的来源；无线网络运营商提供了服务实现的途径，获取信息服务费和佣金；内容服务提供商提供各种服务信息，也是利润的主要获得者，占总利润的80%~90%，可以说是最大的赢家。

3. 广告模式

广告模式是指无线网络运营商提供了一些内容和服务来吸引访问者，通过向在其网页上加入标志、按钮或使用其他获得访问者信息的方式向广告客户收取广告费用来获取利润的商业运作模式。这种商务模式涉及广告客户、内容提供者、无线网络运营商和客户，其中还涉及一些中间商，如无线广告代理商、内容集成商、移动门户网站和无线网络接入商等。表面上看来，广告模式中广告客户支付给内容提供商一定的费用，内容提供商再与无线网络运营商之间进行利润分配。而实际上，移动用户才是利润的来源。移动用户通过购买产品和服务，将利润过渡给广告客户，而广告客户只是将其获得利润的一部分以广告费的形式付给内容服务提供商。内容提供商通过将推销信息添加到发给移动用户的内容和服务中来获得广告费。无线网络运营商则通过为内容提供商提供无线传输服务获得通信费或利润分成。

4. 免费模式

免费模式是指商家利用大众乐于接受"天上掉馅饼"的心理，借助免费手段销售产品或服务，建立庞大的消费群体，塑造品牌形象，然后通过配套的增值服务、广告费等方式取得收益的一种新的商业模式。这种商业模式本身的成本很低，而"免费"的金字招牌对顾客有着无穷的吸引力，能在短时间内使企业迅速占领市场，扩大知名度。

8.2.4 移动电子商务常见平台

目前，移动电商平台较多，不同的移动电商平台售卖的产品类别不同，有的属于综合性平台，如手机淘宝、微店；有的专门售卖生鲜产品，如每日优鲜。

1. 手机淘宝

手机淘宝是淘宝网官方出品的APP，依托淘宝网巨大的优势，为消费者提供更加方便、快捷的购物体验，方便消费者随时随地进行搜索比价、浏览产品、移动购物和订单查询等操作。手机淘宝大大改善了消费者的产品浏览体验，并使购物体验更加个性化。目前，手机淘宝在所有移动终端中的流量占比是遥遥领先的。

思考题

请分析淘宝平台的商业模式。

2. 微店

微店是一款网上购物APP，是基于社交关系的移动电商平台。微店致力于打造"口碑小店＋回头客"的生意模式，其优势是开设成本低，资金、库存方面的风险小，借助微信强大的传播能力，商家只需利用碎片时间和个人朋友圈就可进行营销推广。

3. 每日优鲜

每日优鲜创立于 2014 年 11 月，是专注于优质生鲜的移动电商平台，致力于重构供应链，连接优质生鲜生产者和消费者，为消费者提供极致的生鲜电商服务体验。早在 2018 年，每日优鲜已完成水果、蔬菜、乳品、零食、酒饮、肉蛋、水产等全品类精选生鲜布局，在全国 20 个主要城市建立了"城市分选中心十社区前置仓"的极速达冷链物流体系，为消费者提供生鲜 1 小时送达服务。

8.2.5　移动电子商务的应用

移动电子商务的应用是指电子商务的主体通过各种无线技术和移动终端,在"动态"中进行商务活动。移动电商的应用领域非常广泛，在传统商务活动的各个层面、各个领域都起到了举足轻重的作用，以下简单介绍其中的几种应用。

1. 移动网络购物

网络购物是指交易双方以互联网为媒介进行的商品交易活动，即通过互联网进行的信息的组织和传递，实现有形商品和无形商品所有权的转移或服务的消费。移动网络购物是利用移动端进行购物，主要包括 B2C 和 C2C 两种形式。目前我国已经是全球最大和增速最快的移动电子商务市场，移动电子商务已进入快速爆发期。

从国内大型电子商务企业看，经过几年的培育和推广，其在移动电子商务方面的表现十分突出。移动网络购物的典型代表有淘宝、京东等，如图 8-6 和图 8-7 所示。

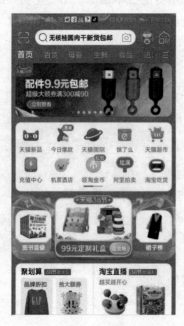

图 8-6　淘宝

图 8-7　京东

2. 旅游移动电子商务

旅游电子商务是指以网络为主体，以旅游信息库、电子化商务银行为基础，利用最先进的电子手段运作旅游业及其分销系统的商务体系。旅游电子商务为广大旅游业同行提供了一个互联网平台。旅游移动电子商务则是利用移动端为广大游客提供旅游服务的互联网平台。旅游移动电子商务比较典型的有携程、去哪儿、同程旅游、蚂蜂窝自由行等，如图 8-8 所示。

图 8-8　旅游移动电子商务

3. 移动社交电子商务

移动社交电子商务是社交电子商务的移动化发展，是移动、社交网络、电子商务三者的融合，是指将关注、分享、沟通、讨论、互动等社交化的元素应用于移动电子商务交易过程的活动。具体而言，从消费者角度来看，移动社交电子商务既体现在消费者购买前的店铺选择、商品比较等方面，又体现在购物过程中通过 IM（即时通信）、论坛等与电子商务企业间的移动端交流和互动方面，也体现在购买商品后移动端消费评价及购物分享等方面。从品牌广告主的角度来看，移动社交电子商务就是通过移动端社交化工具的应用及与社交化媒体、网络的合作，完成企业销售、推广和商品的最终销售。

移动社交电子商务不仅仅是移动化的电子商务，更核心的是里面拥有人与社交。人与人通过移动互联网实现更快捷的社交，社交通过互联网将人们的关系链进行了无限的放大，口碑和分享就像空气一样在移动互联网上无处不在。商家通过这些移动互联网带来的新优势，可以更好地链接、培育、服务用户，让商业的效率在数字化运营后极大地得以提升，让服务更加全面且及时地弥补传统业在时空上的缺陷，让人们享受到更多的差异化体验。

移动社交电子商务是电子商务的一种新的衍生模式。它借助移动端和社交网站、

SNS、微博、社交媒介、网络媒介的传播途径，通过社交互动、用户自生内容等手段来辅助商品的购买和销售行为。移动社交电子商务比较典型的有微博、微信、知乎、豆瓣、简书等，如图 8-9 所示。

图 8-9　社交移动电子商务

4. 移动支付

移动支付也称手机支付，就是允许用户使用其移动终端（通常是手机）对所消费的商品或服务进行账务支付的一种服务方式。单位或个人通过移动设备、互联网或者近距离传感直接或间接向金融机构发送支付指令，产生货币支付与资金转移行为，从而实现移动支付功能。移动支付将终端设备、互联网、应用提供商及金融机构相融合，为用户提供货币支付、缴费等金融业务。移动支付 APP 有支付宝、微信支付、QQ 钱包、华为钱包等，如图 8-10 所示。

图 8-10　移动支付

5. 移动医疗

移动医疗（Mhealth, mobile health）也称为移动健康，在 2007 年首次被提出，2009 年被公众接受。国际医疗卫生会员组织 HIMSS 给出的定义为，Mhealth 就是通过使用移动通信技术——如 PDA、移动电话和卫星通信来提供医疗服务和信息，具体到移动互联网领域，则以基于安卓和 iOS 等移动终端系统的医疗健康类 APP 应用为主。

我国移动医疗健康市场的快速发展有助于降低因地区和收入差异带来的医疗资源服务的供给差异与分配不均，在一定程度上缓解目前"排队难、挂号难、看病难"问题，如图 8-11 所示。

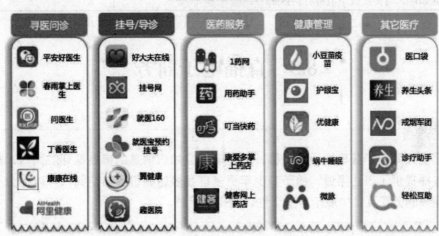

图 8-11 移动医疗

6. 移动教育

移动教育是指在移动的学习场所或利用移动的学习工具所实施的教育，是依托目前比较成熟的无线移动网络、国际互联网及多媒体技术，学生和教师使用移动设备（如手机等）通过移动教学服务器实现的交互式教学活动。一个实用的移动教育系统必须同时兼顾学生、教师和教育资源这三个方面，将三者通过该系统有机地结合起来。

移动教育的形式已经渗透到教育行业的各个细分领域。总体来看，目前市场上热门的产品多为优质内容型（知识/资讯、真人课程等）或实用工具型（搜题答疑、词典、口语练习等），且均以手机 APP 为载体。

课堂活动

活动题目	搜集并比较移动电子商务的特点
活动步骤	对学生进行教学分组，每3~5人为一个小组，以小组为单位实施活动
	小组成员分别下载盒马APP和小米商城APP，并前往盒马鲜生和小米之家线下门店，分析其移动电子商务的特点，填写表8-3
	每个小组将调研结果进行整理，最终形成调研报告
	教师给予评价

表 8-3　盒马鲜生与小米之家的移动电子商务特点比较

项　　目	盒马鲜生	小米之家
线下门店智能化体现在哪些方面		
经营数据化水平如何，体现在哪些方面		
是否已将线上线下体验打通，举例说明		
消费体验如何，与传统线下消费有何区别		

8.3　直播电子商务

课程思政

短视频降低了获取知识的门槛，促进了社会知识信息的良性循环。同时，短视频类直播提供了表达渠道，给予青少年更多自我表达的机会与空间，可以使青少年在短视频的分享互动中展示自身个性，获得满足感。

8.3.1　直播电子商务的概念

传统意义上的直播是指广播电视节目的后期合成与播出同时进行的播出方式，如以电视或广播平台为载体的体育比赛直播、文艺活动直播、新闻事件直播等。但随着互联网技术的发展，尤其是移动互联网速度的提升和智能手机的普及，基于互联网的直播形式出现了，即用户以某个直播平台为载体，利用摄像头记录某个事件的发生、发展进程，并在网络上实时呈现，其他用户在相应的直播平台上能直接观看并进行实时互动。当前人们所说的直播，多数情况下是基于互联网的直播。

电商遇上直播

直播以互联网技术为依托，具有实时性强、互动性强、更具真实性的特点。现场直播结束后，直播活动举办方还可以为用户提供重播、点播服务，这样做有利于扩大直播的影响范围，最大限度地发挥直播的价值。

直播作为一种全新的内容表现形式，在丰富互联网内容表现形式的同时，也为企业/品牌商带来了一种新的营销方式——直播电商。直播电商是指企业/品牌商以直播平台为载体进行营销活动，以达到提升品牌影响力和提高商品销量目的的一种营销活动。

小 链 接

2021年上半年，我国消费市场复苏势头不断增强，其中，网络销售保持较快增长。全国实物商品网上零售额同比增长18.7%，增速比去年同期提高4.4个百分点；两年平均增长16.5%，比一季度加快1.1个百分点。在直播电商、生鲜电商等新业态和新模式的带动下，电商为消费市场注入了强劲动力。

8.3.2 直播电子商务的特点

直播为企业/品牌商带来了新的营销机会。作为一种新兴的网络营销手段，直播电子商务具有以下三个特点。

1．即时互动性

传统的营销方式中通常是由企业/品牌商发布营销信息，用户被动地接收信息。在这个过程中，企业/品牌商无法立刻了解用户对营销信息的接收情况和用户对营销信息的态度。

而直播具有良好的互动性，在直播过程中，企业/品牌商在向用户呈现营销信息的同时，用户也可以针对营销信息发言和互动，参与直播活动。这样既有利于增强用户的参与感，又调动了直播间的氛围。针对某些话题，甚至可以形成意向用户、围观用户及企业/品牌商三方之间的强烈互动，真正实现企业/品牌商与用户之间、用户与用户之间的深度互动，实现营销效果最大化。

2．场景真实性

在营销活动中，真实、高质量的商品是企业/品牌商赢得用户信任的第一步。在传统的营销方式中，图文式广告、视频类广告虽然制作精良，极具吸引力，但是用户往往会对其真实性存在质疑，因为它们都是提前制作好的成品，制作过程中经过了大量人为的剪辑和美化。而通过直播的形式，企业/品牌商不仅可以展示商品的生产环境、生产过程，让用户了解商品真实的制作过程，获得用户的信任，还可以展示商品的试吃、试玩、试用等过程，让用户直观地了解商品的使用效果，从而刺激用户的购买欲。

3．营销效果直观性

消费者在线下购买商品时，容易受到外部环境的影响。而在直播活动中，主播对商品的现场展示和介绍，以及直播间内很多人争相下单购买的氛围，很容易刺激其他用户直接下单购买商品。在直播过程中，直播运营团队可以看到直播间的实时数据，了解直播间内商品的售卖情况，及时掌握直播活动的营销效果。

8.3.3 直播电子商务的模式

直播电子商务具有场景真实的特点，为了吸引用户观看直播，直播运营团队需要根据实际情况选择比较具有看点的直播电子商务模式。具体来说，常见的直播电子商务模式有以下几种。

1．商品分享式直播

商品分享式直播就是主播在直播间里向用户分享和推荐商品，或者由用户在直播间的评论区留言，告诉主播自己需要的商品，然后主播按照用户的需求推荐并讲解相应的商品，整个直播的内容就是主播讲解并展示商品。

2. 产地直销式直播

产地直销式直播是指主播在商品的原产地、生产车间等场景进行直播，直接向用户展示商品真实的生产环境、生产过程，从而吸引用户购买。

3. 基地走播式直播

基地走播式直播是指主播到直播基地进行直播。很多直播基地是由专业的直播机构建立的，能够为主播提供直播间、商品等服务。直播基地通常用于直播机构自身旗下的主播开展直播，或租给外界主播、商家进行直播。在供应链比较完善的基地，主播可以根据自身需求在基地挑选商品，并在基地提供的直播场地中直播。

直播基地搭建的直播间和配置的直播设备大多比较高档，所以直播画面及效果比较理想。此外，直播基地中的商品会在淘宝店铺或天猫店铺中上架，主播在基地选好商品后，在直播时将商品链接导入自己的直播间即可。因为这些商品都是经过主播仔细筛选的，所以比较符合主播直播间用户的需求，而且基地提供的商品款式非常丰富，主播不用担心缺少直播商品。

> **小链接**
> **数字证书**
>
> 直播营销的实质就是"内容+电商"，它升级了"人""货""场"的关系，营销效率更高。

一般情况下，在基地进行直播时，主播把商品销售出去后，基地运营方会从中抽取一部分提成作为基地服务费。

4. 现场制作并体验式直播

现场制作并体验式直播是指主播在直播间里现场对商品进行加工、制作，向用户展示商品经过加工后的真实状态。食品、小型家电、3C商品（3C商品是计算机类、通信类和消费类电子商品三者的统称，也称"信息家电"，如计算机、平板电脑、手机、数字音频播放器等）等可以采取这种直播营销模式。

尤其对于一些可加工的食品来说，主播可以在直播时加入烹饪食品的过程，然后进行试吃。这样既能向用户展示食品的加工方法，提高用户对食品的信任度，又能丰富直播内容，提高直播的吸引力。对于推广食品类商品的直播来说，虽然主播现场试吃食品的形式会对用户产生较大的吸引力，但是这种形式也存在一定的局限性。一场直播通常持续的时间较长，让主播在一场直播中从头吃到尾，显然是一项不小的挑战。

5. 砍价式直播

砍价式直播是指在直播中，主播向用户分析商品的优缺点，并告诉用户商品大概的价格，待有用户提出购买意向后，主播再向货主砍价，为用户争取更优惠的价格，价格协商一致后即可成交。

6. 秒杀式直播

秒杀式直播是指主播与企业/品牌商合作，在直播中通过限时、限量等方式向用户推荐商品，吸引用户购买的直播方式。秒杀式直播进行时氛围紧张刺激，价格优惠程度高或稀缺性强，能吸引用户积极参与。

7. 教学培训式直播

教学培训式直播是指主播以授课的方式在直播中分享一些有价值的知识或技巧，如提升英语口语能力的技巧、化妆技巧、甜点制作技巧、运动健身技巧等，主播在分享知识或技巧的过程中推广一些商品。这样不仅能让用户通过观看直播学习到某些知识或技能，也能让用户感受到主播的专业性，提高用户对主播推荐商品的信任度。

8. 才艺表演式直播

才艺表演式直播是指主播直播表演舞蹈、脱口秀、魔术等才艺，并在表演才艺的过程中使用某种商品，从而达到推广商品的目的。才艺表演式直播适用于推广表演才艺时会使用到的工具类商品，如表演才艺穿着的服装、鞋，或使用的乐器等。

为了达到良好的直播效果，在这种直播形式中，主播不能只是自顾自地表演，还要与用户互动，这样才能增强直播的吸引力，让缺少语言交流的表演不显得无聊。

9. 开箱测评式直播

开箱测评式直播是指主播边拆箱边介绍箱子里面的商品。在这类直播中，主播需要在开箱后诚实、客观地描述商品的特点和商品的使用体验，让用户真实、全面地了解商品的功能、性能等，从而达到推广商品的目的。

10. 访谈式直播

访谈式直播是指围绕某个主题，主播与嘉宾通过互动交谈的方式阐述自己的观点和看法，从而实现营销推广的目的。

11. 海淘现场式直播

海淘现场式直播是指主播在国外商场、免税店直播，用户通过观看直播选购商品。通过直播海淘现场，用户容易产生仿佛亲身在国外商场购物的感觉，商品的标价也一目了然，有利于提升用户对商品的信任度。

12. 展示日常式直播

在直播中，直播吃饭、购物等日常生活可以作为宣传个人形象的内容。同样，对于企业来说，也可以通过直播企业的日常活动来进行品牌宣传。企业的日常活动包括企业研发新品的过程、企业生产商品的过程、企业领导开会的情景，以及企业员工的工作环境、工作状态等。对于企业中的工作人员来说，这些事情稀松平常；但对于直播间里的用户来说，这些事情却属于企业运营中的"机密"，对他们有着非常大的吸引力，因此，展示企业的日常活动也是一种吸引用户注意力的直播营销方式。

例如，"凯叔讲故事"策划的"凯叔带你云游故事工厂"，以直播探访"凯叔讲故事"

工作基地的方式，带领用户探访"凯叔讲故事"的配音间、玩具设计工作室等，并访问为故事配音的工作人员，向用户揭秘"凯叔讲故事"中故事和玩具的"生产"方式，在给用户带来新奇体验的同时，也向其展示了品牌商精细化生产商品的态度和过程，从而提升了用户对商品的信任度。

思考题

请简要说明直播电商模式与传统电商模式的不同。

8.3.4 直播电子商务主流平台

直播平台是直播产业链中不可或缺的一部分，它为直播提供了内容输入和输出的渠道。根据直播平台的主打内容来划分，目前市场上的直播平台可以分为综合类直播平台、电商类直播平台、短视频类直播平台和教育类直播平台四种类型。

1. 综合类直播平台

综合类直播平台是指包含户外、生活、娱乐、教育等多种直播类目的平台，用户在这类平台上可以观看的内容较多。目前，具有代表性的综合类直播平台有斗鱼、虎牙、YY 直播、花椒直播、一直播、映客等。如图 8-12 所示为 YY 直播的直播类目。这种类型的直播平台在直播行业具有较大的优势，因为其涵盖的直播内容比较丰富，受众群体也比较大。

图 8-12　YY 直播的直播类目

2. 电商类直播平台

电商类直播平台主要是指淘宝直播（见图 8-13）、京东直播（见图 8-14）、拼多多直播等，是以为用户提供商品营销渠道为主的平台。电商类直播平台具有较强的营销性质，商家可以通过直播的形式与用户互动，以较低的成本吸引用户关注自己的商品并产生交易，而用户在这些平台上观看直播的主要目的也是购买商品。

第8章 新兴电子商务模式

图 8-13 淘宝直播

图 8-14 京东直播

3. 短视频类直播平台

短视频类直播平台主要以输出短视频为主，但随着直播形式的发展，很多短视频平台也开通了直播功能，用户在这些平台上不仅可以发布自己创作的短视频内容，还能通过直播展示才艺、销售商品。比较典型的短视频类直播平台有抖音（见图 8-15）、快手、美拍、西瓜视频等。

4. 教育类直播平台

传统的在线教育平台多以视频录播、语音、图片、文字、PPT 等形式与用户分享知识，虽然知识呈现的形式已足够多样化，但是这些形式都缺乏有效的互动，无法让知识分享者为用户进行实时的答疑和讲解，因此教育类直播平台应运而生，如网易云课堂、千聊、荔枝微课（见图 8-16）、小鹅通等。

教育类直播平台支持知识分享者采取视频直播或语音直播的形式向用户分享知识，在直播过程中，知识分享者可以与用户进行实时互动，针对用户提出的一些问题进行在线解答。网易云课堂是在原有平台、原有功能的基础上增加直播功能，而千聊、荔枝微课、小鹅通等平台则属于独立开发的教育类直播平台。

图 8-15　抖音直播页面

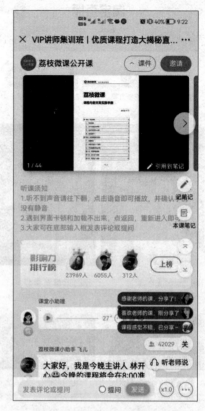

图 8-16　荔枝微课直播页面

课堂活动

活动题目	了解直播电商的流程及模式
活动步骤	对学生进行教学分组，每3~5人为一个小组，以小组为单位实施活动
	小组成员根据网络直播营销的流程，围绕兴趣爱好策划一场直播，并填写表8-4
	进行直播营销效果统计，统计直播营销的相关数据，并填写表8-5
	每个小组将结果提交给教师，教师对结果予以评价

表 8-4　直播电商流程安排

执行环节	操作要点
定目标	
写方案	
宣传规划	
硬件支持	

续表

执行环节	操作要点
开直播	
二次传播	

表 8-5　直播间数据统计

指标项目	直播间数据统计
观众人数	
观看粉丝	
新增粉丝	
评论人数	
送礼人数	

8.4　农村电子商务

> **课程思政**
>
> "村村通"是国家的一个系统工程，包括公路、电力、生活和饮用水、电话网、有线电视网、互联网等多个方面，是国家为构建和谐社会、支持新农村建设的一项重大举措，是一项民心工程，体现了政府执政为民的理念。

8.4.1　农村电子商务的概念

农村电子商务是指利用互联网、计算机等现代信息技术，为从事涉农领域的生产经营主体提供在网上完成产品或服务的销售、购买和电子支付等业务交易的商业模式。这种新的电子商务模式能够推动农业的生产和销售，提高农产品的知名度和竞争力，助力新农村建设。

对于农村来说，农村电子商务是新时期依托互联网技术发展起来的一种全新的商品交易方式，主要解决农产品生产、流通、销售、安全等关键问题，能缩小城乡之间的信息鸿沟，促进农村地区快速发展。

> **小链接**
>
> 农村电子商务是围绕农产品（加工品）进城和消费品下乡开展的电子化交流和管理活动，是电子商务在农村的延伸和深度应用。农村电商包含四个基本要素，即信息流、资金流、物流配送和安全支付体系。

8.4.2　农村电子商务的特点

随着我国经济水平的提升和互联网的飞速发展，新农村基础设施建设进一步完善，我国大部分地区的农民都能接触到网络，政府为农村电子商务基础设施建设提供了强大的政策支持。一些大的电商平台也响应国家号召，纷纷开展了农村电子商务发展项目。我国农村电子商务有以下几个特点。

农村电子商务大有可为

1. 直接性

农村电子商务利用互联网的优势，直接将生产者、销售者、消费者联合在一起，是农业产业化经营的"助推器"和"黏合剂"，可以有效解决农业生产、农用物资采购、农产品营销和服务网络等方面存在的问题，形成由物流、商流、信息流、资金流等组成的全新流通体系。生产者、销售者、消费者三者之间沟通便捷，农产品和服务相关信息传递到消费者、货物从生产者销售到消费者手中的时间极短，促进了农产品的流通。例如，农村电商通过互联网，将海南的椰子直接销售到东北消费者手中。

2. 低成本

农村电子商务利用网络带来的便利性，可以降低运营成本。

（1）农村的生产成本和管理成本很低，并且国家对农村经济有扶持。电商企业经营的成本也较低，只需要一些平台推广费用。消费者购买成本较低，足不出户就能购买到好的产品。

（2）在过去，一笔交易的形成往往需要许多交易部门的参与和促成，交易的完成是许多交易部门共同促成的结果。农村电商这一无形的超级大市场可促使农村的中小企业减少库存积压、降低库存成本，还可以通过电子商务实行网上销售，直接减少交易成本。

> **小链接**
> 农村电子商务具有加速农业信息的流通、拓宽农产品销售渠道、创新农产品营销模式、优化农业生产资源配置等作用。

（3）农村电子商务可以实现农业的规模化、集约化生产，从而降低生产成本，同时通过网络营销可以推动"订单农业"模式的形成，在一定程度上解决供需不匹配的问题，避免了生产的过度浪费。

3. 集群效应

与传统的企业发展模式不同，农村电子商务发展的集群效应明显，发展的结果不是单一的公司壮大，而是整个村、镇的集群效应，如"堰下村""东风村""东高庄村"等淘宝村。在农村，往往是一两个主体先尝试，成功之后，被不断地仿制和传播，这既有背靠共同的区位优势的原因，也与中国农村特有的文化、传统有关——信息极易扩散。这种密集的同质性的商务活动的集中会引发一定的竞争，同时极易形成共同的联盟和完整的产业链条，如沙集镇已经成立了电子商务协会，并形成了网店、家具生产厂、板材加工厂、家具配件店、网店专业服务商和物流快递公司等相对完善的配套体系。

4. 可扩展性

虽然农村中小企业运用电子商务技术是一个循序渐进的过程。但各企业电子商务必须随着客户需求的变化而变化。随着企业业务需求的发展，以及市场环境和管理环境的变化而进行扩展或调整，要本着一切为客户考虑的原则，以提高客户的满意度为终极目标，给电子商务的交易留有足够的空间，便于随时随地伸缩延展。

5. 不均衡性

农村电子商务仍处于成长阶段且发展不均衡。总体来说，我国的农村电商仍处于成长期，东部地区农村电子商务发展已初具规模，而西部地区农村电子商务的发展仍处于起步阶段。在偏远山区，互联网的覆盖面小，物流基础设施依然薄弱，导致其农村电子商务的发展仍存在很大困难。

8.4.3 农村电子商务的分类

农村电子商务在长期的发展过程中，结合地域特征、经营产品特征、不同运营商的特点，形成了丰富多彩的形式。因此，根据不同的标准，农村电子商务可分为不同的类型。本书主要从产品流通方向、县域发展模式、服务对象来进行分类。

1. 根据产品流通方向分类

（1）输出模式。输出模式是以农产品、手工产品、特色旅游资源等从农村向外部市场输出为主的电子商务模式。当前，农村电子商务主要以输出农村资源为主，从而解决农村产品难销、滞销的问题，增加农民收入。该模式通过政府主导、政府委托企业或者企业自发，依托当地特有资源，以品牌化、标准化为路径，增加产品附加值和市场竞争力，实现农民收入的增加。

（2）输入模式。输入模式是以消费品、服务业向农村输入为主的电子商务模式。一般情况下，输入模式通过在县域设立县级服务中心、在乡镇建立服务站点，依托完善的网络服务体系和前端服务点，向农村输入农资产品、消费品、金融产品、服务项目等资源，使农民借助互联网共享发展红利。

> **小链接**
>
> **赶街模式**
>
> 赶街模式中的消费品下乡就是一种输入模式。浙江赶街电子商务有限公司招募农村便利店、小卖铺合伙人作为农村代购点，提供网络、计算机设备等设施，并每月发放一定的酬金；在县级设立服务中心，主要进行业务培训、资源分配、广告宣传等工作。代购点的主要职责是帮助农民进行网上购物、代收发快递包裹，辅助提供电话电费缴纳、金融贷款等业务。这种模式通过在农村铺设代购点，直接将网购服务送到农户"家门口"，农户只需进行商品选择、付款就可实现"足不出户"的购物，基本等同于当下城市的网络购物的模式，在降低农民消费购物人力、财力成本的同时，带动农村整体消费，有效连通农村与城市。

2. 根据电子商务县域发展模式分类

电子商务对于县域经济转型发展的价值日益显现，一方面，它可以促进县域农业、制造业的优化升级和现代服务业的创新发展，对于调整县域产业结构具有重要意义；另一方面，电子商务进入农村，能让农民返乡创业、就业，推动农民在当地实现城镇化，同时可以拉动消费,形成新的经济增长点。根据电子商务县域发展模式分类,其发展模式可以分为以下几种。

(1)沙集模式——依托自产资源模式。沙集模式是互联网在农村高度应用的典型。沙集镇是从单户家具简单拼装,再通过网络销售到全国各地的模式开始的,这种做法被当地不断复制壮大,最后形成产业集群。生产规模逐步从单户自主加工发展到具备现代化和标准化水准的大型加工厂。家具加工由最初的简单拼装发展到个性化定制。随着家具加工产业的壮大,物流、家居建材、箱包、五金、网上服务等产业迅速发展。

沙集模式是农村自发发展电子商务的典型模式,其核心是"网络 + 公司 + 农户"的互相推动发展,以家庭经营为基础,以返乡创业农民工为主体,以信息化带动产业化,形成了相对完整的农村电子商务生态链,如图 8-17 所示。

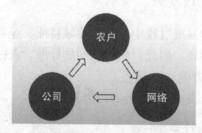

图 8-17　沙集模式示意图

(2)清河模式——依托专业资源模式。清河模式是"专业市场 + 互联网"的农村电子商务模式。清河县依赖其特有的羊绒支柱产业,将互联网融入传统的羊绒加工销售产业链,有效解决销售成本高、效率低、开拓市场难等问题,带动当地羊绒产业高速发展,网商群体和交易规模迅速放大,形成依托产业优势的农村电子商务模式,如图 8-18 所示。

图 8-18　清河模式示意图

(3)武功模式——依托区位资源模式。武功模式是基于区位优势形成的电子商务模式。陕西省武功县位于关中平原西部,地势平坦,是新疆、甘肃走出西部面向全国的重要通道,交通便捷。为此,武功县大力度发展仓储物流和物资集散业务,将自身搭建成电商枢纽,提出"买西北、卖全国"的电子商务发展战略,投资建设设施齐全的大型电子商务园区,吸引当地乃至全国的电商企业设点占位,以聚集作用形成规模效应,辐射带动青海、甘肃、新疆等西部地区

小链接

除本节介绍的三种县域电商模式外,还有通榆模式、咸县模式等。

通榆模式是吉林省通榆县积极探索运用电子商务进行农产品原产地直销,采取"统一品牌、统一标准、统一质量、统一包装"的方式实现网络销售的模式。

咸县模式主要是"核桃书记"李祥(当地的县委书记)带领当地四大班子成员、乡村干部一起用微博、微信推动当地的优质核桃网销的模式。咸县电商的模式比较简单,却走出了"爆品拉动,多品畅销"的路子。

农特产品销售,将自身打造成西北电子商务中转站,如图8-19所示。

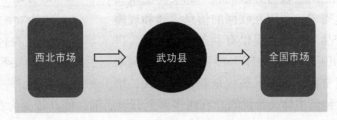

图8-19 武功模式示意图

3. 根据服务对象进行分类

(1)农资电子商务。农资电子商务是涉及农资的电子商务。农资是农用物资的简称,一般是指在农业生产过程中用以改变和影响劳动对象的物质资料与物质条件,如农业运输机械、生产及加工机械、农药、种子、化肥、农膜等。

(2)农产品电子商务。农产品电子商务是指在农产品的生产加工及配送销售等过程中,交易当事人或参与人利用计算机技术和网络技术等现代信息技术所进行的供求与价格等信息的收集发布、达成农产品或服务的交易,同时依托生产基地与物流配送系统完成农产品交付的一种新型商业模式。

(3)农村旅游电子商务。农村旅游电子商务是电子商务和农村旅游、农村经济融合发展的产物。可以认为,农村旅游电子商务是在旅游电子商务的基础上加入乡村的因素,是旅游电子商务在乡村旅游活动各环节的具体应用。

(4)农村金融电子商务。农村金融电子商务是与"三农"相关的货币、信用等金融行业与互联网相结合的新兴领域,包括与"三农"相关的互联网支付货币、互联网信贷、供应链金融、预售订单融资、跨界合作金融、中间业务、货币汇兑、账户预存款、支付工具、移动支付等金融业务。

8.4.4 农村电子商务主流平台

目前,淘宝、拼多多等大型综合平台都开辟了农村电子商务相关板块,流量、销售额都很大,而微商的兴起也为农产品上行提供了新的渠道。下面分别介绍农村淘宝、拼多多农产品电子商务和农产品微商。

1. 农村淘宝

农村淘宝是阿里巴巴集团的战略项目,以电子商务平台为基础,通过与各地政府开展深度合作,建立县村两级服务网络,凭借电子商务的优势,突破物流、信息流的瓶颈,弥补农村地区在人才和意识方面的短板,实现"网货下乡"和"农产品进城"的双向流通功能。

2. 拼多多农产品电子商务

近年来,拼多多大力扶持农产品电商,将传统农产品流通环节精简为2~3个环节,使农产品直接从生产基地送到消费者手中成为可能,大幅降低了相关成本,让消费者、农户都充分受益。同时，通过创新的"拼购"模式，拼多多将时间、空间上较为分散的农产品交易汇聚为短期内的同质化需求，利用互联网的信息流通和规模优势为我国农产品"进城"提供有利条件。同时，拼多多于2019年开启"多多农园"项目，通过在国家级贫困县和深度贫困地区引入现代企业管理模式，培养新型电子商务经营主体，帮助农户在拼多多上开设店铺，使其转变为农商。此外，拼多多还与中国邮政达成合作，凭借中国邮政资金流、物流、商流"三流合一"的优势，找到了全新的农产品产销对接综合解决方案。

思考题

查询资料，并思考中国邮政在农村电子商务方面有什么优势。

3. 农产品微商

微商是基于移动互联网的空间，借助于社交软件，以人为中心、以社交为纽带的新的商业模式。农产品属于生活必需品，且复购率高、单价低，与微商产品"高频购买、低价"的特征相吻合，因而农产品微商虽然起步晚，但迅速成为微商中的后起之秀。农产品微商具有门槛低、成本低的优势，农户只需要准备一部手机，注册微信账号、添加一定数量的微信好友后在微信群或微信朋友圈发布农产品销售文案，即可吸引消费者询问并购买。

课堂活动

活动题目	分析淘宝村电商的成功案例
活动步骤	对学生进行教学分组，每3~5人为一个小组，以小组为单位实施活动
	小组成员对广东揭阳军埔村、江苏睢宁东风村两个典型的淘宝村进行对比分析，并填写表8-6
	每个小组将结果提交给教师，教师对结果予以评价

表8-6 淘宝村成功案例分析

对比项目	广东揭阳军埔村	江苏睢宁东风村
发展历程		
核心优势		
营销效果评价		
电商启示		

拓展实训

分析移动电商在各行业的应用

【实训目标】

通过实训，使学生理解新兴电子商务模式的理念和应用，培养学生初步的自主学习

第 8 章 新兴电子商务模式

能力。

【实训内容】

通过多渠道搜集整理移动电商在各行各业的成功案例，如移动购物、移动社交、移动餐饮、移动娱乐、移动旅游、移动医疗、移动支付等，试举典型案例来说明移动电商在各行业中的应用。

【实训步骤】

（1）2~3 人组成一个团队。设负责人一名，负责整个团队的分工协作。

（2）团队成员分工协作，通过多渠道搜集移动电商在各行各业的成功案例，包括移动购物、移动社交、移动餐饮、移动娱乐、移动旅游、移动医疗、移动支付等各个领域。

（3）团队成员对搜集的材料进行整理，总结并分析移动电商具有的优势和劣势。

（4）各团队将总结制作成 PPT，派出一人作为代表上台演讲，阐述自己团队的成果。

（5）教师对各团队的成果进行总结评价，指出不足与改进措施。

【实训要求】

（1）考虑到课堂时间有限，实训可采取"课外＋课内"的方式进行，即团队组成、分工、讨论和方案形成在课外完成，成果展示安排在课内。

（2）每个团队方案展示时间为 10 分钟左右，教师和学生提问时间为 5 分钟左右。

▶▶ 思考与练习

1. 填空题

（1）阿里巴巴国际站属于_____类型的跨境电商网站。

（2）微店是一款网上购物 APP，是基于_____的移动电商平台。

（3）直播电子商务是指企业/品牌商以_____为载体进行营销活动，以达到提升品牌影响力和提高_____目的的一种营销活动。

（4）农村电子商务利用互联网的优势，直接将_____、销售者、_____联合在一起，是农业产业化经营的"助推器"和"黏合剂"。

（5）_____是指对信息服务的组成要素及其基本关系的描述。

2. 简答题

（1）请说明你对移动电子商务的认识。

（2）请写出农村电子商务的特征。

（3）试阐述什么是教学培训式直播。

（4）简述移动电子商务有哪些主要应用。

（5）通过网络搜索并结合本章内容谈谈跨境电子商务和传统国际贸易的区别。

参 考 文 献

[1] 蔡元萍.网上支付与结算[M].4版.大连：东北财经大学出版社，2017.

[2] 于巧娥，文继权.电子商务基础与实务[M].北京：中国人民大学出版社，2020.

[3] 白东蕊.电子商务基础与实务[M].北京：人民邮电出版社，2020.

[4] 朱建明，王秀利，李洋.电子商务安全[M].北京：机械工业出版社，2021.

[5] 唐四薪，郑光勇，唐琼.电子商务安全[M].2版.北京：清华大学出版社，2020.

[6] 马刚，姜明，杨兴凯.电子商务支付与结算[M].4版.大连：东北财经大学出版社，2019.

[7] 胡娟.电子商务支付与安全[M].北京：北京邮电大学出版社，2020.

[8] 彭明唱.网络营销[M].北京：电子工业出版社，2021.

[9] 贺湘辉，刘香玉.电子商务基础[M].2版.北京：中国人民大学出版社，2020.

[10] 邓之宏，常立军.电子商务物流[M].北京：北京大学出版社，2020.

[11] 鲁馨蔓.电子商务物流管理与应用[M].北京：北京大学出版社，2019.